몸
근대적
과
탈근대적
증상

나남
nanam

김 종 갑

건국대학교 영문과를 졸업하고 미국 루이지애나 주립대학에서 영문학 석사 및 박사학위를 받았다 (부전공, 철학).
현재 건국대학교 영문과 교수로 재직중이며,
문화철학에 관심이 많고 몸문화연구소 소장이다.

《타자로서의 몸, 몸의 공동체》(2004), 《문학과 문화읽기》(2004), 《제국주의와 저항의 담론》(공저, 2006), 《프랑켄슈타인》(역서, 2008)을 비롯해 다수의 저서와 역서, 논문이 있다. jonggab@konkuk.ac.kr

나남신서 1341

근대적 몸과 탈근대적 증상

2008년 7월 25일 초판 발행
2008년 7월 25일 초판 1쇄

지은이_ 김종갑
발행자_ 趙相浩
발행처_ (주) 나남
주소_ 413-756 경기도 파주시 교하읍
출판도시 518-4
전화_ 031) 955-4600 (代)
FAX_ 031) 955-4555
등록_ 제 1-71호(79. 5. 12)
홈페이지_ www.nanam.net
전자우편_ post@nanam.net

ISBN 978-89-300-8341-6
ISBN 978-89-300-8001-9 (세트)
책값은 뒤표지에 있습니다.

나남신서 1341

근대적 몸과 탈근대적 증상

김종갑 지음

나남
nanam

Rhetorical Body

Modern Body and Its Postmodern Symptoms

by

Jonggab Kim

nanam

머리말

이 세상에 자기 몸에 관심을 갖지 않은 사람은 없겠지만, 나는 유난히 몸에 집착해야 하는 체질이었다.

우선 부정적인 이유로, 십대 초반부터 시작해서 스토커처럼 따라다니면서 끊임없이 나를 괴롭혔던 알레르기성 비염은 나로 하여금 싫어도 몸을 의식하도록 강요했다. 계절이 바뀌는 환절기, 일교차가 심한 날들, 겨울철 건조한 날이나, 혹은 그렇지 않은 날에도 나는 호흡이 자유롭지 못했다. 증상이 심해지면 두뇌는 산소가 부족해서 허덕였고, 나는 가쁜 숨을 몰아쉬면서 건조한 갈대들이 서걱거리는 소리를 머리와 코 속에서 들어야 했다. 고약하게도 비염이 오고가는 날과 시간을 계산에 넣을 수가 없었다. 내가 좋아하는, 비를 몰아오는 서풍이 가로수 잎을 상큼하게 쓰다듬는 날에도 난데없는 떼강도처럼 비염이 나를 습격해서 만신창이로 만들어놓기도 하였다. 반갑지 않은 불청객 비염으로 인해서 나의 몸은 나의 몸이 아니었다. 예측하거나 이해할 수 없는 자연의 법칙과 리듬에 무기력하게 맞물려서 돌아가는 몸은 나의 의지를 초월해 있었다. 그래서 엄처시하의 남편처럼 몸의 눈치를 보면서 가슴을 졸이며 조마조마 살아야 했다. 오후까지 쾌적했던 몸의 컨디션이 저녁에 악화될 수도 있었으며, 일주일 동안 잠잠했던 비염이 다음 날 아침 일찍 빚쟁이처럼 찾아와 괴롭힐 수도 있었다. 비염이 호흡으로 고문하였기 때문에 불행하게도 나는 몸에 관심을 가지지 않을 도리가 없었던 것이다.

나의 의지나 생각과 터무니없이 무관하게 마음대로 나를 쥐고 흔드는 몸의 독재가 원망스러웠다. 그러나 미워한다고 놈의 기세가 누그러지기는커녕 오히려 더욱 기승을 부렸기 때문에 — 나중에서야 스트레스가 비염을 더욱 악화시킨다는 사실을 깨닫게 되었다 — 나는 마음껏 증오의 독을 키울 수도 없었다. 그래서 몸의 정체를 알아야 하겠다는 생각을 하게 되었다. 그렇다고 지식이나 과학이 비염을 치유하리라고는 기대하지 않았다. 신에게 구원을 받으려는 심정으로 찾았던 미국과 우리나라의 훌륭한 의사들 모두 치료가 불가능하다면서 나를 일찌감치 포기했기 때문에 의학에서 버림받은 내가 혼자서 치료한다는 것은 가당치 않은 말이었다. 다만 내 중심이면서 나의 생각과 의지로부터 너무나 동떨어져 있는 낯선 몸, 나의 주체이면서도 완벽한 타자인 몸에 대해 철학적으로 관심을 갖기 시작했다. 체질적으로 몸은 나의 타자였던 것이다. 비싼 신형 자동차를 운전하는 사람이 그러하듯이 건강한 사람들은 자신의 몸에 대해 걱정할 이유가 없기 때문에 몸에 대해 관심을 가지지도 않는다. 나는 오만하게 몸을 무시해도 좋은 그런 특권을 누리지 못하였다. 그리고 불이익을 조금이라도 이익으로 환전하기 위해서 몸에 대한 연구를 시작하였다.

몸에 대한 관심을 키워나갔던 또 하나의 이유는 세상의 온갖 아름다움이었다. 비염으로 심약해진 체질이라서 그러한지 나는 유난히 세상의 아름다움에 예민하고 민감하였다. 아니 아파하였다고 말해야 보다 정확한지 모르겠다. 초봄에 탄성을 지르면서 갑자기 피어나는 목련을 비롯해서 계속 바라보면 홀리게 되는 푸른 하늘, 여름의 쪽빛 물결, 겨울의 강철 같은 근육 물결, 무엇보다도 사람들의 아름다움이 몸과 의식을 점령하고 한시도 나를 자유롭게 놓아주지 않았다. 사방에서 날아오는 수천 개의 화살처럼 크고 작은 아름다운 사물과 사람들이 나를 공략하고 마음의 평화를 무너뜨리기 일쑤였다. 약한 신경이 감당하기에 세상은 너무나 아름다웠다. 그리고 잔인하게 아름다웠다. 잔인하게 느껴졌던 이유는 《노트르담의 꼽추》의 콰지모도가 그러했듯이 나는 언제나 저 멀리에서 제3자로 머물러 있었기 때문이었다.

아름다운 세상의 축제에 초대받지 못한—혹은 그렇게 생각했던—나는 시퍼런 질투와 선망의 눈길로 아름다움의 불꽃놀이를 바라보았다. 그러면서 부러움의 시선은 점차 관조의 시선으로 누그러들기 시작하였다. 여기에서도 비염의 역설이 작용하고 있었다. 초대받지 못한 국외자는 축제를 즐기며 행복한 시간을 보낼 수가 없다. 그럼에도 국외자의 처지가 철두철미하게 불행하지만은 않다. 어느 유명한 시에서 윌리엄 워즈워스는 나이가 들고 고독해지면서 자연을 바라보는 법을 깨달았다고 말한 적이 있다. 축제의 바깥에 서 있는 고독한 국외자에게도 내부자들이 경험하지 못하는 행복이 찾아오게 마련이다. 이른바 관조의 행복이 그것이다. 축제의 중심으로부터 멀리 물러나야만 전체 모습이 한 눈에 들어오는 것이다. 이러한 관조자의 시선이 미학적 시선이었다. 축제와 한몸이 되어서 참여하는 내부자는 그것을 바라보는 적절한 미학적 거리를 가지지 못한다. 대상을 소유하거나 향유하지 못하는 사람들에게만 미학적 시선의 축복이 찾아오는 것이다. 나는 그러한 미학적 거리에서 멀찌감치 세상을 바라보면서 아름다움의 고통과 충격을 견디는 법을 배웠다. 그렇지 않았더라면 낚시미끼에 꿰인 물고기처럼 아름다운 세상의 유혹에 그만 삼켜지고 말았을 것이다.

몸에 대한 관심은 두 개의 질문으로 압축될 수 있다. 몸이란 무엇인가? 또 아름다운 몸이란 무엇인가? 아름다운 모든 것들은 다 몸을 가지고 있기 때문에 몸과 아름다움은 동전의 양면처럼 서로 뗄 수 없는 관계에 있다. 새천년이 시작되는 2000년 초반부터 나는 이 두 개의 질문을 가지고 씨름하고 고민하면서 이런 저런 글들을 써왔다. 그리고 2004년에는 《타자로서의 몸, 몸의 공동체》라는 제목의 책을 출간하기도 하였다. 이 책의 주제는 당시 내가 고민하던 문제, 나에게는 주체이지만 타자에게는 대상으로 보이는 나의 몸, 몸의 이중성, 혹은 몸의 형이상학적 구조라는 현상학적 문제였다. 내 스스로 막연히 아름답게 느끼고 있었던 몸이 타자의 눈에는 추한 육체로 보일 수 있는 몸의 역설적 이중성 문제를 가지고 고민하였던 것이다.

그러나 시간이 지나면서 나는 그 책의 한계를 절감하기 시작하였다. 당시 몸의 다양한 현상을 서술했던 방식이 너무나 현상학적인 묘사에 치우쳐 있었다는 사실을 나중에서야 깨닫게 되었다. 몸이 보고 보여지면서 세계와 성공적으로 소통하는 현상이나 잘못 소통하는 증상의 '정태적' 묘사가 그 책의 팔할을 차지하였다. 거기에는 몸과 세계의 소통이 형성되는 '동태적' 과정에 대한 질문이 누락되어 있었다. 역동적인 변화생성 대신에 존재의 현존이 강조되었던 것이다. 예를 들면 아름다움을 바라보는 나의 시선은 '주어진' 아름다움의 미적 경험에 집중되었기 때문에 아름다움이 아름다움으로 구성되는 과정을 소홀히 하였다. 그렇다고 당시의 내가 미와 추라는 범주나 기준을 아무런 의심없이 수용할 만큼 순진했다는 이야기는 아니다. 몸이 보고 보이면서 잡아당기거나 밀어내는 인력과 척력, 타자를 백안시하면서 '나'와 '우리'를 아름다움으로 정립하려는 주체의 욕망과 떼어놓고서 미적 현상을 설명할 수 없다는 사실을 잘 알고 있었다. 그럼에도 그러한 현상을 서술하는 나의 언어는 정태적이었다. 발생론적으로 현상을 설명할 수 있는 언어를 발견하지 못하였기 때문이었다.

《타자로서의 몸》에 내재했던 또 하나의 문제는 공동체의 개념이었다. 서로 적대적인 주체와 타자 사이의 긴장과 갈등을 완화할 수 있는 방법을 모색하던 나는 일종의 유토피아적 개념으로서 공동체를 가정하였다. 바로 지척에 있는 이웃마저도 철저히 타자로 경험하는 현대의 상황에 대한 대칭점으로 고대의 혈연공동체처럼 타자가 부재하는—배척할 타자가 존재하지 않는—우리들의 공동체, 헤겔적 의미에서의 인륜성(*Zittlichkeit*)을 가정하였던 것이다. 그것은 책의 제목에도 반영되어 '타자로서의 몸'이 '몸의 공동체'와 대립국면을 이루고 있었다. 짐작할 수 있겠지만, 공동체의 개념은 역사적 실체가 아니라 일종의 요청적 명제로서, 현대인의 소외를 설명해줄 수는 있지만 정작 그것 자체는 설명이 되지 않는다. 더구나 당시에 나는 '몸의 공동체'로부터 '타자로서의 몸'으로의 변화를 논리적으로 설명할 수 있는 언어를 가지고 있지 않았다.

위와 같은 문제의식과 씨름하면서 나는 몸에 대해서 점차 역사적인 관점을 취하게 되었다. 노르베르트 엘리아스가 《문명화 과정》에서 보여주었듯이 고대와 중세, 근대를 거치면서 변화하는 몸의 지형도를 그릴 수 있지 않을까 하는 막연한 희망을 품기 시작하였다. 엘리아스는 문명화 과정을 육체를 억압되고 숨기며 청결하게 관리하는 과정으로 파악하였다. 그러나 문학과 철학이 전공인 나는 그렇게 역사학적이며 문화사적인 관점에서 몸을 연구할 수는 없었다. 더불어서 몸의 변화를 고대나 중세, 근대와 같은 역사적 범주로 환원하여 설명할 수 있다고 생각하지도 않았다. 또 중세나 근대, 현대로 몸이 분절되고 단절되는 역사적 단층이 있다고 생각하지도 않았다. 엘리아스에 따르면 육체가 억압되지 않았던 중세에는 공적인 장소에서 손으로 코를 풀거나 방귀를 뀌는 등의 생리적 행위가 자유롭게 허용되었다고 한다. 하지만 몸과 관련된 예의범절이 강조되는 현대에도 그러한 풍습이 완전히 자취를 감추지는 않았다. 시골에 사는 사람들은 몸의 생리적 현상이나 표현을 부끄러워하지 않는다. 또 라블레의 《가르깡뛰아와 빵따그뤼엘》의 주인공들이나 세르반테스의 《돈키호테》의 산초 판자처럼 몸 표현이 자유로웠다고 해서, 그것이 중세 후반이나 르네상스 시대의 몸 경험 전체를 설명해주지는 않는다. 적어도 성 아우구스티누스나 아퀴나스의 신학적 전통에서 육체는 근대의 그 어느 때보다도 훨씬 엄격하게 억압되었다. 정신이 진리의 빛이라면 육체는 사악한 어둠의 세력이었으며, 유교의 칠거지악과 흡사한 '일곱 가지 치명적인 죄악'(*seven deadly sins*)의 예가 말해주듯이 신앙인들은 육체의 유혹에 굴복하지 않도록 자신을 끊임없이 채찍질하고 경계해야 했다.

그렇다고 해서 내가 엘리아스의 문명화 명제의 유효성을 부정하려는 것은 아니다. 《은밀한 몸》과 《음란과 폭력》의 저자 한스 페터 뒤르의 비판에도 불구하고 엘리아스의 이론은 문명의 본질과 변화, 지향성에 대해서 많은 것들을 설명해준다. 그러나 중세와 근대의 몸 경험은 칼로 자른 듯이 확연하게 단절되지도 않으며, 공존이 불가능할 정도로 서로 배타적이지도 않다. 중세나 근대가 하나의 역사적 실체인 듯이 이들 개념을 몸 연구에 적용하는 것은 오히려 불필요한 혼란을 초래할 수도 있었다.

한때 고대적 몸과 근대적 몸, 현대적 몸이라는 역사적 도식을 통해서 다양한 몸의 현상을 설명하려는 시도를 했던 적이 있었다. 그러나 위에서 언급했던 난점으로 인해서 그러한 생각을 접어야 했다. 고대와 근대, 현대라는 용어도 하나의 단선적인 역사의 연속성을 함축하고 있기 때문에 적절한 용어가 아니라는 생각이 들었다. 그럼에도 변화하는 몸의 경험이나 지형을 변증법적으로 포착할 수 있는 개념이 절실하였다. 그렇지 않으면 특정한 몸 경험이나 표현이 언제나 그러했다는 듯이 본질화될 수 있는 위험이 있기 때문이었다. 이와 같이 적절한 용어의 문제로 고민하던 나는 마침내 전근대, 근대, 탈근대라는 개념에서 마땅한 해결책을 찾았다.

이 책에 사용된 전근대, 근대, 탈근대라는 개념은 역사적이라기보다는 논리적이며 위상학적 개념이다. 전근대에서 근대를 거쳐 탈근대로 진행되는 역사적 연속성의 지평에서 이들을 바라보면 오해가 생길 수 있는 이유가 거기에 있다. 산맥과 들판, 도로, 건물 등이 표시된 지형도처럼 이 세 개념은 몸의 경험에 언제나 공시적으로 한꺼번에 공존하고 있다. 도회지, 농촌, 산간의 구분은 산맥과 들판, 건물 등의 강도와 밀도, 배치에 의존하고 있다. 또 서울과 같은 대도시도 산으로 둘러싸여 있다. 달리 말해서 고대와 근대, 현대의 몸 경험에는 전근대적 · 근대적 · 탈근대적 요소들이 강도 및 밀도의 차이를 동반하면서 언제나 함께 공시적으로 상존하고 있다. 고대인의 몸이 전근대적 요소가 최대화되고 근대적 요소가 최소화된 몸이라면, 현대인의 몸은 근대적 요소를 밀어내면서 탈근대적 요소가 지배적이 된 몸이다. 거칠게 요약해서 근대적 몸은 이성중심주의적이며 개인주의적인 전통에 맞물려서 육체와 정신으로 균열된 몸, 물질주의적 · 과학적 · 기계론적 관점에서 설명되는 육체라 할 수 있다. 신화적인 맥락에서 이해되었던 전근대적 몸이 탈주술화되면서 자연과학적 담론으로 유입되었던 것이다.

이러한 근대적 몸의 개념은 데카르트의 《정념론》 및 《방법서설》과 같은 텍스트에 훌륭하게 표현되어 있다. 인간의 몸은 이성이라는 프로그램에 따라서 움직이는 기계와 마찬가지이다. 기계는 생태환경과 상호작용하는 유기체(즉 열린 체계)와 달리 하나의 폐쇄된 회로, 라이프니츠의 단자처럼 외부의 환경과 무관하게 자율적으로 움직이는 하나의 소우주이다. 자폐적이며 자족적인 기계와 마찬가지로 인간의 몸도 공동체의 일부가 아니라 하나의 독립적인 개체로 간주되는 것이다. 그러나 전근대적 우주에서 인간의 몸은 독립적 단위가 아니라 크게는 우주의 일부, 작게는 공동체의 일부로서 이해가 된다. 몸정치(*body politics*)의 비유가 단적인 예이다. 머리가 하늘이라면 발은 땅이며, 머리가 폴리스의 지배자라면 가슴은 군인이고 발은 농민들과 노예들이다. 또 인간이 죽으면 흙으로 돌아가는 것이 아니라 육체의 짐을 벗은 영혼은 우주의 질서 속으로 유입되거나 유령처럼 지천을 떠돌게 된다. 몸이 신화적이며 공동체적이고 우주론적인 의미와 맥락으로 충전되어 있는 것이다. 아름다운 몸도 우주론적이며 공동체적 맥락에서 경험되었다. 공동체적으로 승인된 지배자, 영웅, 귀족의 몸이 아름다운 몸으로, 아름다움과 사회적 · 도덕적 탁월함은 서로 뗄 수 없는 불가분의 전체를 이루고 있었다. 탁월한 사람은 아름다운 사람이었다.

그러나 근대로 접어들면서 몸은 그러한 공동체의 윤리적 맥락에서 벗어나기 시작한다. 이 지점에서 이성중심주의적 근대의 딜레마가 탄생한다. 데카르트나 칸트의 관점에서 아름다움의 경험은 이성이 아니라 감성의 영역에 속한다. 이성이 인간의 본질이라면 몸은 비본질이며, 기계의 문양이나 장식처럼 제거되어도 무방한 부록, 예이츠의 〈비잔티움으로의 항해〉의 유명한 표현을 빌리면 "허접, 지팡이에 걸친 남루한 누더기"에 지나지 않는다.

그런데 역설적으로 그렇게 비천한 몸의 위상에도 불구하고 아름다움은 이성의 광채보다 훨씬 매력적인 빛을 내뿜는다. 비본질이 본질보다 더욱 본질적으로 경험되고, 경멸되어야 하는 대상이 흠모되고 축복되며 욕망되는 것이다. 이러한 모순은 한편으로는 고급문화와 대중문화의 분리를 통해서, 다른 한편으로는 아름다움의 이성화 · 표준화 · 규격화를 통해서 해소되는 전기를 마련한다. 근대인에게 아름다운 몸은 표준에 가장 가까이 근접한 몸이 된다.

그렇다면 탈근대적 몸은 어떻게 이해될 수 있는 것일까? 탈근대적 몸은 프로이트의 '억압된 것의 회귀'(*the return of the repressed*)처럼 증상적으로 출현한다. 근대적 몸이 진짜 몸이 아니라 이성의 명령에 따라서 표준화되고 규격화된 몸, 달리 말해 몸의 몸됨이 체계적으로 억압된 몸이었다면, 탈근대적 몸은 그렇게 합리화되기 이전의 진짜 몸(실재로서의 몸)에 대한 관심으로부터 출발한다. 이성화된 몸의 탈이성화, 합리화된 몸의 탈합리화가 탈근대가 지향하는 윤리이다.

물론 우리는 진짜 몸이 무엇인지 알지 못한다. 그럼에도 근대화된 몸을 탈근대화하는 과정에서 실재로서의 몸이 부분적으로 드러날 수 있다는 믿음이 탈근대의 저변에 깔려 있다. 전근대적 몸을 탈주술화함으로써 근대적 몸이 출범하였다면 근대의 이성적 주술을 다시 탈주술화함으로써 탈근대적 몸의 여정이 시작되는 것이다. 이러한 주술화의 이중적 탈주술화는 재주술화의 또 다른 표현이기도 하다. 자연으로서 전근대적 몸이 근대에 접어들면서 철저하게 문화화되었다면 몸의 탈문화화, 혹은 몸의 재자연화가 탈근대의 논리이며 윤리인 것이다. 현대인들이 동양의학이나 대체의학이나 생태학에 매료되는 이유도 그러한 맥락에서 이해할 수 있다.

전근대와 근대, 탈근대라는 개념은 방법론적으로 엄격하게 정의될 수 없다. 논의되는 대상과 바라보는 관점에 따라서 전근대와 근대, 탈근대의 경계가 느슨해지기도 하고 중첩되기도 하기 때문이었다. 사진의 예를 들어, 초상화가 전근대에 속한다면 카메라 사진은 근대의 기계화와 자동화의 산물이다. 하지만 근대에 출현했다는 사실이 사진의 작품이나 이용, 해석을 근대적 테두리로 제한하지는 않는다. 근정사진처럼 초상화의 대용으로 쓰이는 사진은 용도와 의미에 있어서 전근대적이며 공동체적 맥락에 속해 있다. 이러한 사진은 인물의 정확한 재현이 아니라 가족에게 지니는 각별한 의미를 주술적으로 재구성하고 싶어한다. 그러나 관광객처럼 여행지를 기록하기 위해서 계속 셔터를 눌러대는 사진에는 주술적 의미가 배제되어 있다. 또 우리는 근대적 사진의 사실적 재현을 해체하거나 의문시하는 아방가르드적 사진을 이야기할 수도 있다. 가령 신디 셔먼의 사진은 탈근대적이다. 그녀의 사진은 피사체의 진실이 아니라 대상을 바라보는 주체의 진실, 사진으로 재현되지 않거나 억압된 주체의 욕망, 혹은 은폐된 현대 사회의 이데올로기를 폭로하기 때문이다. 그렇다고 전근대와 근대, 탈근대의 경계가 느슨하다고 해서 그들 용어의 적용이나 현상의 분석이 임의적이라는 말은 아니다. 만일 그렇다면 개념 자체의 유효성이 부정되어야 할 것이다. 이 세 개념은 어느 정도의 개념적 변별성과 일관성을 가지고 있기 때문이다.

이 책의 구성에 대해서 몇 마디 덧붙여야 하겠다. 이 책의 각 장은 전근대와 근대, 탈근대적 몸의 현상과 증상을 추적하고 있지만 전후의 순서가 인과적이거나 논리적으로 탄탄한 질서를 갖추고 있지 않다. 처음부터 현재와 같은 편제와 구성을 염두에 두고서 개별적인 글을 썼던 것은 아니다. 여기에 실린 몇 편의 글을 완성하고 난 다음에야 나는 하나로 꿰어지는 일관된 주제와 문제의식, 방법론을 발견할 수 있었다. 앞서 언급했듯이 나는 언제부터인가 다양한 몸의 현상을 설명하기 위해서 전근대와 근대, 탈근대라는 변별적 용어를 무심결에 사용하고 있었던 것이다. 그 사실을 깨달은 이후에 그러한 용어를 정의하려는 노력을 경주하는 동시에 다양한 몸 현상의 분석에 이들 개념을 더욱 의식적으로 적용하기 시작하였다. 그럼에도 체계적 작업과는 거리가 멀었음을 물론이다. 그래서 독자는 비교적 자유롭게, 장을 건너뛰거나 앞뒤의 순서를 거스르기도 하면서 자신의 기분과 변덕, 취향에 따라서 이 책을 읽을 수 있다. 필요하면 곶감을 빼어먹듯이 평소에 관심과 흥미가 있었던 제목만을 골라서 먼저 읽어도 좋다. 모든 글들이 동일한 문제의식과 관점으로 삼투되어 있기 때문에 독자들은 독서의 순서와 무관하게 비교적 똑같은 목소리와 논지를 발견할 수 있을 것이다.

이 책의 약 7할에 해당하는 글들은 이미 학술지에 발표되었던 것들이다. 나머지 3할은 이 책의 출판을 위한 필요에서, 이미 써놓았던 글들의 빈자리를 채우기 위해서 최근에 썼던 것들이다. 그러나 이미 발표된 글들의 경우에도 이 책의 기획과 목적에 알맞도록 크고 작은 수정을 하고, 필요시 보완하였다.

2008년 여름

김 종 갑

나남신서 1341 16

근대적 몸과 탈근대적 증상

차례

제2부 근대적 몸과 탈근대적 몸

제3부 탈근대적 몸과 실재

제 1 부

전근대적 몸과 근대적 몸

- 1장 전근대적 몸과 근대적 몸 : 〈큐피드와 프시케〉와 〈미녀와 야수〉를 중심으로
- 2장 전근대적 공간과 근대적 공간, 몸, 예술
- 3장 외국인의 몸 : 전근대와 근대
- 4장 아름다움의 공동체 : 근대의 전근대적 몸

전근대적 몸과 근대적 몸

1장

〈큐피드와 프시케〉와 〈미녀와 야수〉를 중심으로

서 론

〈미녀와 야수〉(La Belle et la Bête)는 동화라기보다는 우리 시대를 지배하는 하나의 신화로 자리를 잡은 듯이 보인다. 1946년에 장 꼭또(Jean Cocteau)가 감독한 뮤지컬을 비롯해서 1991년의 할리우드 애니메이션에 이르기까지 수많은 감독들이 〈미녀와 야수〉를 영화로 제작하였으며, 최근에는 그것의 현대판이라 할 수 있는 〈슈렉〉(Shrek)이 3편의 시리즈(2001년, 2004년, 2007년)로 출시되기도 하였다. 영화로만 재생산되었던 것은 아니다. 안젤라 카터(Angela Carter)와 같은 작가는 페미니즘 관점에서 〈호랑이의 신부〉(The Tiger's Bride)로 개작하였으며, 테니스 리(Tanith Lee)는 인종주의를 비판하기 위해 《아름다움》(*Beauty*)이라는 제목의 S.F 소설로 다시 쓰기도 하였다. 이 동화가 우리의 관심과 상상력을 끊임없이 자극하는 이유가 어디에 있을까? 많은 평자들이 지적하듯이 〈미녀와 야수〉에는 "결혼에 대한 여성의 불안"이 반영되어 있으며, 추를 아름다움으로 "기적처럼 변형시키는 사랑의 힘"이 강조되기도 한다.

혹자는 그 원인을 프로이트(Sigmund Freud)가 《문명 속의 불만》(*Civilization and Its Discontent*)에서 제시한 테제에서 찾기도 하였다. 억압적인 문명에 대한 현대의 불만과 환멸이 문명의 타자로서 야수에 대한 동경으로 분출한다는 것이다. 풍요와 안락, 편리함을 가져다주는 문명이 무조건적인 축복인 것은 아니다. 그 대가로 우리는 야성적 충동을 지불해야 하기 때문이다. 또 1987년에서 1989년에 미국 텔레비전에 장기방영되었던 〈미녀와 야수〉 시리즈처럼 미녀와 야수의 대비는 상류계층과 하류계층이라는 계급적 갈등과 화해의 가능성을 재현하고 있는지도 모른다.

그러나 필자는 〈미녀와 야수〉가 현대의 신화로 등위한 이유를 찾기 위해서 구태여 무의식의 음침한 골짜기로 내려가거나 계급적 갈등이라는 하부구조의 관점을 빌릴 필요는 없다고 생각한다. 미녀와 야수라는 제목 자체가 이미 현대의 신화이며 증상이다. 미녀와 야수는 문명과 야만의 대립이라기보다는 아름다움과 추함의 대립으로 읽혀야 하는 것이다. 현대인만큼 아름다움에 강박적으로 집착하던 시대는 역사적으로 유례가 없을 것이다.

아름다움이란 무엇일까? 외모중심주의적 현대에 외모만큼 우리의 관심과 배려, 탐닉을 자극하고 조장하는 대상을 찾아보기도 쉽지 않다. 그러나 아름다움에 집착하는 정도에 비례해서 그것을 규정하고 이론화하는 작업은 더욱 어려워지는 듯 보인다. 말이 필요 없을 정도로 확실하게 직관되었던 아름다움의 경험은 이론적으로 설명을 시도하려는 순간에 정체가 희미해지기 시작한다. "왜?"를 묻는 집요한 담론적 요청을 아름다움의 직관이 견뎌내지 못하는 것이다. 이러한 이유로 인해서 아름다움에 대한 철학적 정의는 대답보다도 더욱 더 많은 질문을 유발하게 된다. 아름다움의 주제에 대한 끈질긴 철학적 탐색이라 할 수 있는 플라톤의 《대 히피아스》(*Greater Hippias*)에서 화자인 소크라테스(Socrates)는 "아름다움은 어렵다"라는 고백으로 긴 대화를 마무리해야 했다. 아름다움의 정체를 밝히려는 시도는 절망으로 끝날 수밖에 없는 듯이 보인다. 아름다움을 서술하는 언어가 아름다운 대상과 일치하지 않는 것이다. 그러나 철학의 지평으로부터 신화나 동화, 문학 텍스트의 지평으로 시선을 돌리면 사태가 반전한다. 정의가 불가능했던 아름다움이 성경의 증거처럼 의심의 여지없이 분명하게 현존하는 실체로서 자신의 존재와 세력을 소리쳐 외치는 것이다. 이 후자의 세계에서 아름다움은 설명되어야 하는 담론적 대상이 아니라 경탄과 숭배의 직관적 대상이다. 가령 그림 형제(Brothers Grimm)의 〈백설공주〉(Snow White)에서 공주는 세계에서 가장 아름다운 여자로 찬양되지만 그녀의 외모가 자세히 묘사되지는 않는다. "밝은 대낮처럼 아름답다"거나 "[왕비]보다 천배나 아름답다"는 간단한 서사가 전부로, 화자는 아름다움의 현존성에 너무나 눈이 부셔서 아예 말을 잃은 듯이 보인다. 그래서 동화와 신화의 세계에서 아름다움은 일종의 동어반복이 된다. 더 이상 말이 필요 없을 정도로 아름다움은 아름답기 때문에 아름다운 것이다. 헤겔(Friedrich Hegel)의 절대정신처럼 아름다움이 곧 진리의 증명이며, 아름다움이 곧 선이다.

〈그리스 항아리에 붙인 송시〉(Ode on a Grecian Urn)에서 존 키츠(John Keats)는 아름다움=진리의 명제를 하나의 현대적 신화로 만들어놓았다. "아름다움은 진리이며, 진리는 아름다움, 그것이 우리가 세상에서 알고 있고 또 알 필요가 있는 모든 것이다" 라고 키츠는 읊었다. 마찬가지로 《친화력》(*Die Wahlverwandtschaften*)에서 괴테(Johann Wolfgang von Goethe)도 인간의 아름다움에 대해 다음과 같이 찬탄을 아끼지 않았다. 아름다움은 "훨씬 더 큰 힘으로 외적, 내적 감각에 위력을 발휘하기 때문에, 그녀를 바라보는 사람에게는 불쾌한 일이라곤 생길 수가 없었다. 그녀를 바라보는 사람은 자신은 물론 세상과 일체감을 느끼게 되는 것이었다".[1] 세계로부터 이방인처럼 소외되어 있던 주체라 할지라도 아름다움을 접하는 순간에 구원을 받게 된다는 것이다. 진과 선이 사유를 통해서 유추되고 의지되어야 한다면 아름다움은 이미 실현된 진과 선의 얼굴이나 마찬가지이다. 그러나 과연 아름다움이 동시에 진이며 선이기도 한 것일까? 키츠가 아름다움에서 진리를 발견하였다면 괴테는 아름다움에서 선을 발견하였다.[2] 하지만 문화사적으로 아름다움을 찬양하는 심미적 세계관의 곁에는 언제나 경계와 염려의 목소리 또한 수반되었다. 혹시 요부(*femme fatale*)처럼 아름다움은 숨겨진 악의 표면이나 위험한 미끼에 지나지 않는 것이 아닐까? 일찍이 아름다움의 배후에서 거짓과 악의 위험을 간파했던 플라톤(Plato)은 시인들을 이상국가에서 추방하려고 하였다. 다음과 같은 셰익스피어(Shakespeare)의 《베니스의 상인》(*The Merchant of Venice*)도 그러한 플라톤적 의심의 눈길이 잔뜩 스며들어 있다: "화려한 외관은 위험한 바다의 거짓 해변에 지나지 않는다. 다시 말해 사기꾼 시간이 현자를 유혹하기 위해서 장만한 그럴싸한 진리의 외관이다." 이때 키츠나 괴테처럼 아름다움에서

---

1 괴테, 《친화력》, 김래현 옮김, 민음사, 2001, 60~61쪽.

2 아름다움과 진리의 관계를 묻는 질문이 형이상학적이라면 아름다움과 선의 관계를 묻는 질문은 윤리적이다. 그런데 형이상학적 전통이 점차 소멸하면서, 특히 헤겔 이후로 아름다움과 진리의 관계는 더 이상 심각하게 탐구되지 않게 되었다. 그러면서 아름다움은 우주관과 동떨어져서, 개인 취향의 영역으로 축소되었다. 18세기 말 이후로 아름다움에 관한 논의가 미학의 영역으로 한정된 이유도 아름다움의 개인화 · 취향화와 무관하지 않다고 할 수 있다. 그러면서 아름다움은 진리와의 관련이 아니라 선과의 관련 속에서만 논의되기 시작하였다. 이것은 특히 민담이나 문학작품에서는 더욱 더 그러하다. 이러한 이유로 인해서 필자는 이 글에서 미진선의 삼자 관계가 아니라 미선의 이자 관계로 논의를 제한하였다.

진선을 직관하는 주체가 있다면 그는 이미 커다란 위험에 처한 셈이다. 아름다움은 그를 죽음으로 유혹하는 미끼이며, 선의 증거가 아니라 악의 유혹이기 때문이다. 그래서 캐나다의 유명한 문학비평가인 노스럽 프라이(Northrop Frye)는 《비평의 해부》(*The Anatomy of Criticism*)에서 "아름다움의 추구는 진리와 선의 추구보다 훨씬 위험한 헛소리이다. 우리의 자아를 강렬하게 유혹하기 때문이다"라고 말해야 했다.

위와 같이 미와 선의 애매모호한 관계를 염두에 두었을 때 〈미녀와 야수〉는 미와 선의 일치 혹은 불일치의 명제를 다루기에 더할 나위 없이 훌륭한 텍스트가 된다. 아름다움은 선의 현존을 보증할 수도 있고, 아니면 반짝이는 거짓된 표면에 지나지 않을 수도 있다. 아름다운 외모는 악의 위험과 무관하지 않은 듯이 보인다. 〈미녀와 야수〉는 그러한 문제의식의 날실과 씨실로 짜여진 텍스트이며, 미≠선(혹은 미=악)의 위험을 미=선으로 길들이려는 담론적 노동의 역사를 반영하고 있다. 처음부터 저자의 손으로 저술된 철학이나 문학 텍스트와 달리 〈미녀와 야수〉는 구전된 민담에서 출발해서 점차 활자화된 텍스트의 형태를 갖추어 나갔기 때문이다. 구전되던 〈미녀와 야수〉의 원텍스트(*urtext*)가 처음 문자로 기록된 계기는 아풀레이우스(Lucius Apuleius)의 《황금 송아지》(*Golden Ass*)에 실린 〈큐피드와 프시케〉(Cupid and Psyche)이다. 그가 활자화하기 이전에도 구전으로 다양한 원텍스트들이 존재했지만, 그 근원으로 추적해 거슬러 올라가는 작업은 불가능하다. 따라서 필자는 "최초의 문학적 동화"[3]라 일컬어지는 〈큐피드와 프시케〉가 후대의 작가들에 의해서 변형

3 Jack Zipes, "Introduction" in *Spells of Enchantment*, ed., Jack Zipes, New York: Penguin Books, xvi.

되고 재해석되는 과정에 초점을 맞추면서 미와 선악의 관계를 논의하게 될 것이다.

아풀레이우스의 텍스트와 비교될 텍스트는 근대의 문턱에서 쓰여진 드 보몽(Jeanne-Marie Leprince de Beaumont)의 〈미녀와 야수〉이다.[4] 본론에서 필자는 이 두 텍스트를 비교하면서 미와 선의 관계를 중심으로 전근대적 몸과 근대적의 몸의 차이를 규명하려고 한다. 결론을 요약하면 전근대에서는 아름다움은 외면과 내면으로 균열되지 않기 때문에 아름다움은 곧 선의 증거이다. 마찬가지로 추는 악의 증거이다. 고대 희랍의 시인이었던 테오그니스(Theognis)는 다음과 같이 노래했던 적이 있다. "시와 미의 여신들, 제우스의 딸들은 아름다운 노래를 불렀다: 아름다운 것은 기쁜 것이고, 추한 것은 불쾌한 것이다."[5] 이러한 전근대적 몸의 이상은 바질(Giambattista Basile)의 동화 〈두 개의 빵〉(The Two Cakes)의 한 구절에 잘 나타나 있다. "마질라는 외모가 아름다운 만큼 마음이 선하였다. … 하지만 프치아는 죄악처럼 추하였고 추한 만큼 마음이 사악하였다." 하지만 근대로 접어들면서 아름다움과 선의 등식에

4 〈미녀와 야수〉에 직접적인 영향을 준 작품은 〈큐피드와 프시케〉가 아니라 빌누브(Gabrielle-Suzanne Barbot de Villeneuve)의 작품이었다. 드 보몽은 362쪽에 이르는 빌누브의 로맨스를 현재의 형태로 축약하여 다시 썼다고 한다. 그리고 비교 텍스트와 관련해서 한마디 덧붙이면, 18세기 후반에 미녀와 야수라는 주제가 독자들의 인기를 끌면서 다양한 변주의 텍스트들이 출판되었다. 스트라파롤라(Giovanni Francesco Straparola)의 〈돼지 왕〉(The Pig King)을 비롯해서 돌노이(Marie-Ctherine D'Aulnoy)의 〈초록 뱀〉(Green Serpent), 그림 형제의 〈개구리 왕〉(The Frog King)이 그 대표적인 예이다. 논의의 엄밀성을 위해서 어쩌면 모든 미녀와 야수 이야기들을 비교 대조해야 옳을지도 모른다. 그러나 필자는 지면의 제한도 무시할 수 없는 이유이기는 하지만, 앞서 언급했듯이 영화화되어 현대적 신화가 된 이야기의 원형이 드 보몽의 판본인 데다가, 근대적 몸의 지형도를 작성하는 목적에 가장 전범적이라는 생각에서 그녀의 텍스트를 분석의 대상으로 삼았다.

5 Wladyslaw Tatarkiewicz, *History of Aesthetics*, Vol. I, *Ancient Aesthetics*. ed. C. Barrett, The Hague: Mouton, 1970, p.40에서 재인용.

점차 균열이 생기고, 아름다움은 외면의 처소에서 벗어나 점차 내면화의 길을 걷기 시작한다. 그러면서 한편으로 아름다움 · 추의 항과 다른 한편으로 선 · 악의 항 사이에 다양한 결합이 생겨나게 된다. 아름다움=선, 추=악이라는 전근대적 단순성이 무너지면서 아름다운 몸과 선한 마음, 아름다운 몸과 악한 마음, 추한 몸과 선한 마음, 추한 몸과 추한 마음 등의 결합된 복잡한 표현태(인물)가 등장하는 것이다.

전근대적 몸과 근대적 몸

〈미녀와 야수〉에 대한 논의로 접어들기 이전에 먼저 전근대적 몸과 근대적 몸의 차이가 규명되어야 한다. 물론 근대적 몸과 대립되는 전근대적 몸이 역사적으로 존재했을까 하는 의문, 또 양자가 단층처럼 단절되는 지점을 과연 찾을 수 있을까 하는 의문이 제기될 수 있다. 이러한 의문에 대해서 필자는 두 가지 개념이 역사의 흐름과 일대일로 상응하는 기술적 개념이라기보다는 텍스트적 현상을 설명해야 할 필요에서 요청되는 규범적이며 구조적인 개념, 막스 베버(Max Weber)의 "전형"(*ideal type*)에 가깝다고 답하고 싶다. 그렇다고 고대, 근대, 현대로 나뉘는 역사적 구별과 전혀 무관하다는 것은 아니다. 분명 전근대적 몸의 개념은 〈큐피드와 프시케〉와 같은 전근대적 텍스트에 재현된 몸을 훌륭하게 설명해주는 장점을 가지고 있다. 근대적 몸 개념이 〈미녀와 야수〉에 대해 갖는 설명력도 마찬가지이다. 그러나 양자는 배타적인 관계에 있지는 않다. 〈큐피드와 프시케〉에서도 근대적인 몸의 요소들을 발견할 수 있으며, 〈미녀와 야수〉에서도 전근대적 몸의 흔적들을 어렵지 않게 추적할 수 있다. 그럼에도 〈미녀와 야수〉에서는 근대적 몸의 개념이 지배적임은 두말할 나위가 없다.

전근대적 몸과 근대적 몸이 어떻게 구별될 수 있는 것일까? 아름다움의 어원이 구별의 단서를 제공한다. 영어의 beauty는 프랑스어 beauté에서 유래하였으며 후자는 라틴어 bellus에서 유래하였는데, 흥미로운 사실은 bellus는 bonus(*good*)의 파생어(*diminutive*)라는 것이다. 어원적으로 아름다움과 선이 아직 분화되지 않고 통합된 상태에 있었던 것이다. 고대 독일어 아름다움(*schön*)도 마찬가지이다. schön에는 "빛나는, 훌륭한, 눈에 확 띄는, 인상적인" 등의 의미가 내포되어 있었다.[6] 이와 같이 아름다움과 선이 통합된 모습은 특히 고대 희랍어 kalon의 주된 특징이었다. 현대에는 아름다움으로 번역되기는 하지만 kalon은 아름다운 외모가 아니라 탁월하고 훌륭한 사람이나 사물들에게 적용되는 개념으로, schön처럼 우리를 "기쁘게 하고, 매료시키며, 찬탄을 자아내는 것"[7]들이 kalon에 해당하였으며, 현재처럼 외관이나 외모로만 적용대상이 제한되지 않았다.

소크라테스처럼 지혜가 탁월한 사람도 아름답다는 찬양을 받을 수 있었다. "가장 정의로운 것이 가장 아름답다"라는 아폴로 신전의 유명한 신탁도 이러한 통합적 아름다움의 의미와 무관하지 않다. 이러한 전근대적 아름다움이 가장 잘 구현되어 있는 고대희랍의 문헌이 호메로스(Homer)의 《일리아드》

6 Philip Wiener, ed., *Dictionary of the History of Ideas*, vol. I, New York: Charles Scribner's Sons, 1978, p.195.

7 Wladyslaw Tatarkiewicz, *History of Aesthetics*, p.25.

(*Iliad*)와 《오디세이》(*Odyssey*)이다. 호메로스는 훌륭한 대상들, 남자와 여자는 물론이고 의상이나 무기, 짐승에게도 kalon의 형용사형인 kalos를 적용하였다.[8] 아킬레스(Achilles)나 헥토르(Hector)처럼 전투에서 용맹한 전사도 아름답다는 식으로 묘사되었다. 아름다운 외면과 용기라는 미덕이 서로 분리되지 않았던 것이다. 이러한 이유로 인해 《일리아드》의 테르시테스(Thersites)처럼 비겁하거나 어리석은 사람은 추한 외모의 불구자로 묘사되었다. 전쟁을 포기하고 고국으로 귀환하기를 주장하였던 테르시테스는 꼽추에다가 모들뜨기이며, 한쪽 다리를 절고 두 어깨는 가슴으로 오므라들었으며, 윤기가 없이 지푸라기 같은 머리칼을 하고 있었다. 호메로스의 서사시적 세계에서는 아름다움이 표면과 내면으로 균열되지 않았으며, "존재와 운명, 모험과 성취, 삶과 본질이 일치하였던 것이다".[9] 〈미녀와 야수〉에서 외모가 흉한 "야수"가 탁월한 내면의 소유자일 수 있는 가능성 자체가 호메로스의 세계에서는 이미 배제되어 있었다.

그러나 고대희랍이 고전문학기로 접어들기 시작하면서 이러한 미=선의 통합은 짐차 이완되기 시작하였다. 《정신의 발견》(*Die entdeckung des Geistes*)의 저자 부르노 스넬(Bruno Snell)에 따르면 아르킬로코스(Archilochos)와 사포(Sappho)의 작품에서 처음으로 외면이 내면의 가치로부터 분리되는 증상이 표면화되었다고 한다. 가령 사포는 다음과 같이 노래하였다. "긴 다리를 힘 있게 쭉쭉 내뻗으며 … 머리카락을 자랑스럽게 휘날리며 활보하는 키가 큰 장군

---

8 Philip Wiener, ed., *Dictionary of the History of Ideas*, p.196.

9 Georg Lukacs, *The Theory of the Novel*, tr. Anna Bostock, Massachusetts: The MIT, 1971, p.30.

을 나는 좋아하지 않으리 … 굽은 다리를 지니고 있다고 할지라도 나는 그를 더 좋아하리."[10] 이 시에서 사포는 연인의 추한 외모와 훌륭한 내면이라는 역설적 결합, 내면과 외면의 긴장과 갈등을 충분히 의식하고 있다. 그러면서 아름다운 외모가 아니라 내면의 미덕을 더욱 강조하였다. "아름다운 사람은 겉으로만 아름답다. 그렇지만 선한 사람은 안팎으로 아름답다."[11] 외면과 내면의 역설적 관계를 하나의 명제처럼 형상화한 사포의 시구에서 우리는 근대적인 몸 관념의 서광을 엿볼 수 있다. 내면과 외면이 뗄 수 없이 하나로 통합되어 있었던 전근대적 몸이 점차 균열된 양상을 취하기 시작하면서, 내면의 미덕을 강조하는 내면중심주의로 관점이 이동하는 것이다. 이때 내면이 변치 않은 본질이라면 외면은 가변적이고 변덕스러우며 임의적인 비본질로 간주된다. 아르킬로코스와 사포의 서정시에서 시작된 이러한 균열의 조짐은 플라톤의 이원론적 철학에서 이론적 정점에 이르게 된다.

다시 강조하지만 전근대적 몸과 근대적 몸의 구별은 역사적인 범주가 아니라 개념적 설명의 필요에 의한 구분에 가깝다. 문학사적 관점에서 호메로스의 서사시는 고대희랍의 고대문학으로 사포의 서정시는 고대희랍의 고전문학으로 분류되며, 계몽주의 시대 이후 근대의 흐름과는 시기적으로 무관하기 때문이다. 필자가 호메로스와 사포의 시의 비교를 통해서 구분하려는 전근대적 몸과 근대적 몸의 차이를 이해하기 위해서는 전자의 서사시가 구전된 익명적 민담의 전통을 계승하였던 반면 후자의 시는 작가가 분명한 서정시라는 사실에 주목하여야 한다. 호메로스가 실존했던 개인인지 아니면 일군의 음유시인들

---

10 브르노 스넬, 《정신의 발견》, 김재홍 옮김 (까치, 1994) 109쪽에서 재인용.

11 Wladyslaw Tatarkiewicz, *History of Aesthetics*, p.40에서 재인용.

을 총칭하는 상징적 이름인지에 대해서는 아직도 논란의 여지가 있지만, 《일리아드》가 음유시인들 집단의 입에서 입으로 전승된 구전시라는 사실에는 변함이 없다. 개인적 정서가 담긴 사포의 서사시와 달리 호메로스의 서사시는 공동체 전체의 정서가 담겨 있으며, 전자가 개인의 고독한 인어라면 후자는 공동체의 집단적 언어이다. 이 점에서 위에서 사포의 시구는 이미 많은 의미를 내포하고 있다. 아름다운 사람을 보면서 일어나는 내면과 외면의 분열은 시인의 분열된 의식에 국한되어 있지 않다. 그녀는 자기가 속한 공동체의 다른 구성원으로부터도 소외되어 있는 것이다. 그녀의 시에 나타난 내면과 외면의 균열은 두 개의 서로 다른 시점이나 서로 상이한 두 주체의 반영이기 때문이다. 이를테면 다른 사람들은 외모가 훌륭한 "키가 큰 장군"을 좋아하지만 사포 자신은 "굽은 다리"의 연인을 더 좋아한다. 그녀의 호오는 다른 사람들의 호오와 일치하지 않기 때문에 내면과 외면의 분리는 주체와 타자가 균열된 세계의 증상적 표현이다. 그러나 호머의 서사시의 세계에서는 그러한 불일치가 존재하지 않는다. 《일리아드》에서는 "나"의 아름다움이 "우리"의 아름다움이며, 우리의 아름다움은 동시에 우리의 선이다. 그리고 "우리"의 아름다움과 상이한 "나" 개인의 아름다움은 존재하지 않는다. 헤겔이 《정신현상학》(*Phenomenology of Spirit*)의 "참다운 정신: 인륜성"의 장에서 설명하였듯이,[12] 근대적인 의미에서 개인의 자의식—자신이 타자와 다르다는 의식—이 아직 탄생하지 않았다. 이러한 맥락에서 호메로스의 텍스트는 전근대적인 몸, 내면과 외면 및 주체와 타자가 분열되지 않은 통합된 몸, 공동체적 몸의 전형을 보여준다

12 헤겔, 《정신현상학》, 2권, 임석진 옮김 (한길사, 2005), 22~63쪽.

고 할 수 있다.

호메로스의 서사시와 사포의 서정시에 나타난 몸의 차이는 〈큐피드와 프시케〉와 〈미녀와 야수〉의 차이에 결정적인 단서를 제공한다. 본격적인 논의로 들어가기 전에 《일리아드》와 마찬가지로 〈큐피드와 프시케〉도 민담의 전통으로부터 크게 벗어나지 않은 텍스트라는 사실을 상기하기로 하자. 호메로스와 마찬가지로 등장인물과 사건을 바라보는 아풀레이우스의 시선은 개인적이라기보다 신화적이고 공동체적인 성격이 강하며, 아름다움을 외모가 아니라 마음에서 배타적으로 찾으려는 내면중심주의적 성향을 찾기 어렵다. 그러나 공동체의식이 점차 개인주의에 의해 대체되는 근대의 문턱에서 씌어진 드 보몽의 〈미녀와 야수〉에서 아름다움은 내면화되고 도덕화되는 과정, 노르베르트 엘리아스(Norbert Elias)의 용어를 빌리면 "문명화 과정"을 밟고 있다. 아름다움이 공동체의 몫이 아니라 개인의 몫으로 바뀌며, 사회의 행복과 안녕을 위협할 수 있는 잠재적인 불안을 다스릴 필요에서 아름다움이 도덕화되는 것이다. 새롭게 대두된 근대적 윤리에서는 마음이 선한 자가 아름다운 자이다. 그 반대의 명제는 참이 아니다. 〈큐피드와 프시케〉가 아름다운 사람은 아름답고 추한 사람은 추한 동어반복적 세계라면, 〈미녀와 야수〉는 야수의 추한 외면과 아름다운 내면이 불안하게 공존하는 역설적 세계이다. 〈큐피드와 프시케〉가 〈미녀와 야수〉로 다시 씌어지면서 몸을 바라보는 지형에 커다란 변화가 발생했던 것이다. 두 텍스트를 대조하면서 우리는 이러한 지형의 변화를 추적하게 될 것이다.

〈큐피드와 프시케〉에 나타난 전근대적 몸

아풀레이우스의 〈큐피드와 프시케〉는 여자의 지나친 호기심과 신을 능가하려는 인간의 오만에 대한 경고의 메시지를 담고 있다는 점에서 판도라의 상자나 《오이디푸스 왕》(*King Oedipus*)과 같은 신화의 연장선에 있다. 그럼에도 전근대적 몸에 대한 논의에서 〈큐피드와 프시케〉는 많은 시사점을 던져준다. 비너스(Venus)의 질투를 유발할 정도로 아름다운 프시케(Psyche)의 미모가 이야기의 동기와 소재를 구성하기 때문이다. 대부분 민담이나 동화와 마찬가지로 플롯은 간단하다. 왕의 막내딸인 프시케는 필설로 형용할 수 없을 정도로 아름다워서 그녀를 보는 사람들은 감탄을 금치 못하며, 감탄의 도가 지나친 나머지 비너스 신전을 방치하고 그녀를 숭배하기에 이른다. 분노한 비너스는 아들 큐피드(Cupid)의 힘을 빌려서 복수를 꾀한다. 프시케가 세상에서 가장 가난하고 비참한 남자와 치명적인 사랑에 빠지도록 화살을 그녀에게 쏘도록 명하는 것이다. 그러나 어머니의 명을 막 실행에 옮기려던 큐피드는 그녀의 아름다운 모습에 한눈에 반하고 만다. 어머니 모르게 결혼한 그들은 아름답고 호화로운 궁궐에서 행복하게 살게 된다. 바로 이 대목에서 운명적인 반전이 일어난다. 큐피드와 결혼하기 위해서 프시케는 한 가지 굳은 약속을 해야 했다. 어떤 일이 있어도 남편의 얼굴과 몸을 보지 않겠노라는 맹세였다. 그러나 그녀의 행운을 질투하던 두 언니는 감언이설로 여동생을 미혹해서 약속을 깨트리도록 유도한다. 그녀의 남편이 무시무시한 뱀이기 때문에 자신의 모습을 드러내지 않는다는 것이다. 호기심과 두려움에 사로잡힌 프시케는 남편과의 언약을 저버리고, 밤에 일어나 촛불을 켜고 잠자는 남편을 몰래 쳐다보게 된다. 불빛에 드러난 그는 끔찍한 뱀의 형상이 아니라 아름답고 황홀한 신의 형상을 하고 있었다. 그의 아름다운 자태에 흥분한 그녀는 "욕정에 사로잡혀서 숨을 헐떡이면서 남편에게 달려들어 그에게 뜨거운 키스를 퍼부었다".[13] 그 바람에 촛농이 남편의 몸에 떨어지고, 갑작스레 잠에서 깨어난 그는 약속을 어긴 아내를 질책하면서 그녀의 곁을 떠난다. 그제야 자신의 잘못을 깨달은 그녀는 뼈저리게 뉘우치면서 남편을 찾아 머나먼 여정에 오르고, 천신만고 끝에 다시 재회해서 행복한 삶을 살게 된다. 여기에서 흥미로운 대목이 있다. 남편을 찾아 떠나기 전에 그녀는 자신을 사주했던 언니에게 복수를 꾀하는데, 그 복수의 기획이 남편의 아름다운 몸과 뗄 수 없는 관계에 있다. 그녀는 뱀이라 착각했던 남편이 아름다운 큐피드였다는 사실을 언니에게 알려준 다음, 자기의 부덕을 탓하는 그가 이제는 언니와 다시 결혼하고 싶어한다고 거짓말을 한다. 그러자 언니는 그의 몸을 처음 보았던 프시케의 행동과 똑같은 반응을 보인다. 아름다운 신과 동침하고 싶은 욕망에 뜨겁게 몸이 달아오르는 것이다. 성적으로 흥분한 언니들은 황급히 큐피드의 궁궐을 향해 달려가다가 절벽에서 떨어져 즉사하게 된다.

〈큐피드와 프시케〉에서 큐피드의 아름다움은 프시케와 마찬가지로 절대적인 가치를 지니고 있다. 그가 화살로 신들을 쏘아서 사랑에 빠지게 하는 "악동"으로 악명이 높다는 사실도 그의 아름다움에 흠집을 내지 못한다. 아름다운 외면의 배후에 추한 내면이 도사리고 있을지 모른다는 의심이나 가능성은

---

13 Apuleius, "Cupid and Psyche" in *Spells of Enchantment*, ed. Jack Zipes, New York: Penguin Books, 1991, p.13.

아예 상상할 수 없다. 아름다운 몸은 무조건적으로 기쁘고 바람직하며 소망스러운 대상이기 때문이다. 그의 아름다운 외모를 보자마자 정욕에 사로잡힌 프시케의 모습은 유혹에 무너지는 부도덕한 행위가 아니라 자연스럽고 당연한 행동으로 묘사된다. 언니들이 동생을 시기하고 질투하는 이유도 그의 아름다운 몸에 있다. 휘황찬란한 궁궐에서 화려한 생활을 할지라도 동생의 남편이 추한 남자였더라면 언니들은 질투하지 않았을 것이다. 언니들도 남부럽지 않게 왕들과 결혼한 왕비의 신분이었다. 그들은 동생 남편이 젊은 미남이라는 이야기를 듣자마자 동생을 질투하기 시작한다. "그녀가 얼마나 증오스러운가! 내 남편은 아버지보다 더 늙었고, 호박보다 늙었으며 어린이보다 왜소한데 말이야"(큰언니). "내 남편은 언니보다 더 형편없어. 내 남편은 좌골신경통으로 허리가 굽었고 … 그의 손가락은 말라비틀어졌어"(작은 언니).[14] 더구나 그녀의 남편들은 추한 외모에 비례해서 의심이 많고 인색하기조차 하다. 추한 외모는 추한 마음의 객관적 상관물인 듯이 보인다. 그리고 〈큐피드와 프시케〉에는 몸에 대한 묘사와 관심에서 〈미녀와 야수〉와 같은 억압이나 절제, 금기의 모습을 찾아볼 수가 없다. 근대적 관점에서 프시케는 외모지상주의적으로 보일 정도로 지나치게 남편의 외모에 집착한다. 그녀는 그의 마음이나 내면에 대해 관심이 없으며, 작가도 그러한 그녀의 태도를 나무라거나 꾸짖지 않는다. 그녀는 직접 눈으로 보지 못한 남편의 외모에 대한 관심을 계속해서 키워나갈 따름이다. 아기를 출산하면 그의 모습을 통해서 남편의 외모를 짐작할 수 있다고 상상하기조차 한다. 그래서 정작 남편의 몸이 촛불에 드러났을 때

14 앞의 책, p.8.

제롬의 〈배심원 앞에 선 프리네〉(Phryne before the Areopagus)

그녀는 마치 그림을 그리듯이 남편의 모습을 하나하나 눈에 담기 시작한다. 금빛 머리칼, 하얀 목, 볼그레한 뺨, 백색의 날개 등. 큐피드의 인격이나 도덕과 무관하게 아름다움은 그 자체로서 음미되고 칭찬되며 찬미되어야 하는 것이다. 또 뛰어난 아름다움은 혼자서 바라보기에는 너무나 아까운 듯이 보인다. 재물에 대한 언니들의 다음과 같은 말은 미모에도 그대로 적용될 수 있다. "사람들이 모른다면 아무리 부유해도 기쁨이 없다."[15] 여러 사람이 함께 공유하면 아름다움의 기쁨이 더욱 배가되는 것이다. 그래서 〈큐피드와 프시케〉의 서두도 프시케의 미모에 대한 무성한 소문으로 시작된다. "그녀가 비할 바 없는 아름답다는 소문이 이웃 도시와 이웃 나라로 계속해서 전파되었다.… 그녀

15 앞의 책, p.9.

의 명성은 나중에는 아주 먼 나라로까지 퍼져서 대륙과 바다를 건너 사람들이 당대의 경이로운 아름다움을 보기 위해 순례하듯이 그녀를 찾아왔다."[16] 미모는 전염성이 강해서 그녀에 대해 한 번이라도 듣거나 본 사람들은 금방 그녀의 매력에 감염되어 버린다. 그래서 모든 사람들이 예외 없이 한목소리로 그녀의 아름다움을 찬양하게 되는 것이다. 여기에서 중요한 것은 단순히 큐피드나 프시케의 미모가 아니라, 미모를 경험하는 사람들의 공동체적 태도이다. 아름다움은 바라봐서 기쁘고 행복한 존재의 미덕이기 때문에 바라보는 사람의 눈길에는 사포적인 의심이 배어있지 않다. 겉만 아름답고 속이 추악할 수 있는 가능성은 그들에게 상상조차 되지 않는다. 이미 아름다움 자체가 의심할 여지없이 분명한 미덕의 증거인 것이다. 이러한 이유로 인해서 큐피드와 프시케의 미모는 제롬(Jean-Leon Gerome)의 유명한 그림 〈배심원 앞에 선 프리네〉(Phryne before the Areopagus)에 재현된 아름다운 몸과는 다른 의미의 층위에 있다. 제롬의 그림에서는 아름다운 외모에 현혹되어서 내면의 아름다움을 등한시하는 외모중심주의적 사람들에 대한 비판이 전경화되어 있다. 아름다움이 그 자체로서 긍정되는 대신에 비판적 성찰의 대상으로서 관조되는 것이다. 그러면서 아름답지만 가까이 하기에는 너무나 치명적이고 위험한 요부일 수 있는 가능성에 대해 경계와 방어의 자세를 취하도록 만든다.[17] 하지만

---

16 앞의 책, p.1.

17 제롬의 그림은 고대 그리스의 한 사건을 표현한 것이다. 당시 유명한 창부였던 프리네는 신을 모독했다는 누명을 쓰고서 법정에 서게 되었다. 배심원의 의견은 그녀에게 불리한 방향으로 기울기 시작하였다. 그러자 그녀의 애인으로 그녀를 변호하였던 히페레이데스(Hypereides)는 불리한 처지에서 벗어나기 위한 묘안으로 그녀의 미모를 이용해야겠다고 생각한다. 그는 프리네가 걸쳤던 옷을 확 낚아채고, 그럼으로써 그녀의 눈부신 나신이 배심원들의 눈앞에 드러나게 한다. 그녀의 아름다움에 압도된 배심원들은 저렇게 아름다운 여인이 신성모독의 죄

〈큐피드와 프시케〉에서는 그러한 방어의 태도를 찾아볼 수 없다.

〈미녀와 야수〉에 나타난 근대적 몸

그럼에도 〈큐피드와 프시케〉에 투영된 전근대적 몸의 성격은 〈미녀와 야수〉와 같은 후대의 텍스트와 대조되지 않으면 그 특징이 분명하게 드러나지 않는다. 서로 대조되어야만 두 몸의 위상학적 차이, 지형의 경계가 선명해지기 때문이다. 많은 학자들이 지적하였듯이 미녀와 야수의 이야기는 모든 문화권에서 보편적으로 발견되는 이야기, 크고 작은 변형과 변주에도 불구하고 불변의 보편적 신화소—레비스트로스(Lévi- Strauss)적 의미에서—가 담겨 있는 이야기이다. 거칠게 요약하면 아름다운 처녀가 보기에도 끔찍한 괴물 같은 남자를 만나서 결혼을 약속하는데, 바로 그 순간에 사랑의 기적처럼 마법이 풀리면서 괴물이 이전의 아름다운 모습을 되찾는다는 것이다. 미녀와 야수 이야기군의 중심에는 "변형"(*transformation*)의 테마가 놓여 있다. 일찍이 큐피드처럼 아름다웠던 남자들이 마녀의 저주로 뱀이나 돼지, 개구리, 야수 등으로 변모한다. 이러한 유형의 이야기는 "동물 신랑"이나 "괴물 신랑"이라는 테마로 분류되기도 하는데, 〈큐피드와 프시케〉가 그러한 이야기의 한 기원을 이룬다는 것은 잘 알려진 사실이다. 여기에서 필자의 관심의 대상은 〈큐피드와 프시

를 범할 수 없다면서 무죄를 선고하였다. 제롬의 그림은 두 가지 해석이 다 가능하다. 첫째, 아름다움은 곧 선이라는 전근대적 명제를 제롬은 그림으로 표현하였다. 둘째, 아름다움은 사람의 판단을 흐리게 한다. 그래서 악을 선처럼 착각하게 만든다. 물론 해석은 독자의 몫이다.

케〉가 후대의 작가에 의해서 새로이 해석되고 각색되며 변형되는 과정에서 드러나는 몸에 관한 상이한 태도와 관점이다. 앞서 언급했듯이 아풀레이우스의 텍스트는 전근대적인 몸을 배경으로 하고 있다. 내면과 외면의 균열이 없이 아름답거나 추한 몸이 그것으로, 〈큐피드와 프시케〉에서는 하나의 몸만이 존재한다. 언니들이 큐피드를 거대한 뱀으로 묘사했지만 그의 몸은 뱀과는 무관하며, 그가 뱀이라는 이야기는 거짓 소문에 지나지 않는다. 뱀은 시샘 어린 언니들의 상상이 창조한 허구적 구성에 지나지 않는다. 그러나 17세기 작가들의 손을 거치면서 신부의 남편은 두 개의 몸의 소유자로 재해석되기 시작한다. 〈큐피드와 프시케〉와 가장 흡사한 판본이라 할 수 있는 돌노이(Marie-Catherine D'Aulnoy)의 〈초록 뱀〉(Green Serpent)에서 신랑은 실제로 두 개의 몸을 가지고 있다. 하나의 몸이 마녀에 의해 저주받은 뱀의 몸, 가짜 몸이라면, 다른 하나는 마법이 풀리면서 되찾는 진정한 몸, 아름다운 몸이다. 신랑의 몸이 진짜 몸과 가짜 몸으로 이분되는 사건이 발생한 것이다. 작가 돌노이도 그러한 몸의 분화라는 주제를 어느 정도 의식하고 있었던 듯이 보인다. 서두에 다음과 같은 작가의 목소리가 개입하기 때문이다. "일반적으로 요성의 힘은 자연의 결함을 보완한다. 하지만 때로는 자연이 훌륭하게 완성한 작품을 망치기도 한다." 자연에 대한 예술의 관계를 신플라톤학파적으로 묘사하는 이 대목에서 우리는 〈큐피드와 프시케〉에서는 상상할 수 없는 작가의 자연관을 발견하게 된다. 자연은 한 번 생성되는 순간에 완성되는 결정적 실체가 아니라 계속 수정과 보완이 가능한 작품으로 제시된다. 두 개의 자연이 존재하는 것이다. 하나가 미완의 결함투성이 자연이라면 다른 하나는 요정이나 예술가, 개인의 노력으로 완성되어야 하는 이상적인 자연이다. 이러한 자연의 논리는 개인의 몸에도 적용될 수 있다. 한편으로 불완전하게 타고난 몸이 있는가 하면 다른 한편으로는 보완되고 향상되어야 하는 몸이 있다. 또 타고난 추한 몸을 가지고 평생을 불행하게 살아가는 사람이 있는가 하면 다른 한편으로는 추한 몸을 아름답게 완성해서 여생을 행복하게 살아가는 사람도 있다. 그렇다면 아름다운 몸과 추한 몸의 경계는 확정된 것이 아니라 끊임없이 축소되고 확대되며 분리되거나 통합될 수 있는 불안정한 경계라는 이야기가 된다. 아름다움이 추함으로 바뀌고 또 추함이 아름다움으로 바뀌는 교차대구법적 변화가 발생하는 것이다. 나중에 설명하겠지만 미와 추의 그러한 교차대구법적 변화는 육체의 축이 아니라 몸과 마음의 이분법적 축을 중심으로 선회하게 된다.

〈큐피드와 프시케〉와 〈미녀와 야수〉의 두드러진 차이는 아름다움에 대한 묘사에 있다. 주인공 벨(Belle)을 제외하면 주요 인물들의 외모는 큐피드나 프시케와 같이 단순하고 통일된 언어로 묘사되지도 않으며, 하나의 몸으로 통합되지도 않는다. 그들은 외면과 내면으로 균열되어 있는 것이다. 또 이를 묘사하는 저자는 인물들을 대비시킴으로써 그러한 차이를 오히려 강조하고 극화하는 듯이 보인다. 상인의 딸인 벨은 외모와 행동이 다 아름다운 반면에, 두 언니는 아름답기는 하지만 "허영심이 많고 자만심이 강한" 인물로, 그들의 외면과 내면은 일치하지 않는다. 허영심과 자만심이 강하기 때문에 그들은 자신을 실제보다 더욱 아름답게 생각하는 경향이 있으며, 분수에 넘치게 "귀족들처럼 행동하고 싶어하고, [자기와 신분이 같은] 상인들의 딸들은 거들떠보지도 않았다".[18] 이러한 불일치는 이들이 나중에 결혼하는 남편들의 주된 특징이기

18 Mme Leprince de Beaumont, *La Belle et la Bête*, Paris: Gallimard Jeunesse, 1983, p.8.

도 하다. "아름다운 사람은 겉으로만 아름답다"는 사포의 시구처럼 큰 언니의 남편은 겉으로만 아름답다. 더욱 고약하게도 그는 "자신의 외모에 너무나 반해서 [일은 하지 않고] 하루 종일 거울만 들여다보면서 사는"[19] 허영심과 자만에 가득 찬 인물이다. 허영심은 자기균열의 일차적인 증상이다. 영어와 불어의 허영의 어원인 라틴어 vanus는 "게으른, 텅 빈" 등의 의미를 가지고 있다. 당연히 있어야 할 내면이 비어있기 때문에 허영에 빠진 사람은 진정한 가치가 결핍된, 겉으로는 번듯하지만 실제로는 사람 구실을 못하는 무용지물이다. 그래서 작가들은 허영심 많은 인물을 묘사하면서 겉과 속, 진짜와 가짜의 틈새를 크게 벌려놓게 된다. 거울에 비친 자신의 모습에서 눈을 떼지 못하는 벨의 형부는 자신의 전체가 아니라 표면하고만 관계를 맺고 있다. 더불어서 그의 시선은 자신의 아름다움을 의식하고 감탄하는 시선, 자신의 아름다움에 사로잡혀서 거기에서 벗어나지 못하는 시선이다. 그의 아름다움은 타인에게 기쁨을 준다기보다는 자기 자신에게 먼저 기쁨을 준다. 벨의 아름다움이 외부로 햇빛처럼 발산하면서 타인에게 기쁨의 은총을 선사한다면 그의 아름다움은 자기탐닉적으로 자신을 소모하는 아름다움의 자의식이다. 〈미녀와 야수〉에서 아름다움의 자의식은 용서할 수 없는 악이다. 의식된 아름다움은 허영심과 자만심의 동의어로, 아름답다는 사실을 자각하는 순간 아름다움은 더 이상 아름답지 않다. 드 보몽의 세계에서 아름다움은 균열되지 않은 온전한 총체가 아니라 외면과 내면으로 분열되어 있는 것이다. 그래서 자의식이 없었더라면 내면의 아름다움으로 심화될 수 있었던 아름다움은 자의식에 오염되는 순간

19 앞의 책, p.56.

그를 외모중심적이며 천박한 주체, 가짜 아름다움의 주체로 변질시켜버린다. 진정한 아름다움의 소유자라면 벨처럼 자신이 아름답다는 사실을 모르거나 그것에 대해서 무관심해야 한다. 결과적으로 아름다움의 미학은 역설의 미학이다. 거울을 한 번도 본 적이 없는 처녀처럼 자신의 아름다움을 모르는 아름다움이 진정한 아름다움이라면, 의식된 아름다움은 위장된 추에 지나지 않는다. 이러한 역설의 논리는 다음과 같이 발전하기도 한다. 진정한 미인이라면 추녀처럼 행동해야 한다. 벨은 마을에서 "미녀"(*Belle*)로 불리는 뛰어난 미모의 여자임에도 불구하고 가장 추한 여자라도 된다는 듯이 겸손하게 행동한다. 그녀는 언니의 친동생이 아니라 하녀라도 된다는 듯이 언니의 수발을 들고 언니들의 갖은 구박을 달게 받아들인다. 언니들이 자신의 미모에 어울리는 값비싼 선물을 아버지에게 부탁하는 대목에서도 그녀는 소박하게 장미 한 송이만을 부탁할 따름이다. 그러면서 장미 한 송이도 자신에게는 과분하다는 태도를 취한다. 여기서 우리는 근대적 아름다움의 자발적인 자기수모, 아름다움의 극단적 자기비하, 육체의 무시, 역설적 미학의 정점에 서게 된다. 중세의 수도승이 쾌감을 경멸하고 고통의 채찍질을 하면서 정신의 고양을 지향하였듯이 벨도 추녀의 자리로 자신을 한없이 낮추면서 지고한 정신적 아름다움을 추구한다.

이러한 역설적 윤리미학은 야수의 추한 외모와 선한 내면의 관계에서 다시 웅변적으로 표현된다. 야수의 외면과 내면의 역설적 관계만큼 근대적 몸의 내면지향적 성격을 잘 보여주는 예를 찾기도 어려울 것이다. 얼핏 생각하면 벨과 야수는 서로 상이한 지평에 있는 듯이 보인다. 벨이 (무의식적) 아름다움=선의 전형이라면 야수는 "의식된 추"="선"의 전형이다. 벨이 아름다운 외모를 의식하지 않기 때문에 진정한 아름다움의 소유자라면, 야수는 자신의 추한 외모를 한순간도 잊지 않기 때문에 아름다움의 기회를 얻는다. 벨에게 무지(무의식)가 선이라면 야수에게는 지(의식)가 선이다. 몸에 대한 지와 무지의 관계는 임의적이고 변덕스러운 듯이 보이기도 한다. 그러나 이러한 표면적인 모순의 배후에서 모순의 일치를 어렵지 않게 발견할 수 있다. 벨과 야수는 외모의 평가절하=내면의 평가절상이라는 내면중심주의적 명제를 몸으로 보여주고 있는 것이다. 다음 두 사람의 대화를 예로 들 수 있다.

> "내가 추하지 않아요?"
> "네, 그래요." 벨이 말했다. "저는 거짓말을 하지 못해요. 그러나 당신은 친절한 분이라고 생각해요."
> …
> "당신은 친절해요." 벨이 말했다. "맹세할 수 있어요. 당신의 마음이 선해서 저는 매우 기쁘답니다. 이 점에서 당신은 추하지 않아요."
> "그래요, 물론이지요." 야수가 대답했다. "나는 마음이 착하지만 여전히 야수에요."
> "그러나 당신보다 더 야수 같은 남자들이 많아요." 벨이 대답했다. "당신이 [추한] 외모를 가지고 있지만, 저는 매력적인 외모에 사악한 마음을 가진 거짓되고 타락한 남자들보다 당신이 훨씬 좋아요."[20]

야수는 자신의 선한 마음과는 대조적으로 자신의 외모가 끔찍하다는 사실을 잘 알고 있다. 그는 추한 외모를 숨기는 대신 오히려 거듭해서 자신의 추함

20 앞의 책, pp.44~47.

을 강조한다. 인용문에서 벨이 보이는 반응은 "의식된 추"="선"의 전형이라 할 수 있다. 그녀의 윤리관—소크라테스적인—에 따르면 바보는 자신이 바보라는 사실을 모르는 사람으로 정의되기 때문에 자신이 바보라는 사실을 깨닫는 순간 바보는 더 이상 바보가 아니다. 추에 대해서도 마찬가지이다. 자기가 추하다는 사실을 알고 있는 사람은 더 이상 추하지 않다. 진정한 아름다움은 눈으로 보이지 않는 내면에 깃들며, 아름다운 외모는 가짜 아름다움, 공허한 껍질에 지나지 않기 때문이다. 이 점에서 스트라파롤라(Gianfrancesco Straparola)의 〈돼지 왕〉(Pig King)은 그러한 외모의 역설에 대해 중요한 시사를 던져준다. 돼지 왕은 진짜 돼지가 아니라 돼지의 가죽을 걸치고 있었을 따름이었다. 달리 말해서 아름답거나 추한 외모는 옷처럼 입고 벗을 수 있는 껍질에 지나지 않는다는 것이다. 그렇다면 몸 껍질(육체)에 감춰져 보이지 않는 내면에 진정한 몸(마음)이 있다고 할 수 있다. 이때 마음은, 육체는 다만 껍질에 지나지 않는다는 인식, 또 그러한 인식과 더불어 육체의 구속과 집착으로부터 자유로워진 의식이다. 외모를 부정하는 대가를 치름으로써 주체는 마음과 동일시되는 것이다. 이러한 이유로 인해서 진정한 의미에서의 야수는 야수가 아니라 벨의 미남 형부이다. 《남성적 몸》(*The Male Body*)에서 수잔 보르도(Susan Bordo)가 지적하였듯이 디즈니영화 〈미녀와 야수〉가 전달하려는 메시지도 그러한 전복의 논리이다.[21]

〈미녀와 야수〉는 아름다움과 추의 역설적이며 교차대구법적인 관계로 특징되는 근대적 몸의 증상을 여실히 보여준다. 〈큐피드와 프시케〉에서 외면과

---

21 Susan Bordo, *The Male Body*, New York: Farrar, Straus and Giroux, 1999, p.243.

내면의 가치가 일치하던 하나의 몸은 〈미녀와 야수〉의 세계에서는 양자의 가치가 분열되고 미학과 윤리가 서로 반목하는 역설적인 몸으로 바뀐다. 서론에서 언급하였듯이 내면과 외면으로의 이항대립적 분열은 이질적이거나 동질적인 가치들의 다양한 결합을 가능케 한다. 인물에 대한 묘사도 그러한 결합태에 의존하고 있다. 동화 속의 인물들은 한편으로 아름다움과 추함의 항목, 다른 한편으로는 내면과 외면의 항목에서 하나씩 선택되어 결합된 결과이다. 벨이 외면과 내면에서 모두 아름답다면(미=선) 그녀의 언니들과 형부들은 아름다운 외면의 배후에 추한 내면을 가지고 있다(미≠선, 혹은 미=악). 반면에 야수는 추한 외면에 아름다운 마음의 소유자이다(추=선). 그런데 기묘하게도 〈미녀와 야수〉에서 이러한 상이한 가치들의 다양한 배치는 하나의 예외를 가진다. 텍스트에 벨(미=선)에 대해 대칭적인 인물유형(추=악)이 발견되지 않는 것이다. 가치 배분의 평형을 유지하기 위해서는 〈콩쥐 팥쥐〉나 〈장화홍련전〉, 〈두 개의 빵〉(Two Cakes)처럼 추한 외모의 사악한 인물이 한 명 등장해야 한다. 〈두 개의 빵〉에서 푸치아는 추=악의 전형으로 제시된다. 그녀의 외모의 추와 내면의 악은 아무리 노력해도 분리할 수 없이 단단하게 결합된 단일체라는 점에서 운명적이다. 고대의 운명관처럼 그녀는 자신의 의지와 무관하게 운명의 여신의 물레에 의해서 짜여진 수동적 피조물로서 태생적인 결함을 수정하거나 보완할 수 없다. 그녀는 자신의 주인이 아니다. 그녀는 근대적인 의미에서 자유로운 주체, 자유의지를 가지고 주어진 자연을 작품으로 완성하는 근대적 주체가 아니다. 이때 자신을 작품처럼 작업하기 위한 필수적 전제는 자기분열(나≠나, 혹은 나는 아직 충분히 내가 아니다)이다. 이 점에서 창작된 시기와 상관없이 〈미녀와 야수〉의 세계는 〈두 개의 빵〉의 세계에 비해서 급진적으로 근대적이다. 〈초록 뱀〉의 서두처럼 변형은 예술의 손이 자연에 가하는 절차탁마의 과정으로, 내면중심주의적 근대에서 절차탁마의 대상은 외면이 아니라 내면이다. 따라서 〈미녀와 야수〉에서 근본적으로 외모가 추한 인물은 원칙적으로 존재할 수가 없다. 내면의 선을 발견하는 순간 외면의 추함은 거짓말처럼 사라지기 때문이다. 이 대목에서 야수가 추한 탈을 벗지 못했던 이유도 분명해진다. 그는 벨을 진심으로 사랑하기 전까지는 자기 내면의 악의 흔적들을 충분히 제거하지 못하였다. 마침내 악으로부터 완전히 자유로워지는 순간 그는 아름다운 청년으로 변신하는 것이다.

여기에서 다음과 같은 질문이 제기될 수 있다. 왜 미=악의 구현으로서 벨의 언니와 형부들이 등장해야 하는 것일까? 이 질문은 〈미녀와 야수〉에서 벨의 큰 언니가 미남과 결혼한 이유와도 무관하지 않다. 이 질문에 대한 대답은 〈큐피드와 프시케〉에서 억압이나 검열을 거치지 않은 언어로 제시되어 있다. 큐피드에 대한 프시케의 반응처럼 아름다움은 반사신경적으로 쾌락과 욕망을 자극한다. 그러나 17세기에 드 보몽의 손길로 다시 씌어지면서 육체적 쾌락과 욕망은 바람직한 인간의 자발적 성향이 아니라 물리쳐야 하는 악의 유혹으로 변질된다. 요부처럼 아름다움은 달콤하지만 위험한 악마의 유혹이며, 독버섯처럼 아름답다는 사실 자체가 이미 불길하다. 이 점에서 벨의 언니와 형부는 반면교사로서 독자를 경계하고 계몽하려는 작가의 의도를 반영하고 있다. 벨은 아름다운 외모를 무시하고 마치 추하다는 듯이 행동함으로써 그러한 악의 유혹에서 벗어날 수 있었다. 언니들도 그러한 동생의 행동을 본받아야 했었다. 이야기의 끝에 사악한 언니들은 동생이 행복하게 살 아름다운 성의 석상으로 변모된다. "동생의 행복을 지켜봐야 하는 형벌"이 부과된 것이다.

그리고 언니들은 "자신의 잘못을 깨닫기 전에는 이전의 [아름다운] 상태로 돌아갈 수 없다".[22] 언니들이 잘못을 깨달으면 어떤 일이 일어날까? 〈미녀와 야수〉의 플롯은 독자에게 이러한 질문을 강요하는 듯이 보인다. 이 질문에 야수의 변화의 의미를 이해할 수 있는 열쇠가 있기 때문이다. 벨의 언니와 형부처럼 야수도 과거에 자신의 외모에 너무나 집착했던 나머지 저주를 받아야 했다. 그렇다면 잘못을 뉘우치고 다시 아름다운 청년이 된 야수는 벨의 언니들이 가야 할 방향을 예시한다고 할 수 있다.[23] 그렇다면 이렇게 말할 수 있지 않을까? 〈미녀와 야수〉의 세계도 궁극적으로는 〈큐피드와 프시케〉처럼 균열이 없는 하나의 단일한 몸, 미=선의 윤리미학을 지향하고 있다고.

그러나 〈미녀와 야수〉의 자기균열적 아름다움이 궁극적으로는 통합적 아름다움을 지향한다고 해도 양자 사이에는 넘을 수 없는 단애가 놓여 있다. 외모와 내면으로 균열된 근대적 몸은 봉합되어도 전근대적 몸으로 돌아가지 못한다. 과거의 아름다움을 회복했던 야수는 그러나 더 이상 과거의 야수가 아니다. 과거의 야수는 아름다움에 대한 자의식이 너무나 강했기 때문에—나는 내가 아름답다는 사실을 잘 알고 있다—아름다운 외모를 상실해야 하는, 자신의 주어진 신체로부터 탈신체화되는 형벌을 겪어야 했다. 그러면서 그는 스토아 철학자나 중세의 신부들처럼 외모를 경시하고 내면을 중시하는 혹독한 자기 훈련을 거쳐야 했다. 이러한 훈련은 그가 자신을 몸과 동일시(나=몸)했던 구습

22 앞의 책, pp.65~66.

23 한스 안데르센(Hans Anderson)의 대부분의 동화, 특히 〈빨간 구두〉(The Red Shoes)와 〈빵을 밟은 여자〉(The Girl Who Trod on the Loaf)에서도 벨의 언니의 미래가 예시된다. 〈빵을 밟은 여자〉에서 구두가 더럽혀질까봐 흙탕길에 빵을 깔고 걸었던 여주인공은 지옥문의 석상이 되는 형벌을 받는다. 나중에 자신의 허영심을 뉘우쳤을 때 새가 된다. 또 〈빨간 구두〉의 여주인공은 구두에 대한 허영심의 대가로 발목을 잘라내야 했다.

을 탈각하고 마음과 조율된 자기정체성(나=마음)을 습득하는 순간에 반쯤 완성이 된다. 탈신체화되었던 야수가 정신이 되는 것이다. 그리고 마침내 그의 정신이 아름다운 몸으로 재신체화되는 변화와 더불어서 몸과 마음의 변증법은 완성이 된다. 이제 그의 몸은 선한 아름다움, 진리가 몸이 된 로고스적 아름다움, 벨처럼 아름답지만 그것을 의식하지 않고 추하다는 듯이 행동하는 역설적 아름다움이다. 이러한 역설적 아름다움의 세계는 외면과 내면의 가치가 분리되지 않았던 전근대적인 아름다움과는 거리가 멀다. 왕이 마치 신하인 듯 겸손하게 처신하는 것은 전근대적 세계의 행동윤리에 어긋난다. 외면과 내면이 일치하는 세계에서 겸손은 미덕이 아니라 비굴에 가깝다.[24] 내면중심주의적 근대로 접어들면서 그러한 전근대적 위계가 전복되었음은 물론이다. 이제 보이지 않는 마음의 가치가 절대화되고 보이는 외모는 까다로운 도덕적 검열의 시선 아래 놓이는 것이다.

결 론

전근대적 몸과 근대적 몸의 구별은 몸과 마음의 관계를 바라보는 두 개의 대립적이면서도 상보적인 관점의 차원에서 이해되어야 한다. 이때 아름다움을 바라보는 주체가 공동체적 "우리"인지 아니면 공동체로부터 분화된 개인으로

---

24 호메로스의 《일리아드》에서 장수들은 자신의 지위에 걸맞게 행동하며, 그러한 지위에 상응하는 배분과 대접을 요구한다. 장수는 장수답게, 병졸은 병졸답게 언행해야 하는 것이다. 이것은 아리스토텔레스의 《니코마코스 윤리학》의 중용적 윤리관이기도 하다. 그리고 호메로스와 마찬가지로 《에우데모스 윤리학》에서 아리스토텔레스도 아름다움을 탁월함과 동일시하였다.

서 "나"인지의 여부가 결정적인 중요성을 갖는다. 필자가 두 개념을 구분하기 위해서 철학 텍스트가 아니라 민담이나 동화에 의존하였던 이유도 그러한 공동체의 존재 여부와 무관하지 않다. 《민담의 이론과 역사》(*Theory and History of Folklore*)에서 프롭(Vladimir Propp)은 구전된 민담과 문학텍스트의 가장 커다란 차이는 저자의 유무에 있다고 말하였다. 저자의 손으로 기록된 문학 텍스트와 달리 민담은 발화자의 입에서 입을 타면서 전해 내려온 공동체의 이야기이며 공동체적 의식의 일부이다. 그러나 문학 텍스트로 다시 씌어지면서 그러한 공동체적 의식이 상실되면서, "우리"의 시점은 작가 "나"의 시점으로 바뀌게 된다.[25] 공동체란 "나"가 아직 내가 속한 집단으로부터 개인의 자격으로 분화되기 이전, "우리"의 가치 및 이해와 대립되는 "나"가 돌출되기 이전의 상태, 헤겔의 표현을 빌리면 "인륜성"(*Zittlichkeit*)의 단계를 말한다. 이러한 공동체적 인륜성이 모습과 성향은 고대 희랍의 kalon 및 arete라는 개념에 잘 나타나 있다. 희랍인의 공동체에게 훌륭하고 탁월하며 이로운 대상은 모두 kalon과 arete의 가치를 부여받았다. 다시 말해 어떤 대상이나 행위에게 주어진 공동체적 승인의 표식이 아름다움이며 덕이었다. 그래서 테오그니스는 "아름다운 것은 기쁜 것이고, 추한 것은 불쾌한 것이다"라는 노래할 수 있었다. 미=선(혹은 진=선=미)의 공동체가 존재하였던 셈이다. 그러나 공동체적 관점이 무너지고 개인들이 각자 나름의 방식으로 미와 선을 경험하게 되면서 미는 선으로부터 독립되어 악의 가능성을 함축하게 되었다. 그러면서 미에 내재하는 잠재

25 텍스트 수용의 태도도 바뀌게 된다. 여러 사람이 함께 모여서 민담을 말하고 들었다면, 문학 텍스트는 개인이 혼자서 읽는다. Jack Zipes, "Breaking the Disney Spell" in *The Classic Fairy Tales*, ed. Maria Tatar, New York: Norton, 1999, p.335를 참조하기 바람.

적 악을 경계하고 제거하기 위한 철학적 작업, 탈육체화되고 정신화된 아름다움의 강조, 아름다움을 도덕적으로 정당화하려는 시도가 본격화되었다. 전근대적 몸이 공동체적 맥락에서 벗어나 개인화되면서 몸의 위상에 근본적인 변화가 발생하였던 것이다. 필자는 이러한 근대적 몸으로의 변화를 철학 텍스트를 통해서 설명할 수 없었다. 아니 철학적으로는 설명이 불가능한 것이었다. 철학은 근대적 몸의 대립항으로서 전근대적 몸이라는 대립항을 가지지 않는다. 철학 자체가 근대적 몸의 증상이며 증상적 담론이기 때문이다.[26] 비록 20세기에 접어들어서 훗설(Edmund Husserl)과 하이데거(Martin Heidegger)를 비롯한 현상학자들이 선반성적 세계의 중요성을 강조하기는 했지만 철학의 탄생과 반성적 사유는 서로 떼어놓고 생각할 수가 없다. 달리 말해서 몸에 대한 철학적 반성이 시작되는 순간에 몸은 몸과 마음, 외면과 내면, 무한성과 유한성 등으로 균열되기 시작한다. 반성적 사유와 더불어서 몸이 근대화되는 것이다. 플라톤의 《크리토》(*Crito*)만큼 그러한 분열이 극단화된 텍스트를 과연 찾을 수가 있을까? 이러한 이유로 인해서 필자는 철학의 터전에서 전근대적 몸의 모습을 추적할 수가 없었다. 민담에 의존해야 했던 이유가 여기에 있다. 몸이 외면과 내면으로 분화되기 이전의 선반성적 텍스트의 흔적은 구전된 공동체적 민담("우리"의 담론)에서 찾을 수 있는 것이다. 주인공들 모두가 예외 없이 미=선인 민담(혹은 서사시)만큼 전근대적 몸의 전형을 잘 보여주는 텍스트를 찾기도 어렵다. 그러한 민담들이 근대적 도시가 출현하고 개인주의가 고개를 들기 시작하는 17세기에 돌로이, 뻬로(Charles Perrault)를 비롯한 일군의 작

26 루카치도 그러한 지적을 하였다. 그의 *The Theory of the Novel*의 1장 "Integrated Civilizations"을 참조하기 바람(pp.29~39).

가들에 의해 다시 쓰이기 시작했다는 사실도 근대적 몸으로의 역사적 변화과정을 이해하는 데 있어서 매우 중요하다. 문학적 동화로 다시 쓰이면서 민담에 남아있던 전근대적 몸의 흔적들이 점차 상실되고, 개인의 몸은 도덕적으로 재신체화되기 시작했기 때문이다.[27] 17세기에 새로운 문학장르로서 소설이 탄생했다는 사실도 이러한 몸의 도덕화와 무관하지 않다. 가령 디포(Daniel Defoe)의 《몰 플랜더스》(*Moll Flanders*)에서 여주인공의 성적인 몸은 관음증적으로 전시되지만, 전시되는 순간 근대적 검열과 규제의 지배 아래 놓이게 된다.

근대적 몸에 대해 역사 · 철학적으로 다음과 같은 진단이 가능하다고 필자는 생각한다. 《크리토》와 같은 철학 텍스트에 전제된 몸의 분열은 일반적 문화현상으로서 근대적 몸의 등장을 직접적으로 설명해주지 않는다. 사포에 대해서도 마찬가지이다. 그녀의 텍스트에서 증상적으로 출현한 내면과 외면의 분열은 새로운 몸 문화의 반영이 아니라 서정시라는 장르의 특성을 반영하고 있다. 몸의 이중적 분절은 근대화와 개인주의의 출현을 기다려야 했다. 그러한 근대적 몸의 선범석인 텍스트는 데카르트(René Descartes), 파스칼(Pascal), 홉스(Thomas Hobbes), 로크(John Locke) 등의 근대철학자에게서 찾을 있다. 그리고 근대적 몸 담론은 칸트(Immanuel Kant)의 의무론적 윤리철학에서 정점에 이르게 된다. 칸트는 근대적 증상이었던 몸과 마음의 분열을 치유하려는

27 당시에 민중들은 문자를 읽을 수 없었기 때문에, 민중에 의해 구전되던 민담이 문학 텍스트로 기록되면서 독자들도 귀족층으로 바뀌기 시작하였다. 그러면서 귀족적 취향에 알맞게 변형되었는데, 성적 쾌락이나 적나라한 육체 부위의 언급 등 민중적 요소들이 제거되고, 문화와 도덕성을 강조하는 담론들이 추가되었다. 이에 대해서 Lewis Seifert, "The Marvelous in Context" in *The Great Fairy Tale Tradition*, ed. Jack Zipes, New York: Norton, 2001을 참조하기 바람.

어떠한 시도도 거부하고 오히려 그것을 절대적인 분열로 긍정하였던 유례없는 철학자였다. 그는 몸의 기질과 성향, 욕망으로부터 완전히 단절되어야만 우리가 윤리적일 수 있다고 주장하였다. 〈미녀와 야수〉는 그러한 칸트의 윤리적 명제를 한 세기 앞서 미리 선취하였다고 할 수 있다. 벨은 야수의 외모가 추하기 때문에, 그의 외모가 불쾌하기 때문에, 역설적으로 그를 사랑할 수 있었다. 이와 같이 반미모의 법칙이 근대의 문화를 지배하였던 것이다.[28] 그러나 20세기 중반 이후 탈근대로 접어들면서 근대에 억압되었던 전근대적 몸은 새로운 형태의 아름다움의 독재로 귀환하고 있는 듯이 보인다. 기 드보르(Guy Debord)의 "스펙터클"(*spectacle*)이나 보들리야르(Jean Beaudrillard)의 "시뮬라크라"(*simulcra*)의 논리에 따르면 이제 표면(미)은 내면(선)의 구속에서 벗어나 스스로가 하나의 자율적 왕국이 되었다. 그러면서 근대의 특징이었던 내면중심주의는 돼지 왕의 추한 가죽옷처럼 벗어던져야 과거의 망령으로 간주되기 시작하였다. 드 보몽의 〈미녀와 야수〉에서 주인공 야수가 내면을 갈고 닦음으로써 아름다운 몸을 회복할 수 있었다면 이제 그러한 내면이 실종된 현대인은 외면을 갈고 닦음으로써 아름다운 몸으로 변신해야 한다. 야수가 추한 외모를 감추기 위해 은신했던 성의 현대적 판본이 성형외과 의사의 수술실이다.

---

28 Nancy Friday, *Power of Beauty*, New York: Harpercollins, 1997, p.327.

전근대적 공간과 근대적 공간, 몸, 예술

2장

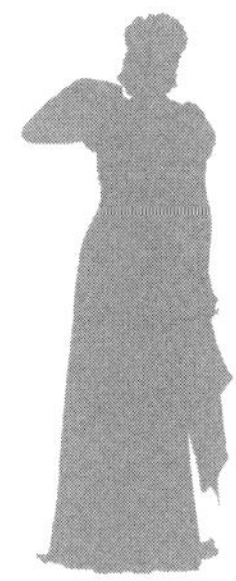

들어가는 말

"이 무한한 우주공간의 영원한 침묵이 나를 두렵게 한다"고 파스칼(Blaise Pascal)은 《팡세》에서 말하였다. 인구에 회자되는 이 유명한 경구는 그러나 친근한 만큼 쉽게 이해되지는 않는다. 그는 우주공간은 무한할 뿐 아니라 영원한 침묵을 유지하고 있다고 생각하였다. 무한한 우주가 영원히 입을 다물고 있는 것일까? 우주가 침묵하고 있다는 진술은 과연 무엇을 의미하는 것일까? 그러나 돌이켜 보면 우주가 말을 하지 않는다는 진단은 사실판단인 듯이 보이기도 한다. 더욱이 파스칼이 살았던 17세기는 신중심주의적인 중세가 막을 내리고 근대과학이 태동하던 시기였다는 사실을 염두에 두면 더욱 그러한 인상은 짙어진다. 인간에게 상징과 신탁으로 끊임없이 말을 건넸던 신이 떠나버린 우주는 말하자면 텅 빈 공허한 공간으로 느껴질 수 있었다. 그 빈자리가 너무나 까마득하고 공허해서 가슴이 섬뜩할 정도였다. 이제 세계는 보들레르(Charles Baudelaire)의 〈조응〉(Correspondance)처럼 "혼란스런 말들이 흘러나

오는 … 신전"이 아니라 막스 베버(Max Weber)적 의미에서 "탈주술화"[1] 되고 탈의미화된 공간이 된다. 당시 독실한 얀세니스트였던 파스칼은 근대의 그러한 탈의미화 현상을 분명하고 신랄하게 의식하고 있었다. 이러한 이유로 위에 인용된 유명한 말은 역설적인 울림을 갖는다. 신의 음성(진리)으로 세계가 의미화되지 않으면, 혹은 탈의미화되었던 세계가 재의미화되지 않으면 우주는 영원한 침묵의 공간이 될 수밖에 없다.

신에 대한 신앙이 스러지는 계몽주의의 문턱에서 파스칼은 공간의 본질에 대해서 하나의 증상을 읽을 수 있었다. 그는 탈주술화된 근대적 공간의 불안과 징후를 발견하였던 것이다. 그래서 그의 경구는 공간에 대한 사유에 있어서 하나의 소중한 이정표 역할을 한다. 그는 공간에 대한 두 가지 관념이 분기하는 지점, 즉 신이 현현하는 에피파니적 공간과 신의 발길이 끊어진 세속적 공간의 교차로에 서 있었던 것이다. 그러나 우리의 관심이 신과 공간의 관계를 묻는 데 있지 않다. 믿음이 회의로 대체된 이 불신의 시대에 신은 다만 하나의 상징에 지나지 않는다. 혹은 탈주술적이었던 근대와 대립하는 주술적 전근대의 세계를 설명해주는 유용한 개념이라 할 수 있다. 이 글에서 필자는 신이 사라진 근대적 공간에서 인간 주체(특히 공간에 주어진 인간의 몸)의 의미를 묻고, 공간과 예술의 관계에 대하여 질문을 던지게 될 것이다. 이러한 논의를 전개하기 위하여 필자는 공간과 처소, 육체와 몸, 전근대와 근대 및 탈근대, 탈신체화와 재신체화 등의 대립적 개념들을 사용하게 될 것이다. 그리고 결론에서

---

1 막스 베버는 근대화의 특징을 탈주술화와 합리화의 과정으로 요약했다. 근대 이전의 사람들이 세계와 우주를 주술적 · 신비적 · 초자연적으로 이해했다면 근대 이후로 사람들은 과학적이며 합리적인 세계관을 갖게 되었다. 이에 대해서는 막스 베버, "직업으로서의 학문", 《탈주술화 과정과 근대》, 전성우 옮김, 나남출판, 2002, 29~76쪽을 참고할 수 있다.

현대 사회에서 예술의 기능과 가치에 대하여 성찰하게 될 것이다.

공간과 처소, 몸

공간이란 무엇일까? 그리니치의 표준시계나 30cm 표준자처럼 우리가 믿고 의지할 수 있는 하나의 객관적이면서 절대적인 공간이 있을까? 호머의 《일리아드》와 《오디세이》에 전제된 공간과 뉴턴(Isaac Newton)의 《광학》(*Optics*)의 공간이, 비근하게는 칸트의 공간과 하이데거의 공간이 동일한 것일까? 이 질문은 대답이 너무나 뻔한 수사적인 질문에 지나지 않는다. 그럼에도 우리는 이 수사적인 질문을 반복하면서 근대적 공간의 의미를 좀더 상세히 규명하게 될 것이다. 뉴턴이나 파스칼의 공간에 익숙한 독자에게는 호머의 공간은 매우 낯설게 느껴지게 된다. 호머의 신화적 세계에서 공간은 무한하지 않다. 올림포스의 산정이 우주의 천정이라면 천저에는 하데스(Hades)의 지하세계가 있으며, 그 중간으로는 지상과 바다가 있다. 지상에도 시작과 끝이 분명하기 때문에 세계의 중심인 아테네를 떠나 멀리 항해를 계속하는 선원들은 지구의 끝에서 바다의 심연으로 추락한다고 생각되었다. 이와 같이 공간은 분명한 경계와 질서, 의미로 삼투되어 있었다. 공간의 이동에 대해서도 마찬가지이다. 제우스(Zeus)가 번개처럼 날아간다면 헤르메스(Hermes)는 날개신발을 신고서 공간을 가로지르며, 아킬레스는 명마를 타고서 질주하고 일반 평민들은 두 발로 터벅터벅 걸어간다. 여기서 우리는 제우스가 날아간 거리와 아킬레스가 달려간 거리를 하나의 객관적 거리로 환산해서 계산할 수 있다고 생각하면 안 된다. 제우스는 번개처럼 하늘을 쪼개며 날아가지만 30만km의 광속으로 날아가지는 않는다. 그래서 제우스가 시속 100km의 말보다 3,000×3,600(1시간=3,600초)배 빨리 달린다는 식으로 양자의 속도를 비교할 수 없다. 아직 뉴턴적인 의미에서 절대공간의 개념이 출현하지 않았던 것이다. 달리 말해서 제우스가 기거하는 공간과 아킬레스의 공간은 동질적이지 않다. 한편으로 제우스적 의미로 삼투된 신화적 공간이 있다면 다른 한편으로 아킬레스적 의미의 영웅적 공간이 있다. 여기에서 텅 빈 공간이란 상상할 수가 없다. 이 점에서 우리는 《일리아드》의 세계에 대해서 공간이라는 중립적인 용어 대신에 처소나 장소라는 개념을 사용해야 옳다.[2] 《일리아드》에서 제우스의 처소는 아킬레스가 자유롭게 넘나들 수 있는 중립적 공간이 아니다. 처소는 객관적으로 주어진 공간적 실재가 아니라 동전의 양면처럼 제우스와 뗄 수 없는 관계에 있으며, 제우스의 새 갈가마귀처럼 오로지 그와 더불어서만 있다. 제우스만 특권적으로 그러한 처소를 가지는 것은 아니다. 미네르바(Minerva)는 부엉이와 더불어 거하는 처소를 가지고 있으며 오디세우스(Odysseus)에게는 이타카(Ithaca)라는 처소가 있다. 그리스의 노예도 누추하기는 하지만 자신의 고유한 처소를 가지고 있다. 주인의 이름이 쓰여지지 않은 익명적이며 중립적이고 독립적인 공간은 존재하지 않는다.

이 자리에서 처소가 공간으로 바뀌는 사상사적 궤적을 상세하게 추적할 수

---

2 하이데거나 메를로뽕띠적 의미에서의 처소나 장소를 말한다. 공간이 인간 주체의 위치가 배제된 중립적이고 추상적이며 자연과학적 개념이라면 처소는 인간 생활세계의 내용으로 삼투되어 있는 개념이다. Heidegger, *Being and Time*. Trs. John Macquarrie and Edward Robinson, Harper & Row Publishers, 1962, pp.135～148; Merleau-Ponty, *Phenomenology of Perception*. Tr. Colin Smith, Routledge & Kegan Paul, 1962, pp.98～147을 참조.

없지만, 무한한 우주공간의 침묵을 두려워했던 파스칼은 이미 그러한 변화의 분위기를 감지하고 있었다. 또 절대공간이라는 개념으로 치밀하게 이론화되기 위해서는 뉴턴의 손길을 기다려야 했지만, 1569년에 벨기에의 지리학자 메르카토르(Gerhardus Mercator)가 작성한 세계지도에는 그러한 변화가 이미 현실적으로 실천되어 있었다.[3] 그의 지도에서 세계는 단일하게 균질화되고 중립적인 연속평면으로 제시되어 있다. 특히 고대나 중세의 지도와 비교되면 그의 근대적 성향과 관점이 분명하게 드러난다. 두말할 나위 없이 지도는 세계의 축소판이다. 하지만 거대한 세계가 어떻게 자그마한 지도의 크기로 축소될 수 있는가 하는 문제는 결코 손쉽게 해결할 수 있는 문제가 아니다.

에드문트 후설(Edmund Husserl)이 지적하였듯이 세계를 바라보는 사람은 전지전능한 신의 시선이 아니라 하나의 주어진 지점에서 세계를 바라본다. 그래서 회화에서 원근법도 생겨나게 되며, 관찰자가 살아가는 "생활세계"의 내용이 자연스레 시선에 배어들게 된다. 관찰자가 살고 있는 동네는 세계의 중심인 듯이 느껴지며 또 그의 집은 저 멀리에 있는 산보다도 더욱 크게 보이게 마련이다.[4] 또 가까이에 있는 대상은 멀리에 있는 대상보다도 훨씬 존재의 밀도가 높고 가치의 중량이 더 무겁게 된다.[5] 공간이 생활세계의 의미와 가치로 삼투되어 있는 것이다. 그렇다면 이 지점에서 메르카토르가 어떻게 근대적인

3 이효덕 · 박성관, 《표상공간의 근대》, 소명출판사, 2002, 268쪽을 참고하기 바람.

4 가령 시청의 청사에 걸려 있는 조선시대 한양의 모습을 담은 〈도성도〉를 보라. 의심할 여지없는 관찰자의 위치가 지도에 전경화되어 있다. 하지만 김정호의 〈대동여지도〉는 메르카토르의 근대적 지도에 가깝다.

5 그래서 메를로뽕띠는 몸과 보이는 대상 사이의 "최적의 거리"를 언급하였으며, 그러한 최적의 거리로부터 몸이 "너무 가까이 있거나 너무 멀리 떨어져 있어도 살아있는 몸이 아니다" (*Phenomenology of Perception*, p.302)고 주장하였다.

지도를 제작할 수 있었던가 하는 의문이 생긴다. 현대의 우리에게는 너무나 당연한 이야기가 되겠지만 당시로서는 참으로 혁명적인 발상의 전환이 있어야 했다. 세계로부터 관찰자의 존재를 아예 수거해버리는 것이다. 지도제작에 있어서 관찰자의 존재는 한편으로 절대적인 전제이지만 다른 한편으로는 원근법적 왜곡과 착시의 근원이기도 하다. 또 관찰자가 서 있는 지점에서 세계가 보여야 한다면 지구인의 숫자만큼 많은 지도가 제작되어야 할 것이다. 이러한 딜레마에서 빠져나올 수 있는 해결책이 하나 있다. 불편부당한 신처럼 세계를 한꺼번에 조망하지만 세계의 어느 한 지점에도 속하지 않은, 존재하면서도 존재하지 않는 탈세계적 시선이 바로 그것이다. 세계에 속해있는 육체가 회수된 순수한 영혼의 시선이 지도제작에 요청되는 것이다.

근대적 의미에서의 텅 빈 공간의 개념도 메르카토르의 지도제작과 똑같은 논리의 연장선에 있다. 관찰자의 존재를 수거했던 근대 지도의 논리를 공간과 사물의 관계에 적용시키는 것으로 충분하다. 방 안에 있는 가구와 물건들을 하나하나 제거한다고 가정하자. 그러면 마침내 더 이상의 사물이 잔류하지 않은 텅 빈 무엇이 남게 된다. 아무것도 없지만—혹은 아무것도 아니지만—그럼에도 불구하고 모든 사물을 품고 있다고 가정되는 무엇의 있음이, 유를 넉넉하게 품어주는 무의 존재가 단정되는 것이다. 근대적 의미에서 절대공간이 존재하기 위한 전제는 모든 존재자의 부재이다. 이때 근대의 공간 개념에서는 흥미로운 논리의 역전이 발생한다.

앞서 지적했듯이 근대적 공간이 탄생하기 위해서는 관찰자와 사물들이 회수되어야 한다. 공간 이전에 처소가 존재하였으며, 공간이란 선재했던 처소가 물러난 사건의 후속적 결과라 할 수 있었다. 무는 무의 있음이 아니라 유의 없음에 지나지 않는다. 하지만 근대적 공간 개념에서는 그러한 선후관계가 전복된다. 이미 선재하는 공간에 후차적으로 사물들이 들어선다고 가정되고, 무의 논리가 유의 논리에 앞서는 것이다. 지도의 경우에 지도는 관찰자의 시점에 의존하는 것이 아니라 오히려 관찰자가 지도의 눈에 의존해야만 한다. 물론 여기에서 지도의 눈은 아무의 눈도 아닌 유령의 눈, 이름과 처소가 없는 철저히 익명적이며 몰개성적인 눈, 하마의 입처럼 존재를 삼키는 무의 눈이다. 공간은 세계로부터 사물을 지워내고 세계를 자신의 익명적 질서로 귀속시키는 것이다.

이러한 근대적 공간 개념을 언급하면서 우리는 데카르트(René Descartes)의 수학적이고 기하학적인 공간 개념을 간과할 수 없다. 데카르트의 철학적 성찰을 거치면서 근대적 공간 개념은 근대적 몸의 개념과 뗄 수 없는 불가분의 관계로 맞물리게 된다. 근대적 몸은 데카르트적인 의미의 몸이라고 말해도 과언이 아니다. 데카르트는 앞 문단에서 정립되었던 텅 빈 공간의 개념을 인정하지 않았다. 그렇다고 주술적 세계관이나 처소로의 회귀를 꾀했다고 생각하면 안 된다. 오히려 그는 탈주술화된 공간에서 한 발자국 더 나아가 몸을 그렇게 탈주술화된 공간과 동질화시켜버렸다.[6] 앞서 메르카토르의 지도의 경우, 한편에 공간이 있다면 다른 한편에는 사물이 있다. 양자가 서로 다른 세계의 질서에 속해 있는 것이다. 그래서 사물을 모두 수거해야만 순수공간의 개념이 얻어질 수가 있다. 하지만 방법론적으로 엄밀한 사유를 추구했던 데카르트

6 찰스 테일러(Charles Taylor)는 데카르트적인 세계를 다음과 같이 요약하였다. "우리는 우리 몸을 포함해서 세계를 대상화하여야 한다. 달리 말해서 외부의 제3자가 바라보듯이 그들을 기계적이며 기능적인 관점에서 파악하여야 한다." Charles Taylor, *Sources of the Self: The Making of the Modern Identity*, Cambridge: Harvard UP, 1989, p.145.

트는 그러한 이원론적 세계질서를 받아들일 수가 없었다. 그는 공간과 물질이 서로 이질적인 존재의 위상을 가지고 있는 것이 아니라 서로 동질적이라는 결론에 다다르게 되었다. 그의 이론은 언뜻 보면 역설적이지만 곰곰이 생각해보면 지극히 논리적인 두 명제의 결합으로 요약될 수 있다. 텅 비어 있는 듯이 보이는 공간은 빈 공간이 아니라 일종의 물질이다. 반대로 책상과 쇠처럼 단단한 물질도 일종의 공간이다. 말하자면 공간과 물질 사이에는 질적인 차이가 아니라 양적인 차이, 밀도의 차이만 있을 따름이다. "공간과 … 공간에 있는 물질적 실체 사이에 진정한 차이는 없다. 차이가 있다면 우리가 그들을 지각하는 방식의 차이일 따름이다." "물질의 본질은 길이와 넓이, 깊이에서 연장을 가지고 있는 무엇에 지나지 않는다." 모든 존재하는 것은 연장(*extension*)의 관점에서 일원적으로 설명될 수 있다는 것이다. 그래서 책상과 공간을 서로 상이한 실체로 지각하는 관행은 인본주의적이고 통속적인 태도의 반영에 지나지 않는다. 우리의 몸에 대해서도 마찬가지이다. 공간이 몸으로 확장되는 순간에 근대적인 몸 개념으로서 보편적인 몸 개념이 탄생하기 시작한다. 우리의 몸은 "길이와 넓이, 깊이에서 연장을 가진 무엇", 즉 물리적인 실체로서, 책상이나 고양이의 그것에 비해서 아무런 특권적 위상을 가지지 않는다. 특권의 담지자이기는커녕, 연장을 지닌 물체들에 적용되는 물리적 법칙의 지배를 받아야 한다. 데카르트에 따르면 모든 물질은 계속해서 분할될 수 있는 보편성을 지니고 있다. 그리고 이러한 분할의 논리는 우리의 몸에도 똑같이 적용된다. 인간의 몸이란 무엇인가? 계속해서 무한히 분할될 수 있는 연장이다. 현대의 생물학적 용어를 빌리면 몸이 계(界)로, 계가 기관으로, 기관이 조직으로, 조직이 세포로, 세포가 소기관 등의 하위단위로 계속해서 분할될 수가 있다.[7]

데카르트는 메르카토르가 공간의 밖으로 밀어냈던 물질을 이제는 공간의 또 다른 이름으로서 공간 내부로 불러들였던 것이다.

데카르트의 관점을 참조하면서 우리는 다음과 같은 질문을 물을 수 있다. 원칙적으로 물질이 무한하게 분할될 수 있다고 가정했을 때 더 이상 분할이 불가능한 어느 지점, 고대 희랍의 원자와 같이 더 이상 쪼갤 수 없는 어떤 최소의 단위가 있는 것일까? 존재자가 존재이기 위해서 유지되어야 하는 최소의 조건이 과연 존재하는 것일까? 예를 들어 30센티미터의 자는 삼등분되면 10센티미터의 자가 된다. 균질적인 물질로 구성되어 있기 때문에 분할되더라도 자는 계속해서 자로서의 성격을 잃지 않는다. 그런데 그러한 균등분할의 논리가 우리의 몸에도 적용될 수 있을까? 삼등분된 몸을 과연 우리의 몸이라고 부를 수 있을까? 몸이 하위단계로 분할되면서 몸이 계로, 계에서 기관으로 바뀌게 된다. 이때 계나 기관을 몸으로 부를 수가 있는 것일까? 데카르트의 몸 정의에 비춰보면 대답은 물론 긍정적이다. 계든 기관이든 조직이든 모두가 물질이라는 공통분모로 환원될 수 있기 때문이다. 훗설적 의미에서 살아있는 몸(*Lieb*)이 아니라 육제(*Körper*)의 관점에서 논의가 진행되기 때문이다.[8] 천칭저울의 한쪽에 담겨 있는 60㎞의 나무와 다른 한쪽에 담긴 우리의 몸 사이에 본질적 차이가 없다. 연장으로 규정되는 순간 몸은 살아 있음과 죽어 있음의 차이와 전적으로 무관한 무엇이 된다. 몸을 밀집되거나 성긴 상태로 존재하면서

7 데카르트는 원칙적으로 연장을 가진 물체는 계속해서 분할될 수 있다고 주장하였음에도 《영혼의 정념》(*The Passions of the Soul*)에서는 인간의 몸은 분할할 수 없는 하나의 유기체라고 말하기도 하였다. 물론 분할하는 순간 육체는 더 이상 살아있는 육체가 아니라는 생각 때문이었다. 그럼에도 그의 육체관이 근본적으로 기계론적이라는 사실에는 변함이 없다.

8 몸은 주체로서의 나의 몸, 세상을 바라보는 원점(原點)으로서 나의 몸, 나의 생각과 의지가 배어있는 몸이다. 하지만 육체는 타자에게 대상으로 보이는 나의 몸을 말한다.

무한히 분할될 수 있는 연장인 것이다.

메르카토르의 공간에서는 관찰자가 공간의 밖에 위치해 있어야 한다. 그래야만 전체를 한꺼번에 조망할 수가 있다. 제작되는 지도의 세계에서는 관찰자의 위치가 배제되어야 하는 것이다. 그렇게 세계로부터 소외되는 대가로 우리는 지구의 시뮬라크라(*simulacra*)를 얻을 수 있다.[9] 앞서 살펴보았듯이 여기에서 데카르트는 한 발자국 더 나아간다. 그의 공간에서 인간은 세계의 처소로부터 소외당해 있을 뿐 아니라 시체처럼 죽어 있다. 메르카토르의 공간에서 인간이 세계를 잃어야 했다면 데카르트의 공간에서 인간은 자신의 고유한 몸마저 포기해야 한다. 좀더 정확히 말하자면 인간은 시체의 자격으로 공간에 입성함으로써 공간의 일원으로 편입되어야 한다. 이러한 데카르트의 몸 관념이 사상사적 지평에 전제되지 않았더라면 맬서스(Thomas Robert Malthus)의 인구론도 나올 수 없었을 것이다.

공간과 몸, 예술

앞에서 필자는 계몽주의시대 이후로 가속화되었던 탈주술화의 과정을 공간 및 몸과의 관련 속에서 설명하였다. 그리고 계보학적인 엄밀성이 아니라 다만 설명의 편의를 위해서 메르카토르와 데카르트를 논의의 중심으로 끌어들였

9 이 점에서 과학의 논리는 "우리가 세상을 다 얻고도 자신을 잃는다면 무슨 소용이 있으리오"라고 말했던 예수의 논리와 정반대의 지점에 있다. 그리고 그러한 상반된 논리들의 훌륭한 문학적 재현물로서 키츠(John Keats)의 〈레이미어〉(Lamia)를 들 수 있다.

다. 탈주술화 과정이 진행되면서 의미가 충만했던 처소가 탈의미화된 공간으로, 주체의 시점으로 조율되었던 몸은 연장으로서의 육체로 전환되었다는 점을 밝히려는 목적에서였다. 그렇다고 해서 계몽주의시대 이후로 우리가 경험하는 공간과 몸이 완전히 탈주술화되었다는 것은 아니다. 데카르트 스스로도 인정하였듯이 물리적으로는 꽃과 책상 사이에 본질적인 차이가 없음에도 우리는 양자를 질적으로 상이하게 지각하고 경험한다. 또 지도를 제작하기 위해서는 관찰자의 시점이 배제되어야 하지만 실제의 생활세계에서는 시점이 전제되지 않으면 사물을 아예 볼 수가 없다. 내 몸이 서 있는 지점이 미리 정립되지 않으면 동서남북의 정위개념이 있을 수 없으며, 가까움과 멈 등의 개념도 생겨날 수가 없다. 우리는 여전히 주체의 의미로 삼투된 주술적인 세계에서 벗어날 수가 없는 것이다. 그렇다면 우리는 《일리아드》와 《오디세이》의 희랍인들과 여전히 동일한 세계에 살고 있다는 말일까? 물론 그렇지 않다. 우리는 탈주술화된 세계를 주술적으로 경험하고 있다고 말해야 옳다. 한편으로 객관세계에 공간이 있다면, 다른 한편으로 우리의 생활세계에는 처소가 있다. 하버마스(Jürgen Habermas)가 《의사소통행위이론》(*Theorie des kommunikativen Handelns*)에서 제시한 설명을 빌리면 체계와 생활세계는 서로 분리되어 있으며, 체계에는 주체가 들어설 자리가 없다.[10] 가령 사회체계는 인간의 욕망을 인구의 구성요소로, 의술체계는 인간의 몸을 육체로, 정치체계는 인간의 주체성을 통제의 대상으로 취급한다. 메르카토르의 지도처럼 체계는 주체가 제거됨으로써 성립되거나, 아니면 데카르트의 공간처럼 주체가 탈주체화된 연장

10 위르겐 하버마스, 《의사소통행위이론 1》, 장춘익 옮김, 나남출판, 2006, p.494.

의 자격으로 공간에 입력됨으로써 성립하는 것이다.[11] 원칙적으로 체계와 주체는 공존할 수 없이 균열되어 있다. 탈주체화된 세계를 살아가는 근대적 주체는 자기균열을 운명으로 짊어지고 있다. 예컨대 나는 내 자신이 물리적 육체라는 사실을 충분히 알고 있다. 그럼에도 나는 자신을 몸으로서 경험을 하게 된다. 또 자본주의의 논리로 표현하면 나는 화폐가 교환의 단위라는 사실을 충분히 알고 있다. 그럼에도 나는 화폐가 마치 상품이라는 듯이 경험하고 또 그렇게 행동을 한다. 이 지점에서 현대인과 고대 희랍인의 차이가 분명히 드러나게 된다. 《일리아드》의 희랍인들이 균열을 모르는 온전한 주체였다면 현대인들은 철저히 균열된 주체라는 것이다.

위와 같은 이유로 인해서 현대인의 몸 및 공간의 경험은 철저하게 페티시즘적 균열의 모습을 취하게 된다. 17세기에 이미 데카르트도 그러한 균열의 조짐을 분명하게 의식하고 있었다. 다시 그의 말을 인용하면 "공간과 … 공간에 있는 물질적 실체 사이에 진정한 차이는 없다. 차이가 있다면 우리가 그들을 지각하는 방식의 차이일 따름이다". 이 진술은 페티시즘의 전형적인 공식(나는 알고 있다, 그러나 …)을 보여준다.[12] 나는 체계에서는 양자 사이에 진정한 차이가 없음을 알고 있지만 그럼에도 생활세계에서는 차이가 있다는 듯이 느끼고 행동하는 것이다. 여기에서 지식의 주체로서 나와 감정의 주체로서 나는 서로 분열되어 있다. 이성이 감정과 행위로부터 소외되어 있으며, 이성이 체

---

11 이러한 근대적 몸은 라캉(Jacques Lacan)에게서 "상징적 몸", 혹은 "죽은 몸"으로 표현된다. Fink, *A Clinical Introduction to Lacanian Psychoanalysis*, Cambridge: Harvard UP, 1997, p.97 참조.

12 페티시즘에 대해서는 Slavoj Zizek, "Fetishism and Its Vicissitudes" in *The Plague of Fantasies*, London: Verso, 1997을 참조하기 바람.

계의 기계적 기능에 불과하다면 감정은 자신이 살아있는 생명이라 착각하는 기계인 셈이다. 또 체계에서 죽은 육체는 사적인 감정의 영역에서 다시 삶의 숨결을 회복하게 된다. 이렇듯 체계와 생활세계의 분리는 주체의 자기 분열, 즉 이성과 감정의 분리라는 결과를 파생한다.

근대적 주체는 추상적 공간에서 자신의 몸을 죽은 육체로서 "사유"하는, 그러나 구체적 처소에서는 살아있는 몸으로 느끼는 주체이다. 그의 몸은 머리끝으로부터 죽어있지만 발끝으로부터 점차 삶의 활력을 되찾는다. 죽은 육체와 살아있는 몸, 탈주술화된 육체와 재주술화된 몸이 불안하게 공존하는 것이다. 그는 생활세계에서 주체로서 자기의 몸을 경험하지만 체계 속에서는 대상으로서 자신의 육체를 허용한다. 체계에서 나의 몸은 나의 몸이 아니라 그의 육체, 체계의 응시에 저당잡히고 관리되는 타자로서의 육체로 간주되는 것이다. 이때 근대적 주체는 자신의 몸을 자신의 시선과 더불어서 그들의 시선으로 바라보는 법을 배우게 된다. 나의 몸은 나의 몸이 아니라 그들 체계의 통제와 관리의 대상이기도 한 것이다.

그렇다면 근대의 몸과 공간에 있어서 예술은 어떠한 위치를 차지하는 것일까? 이렇게 바꿔서 질문해 볼 수 있다. 과연 예술이 없는 현대인을 우리가 상상할 수 있는 것일까? 체계와 생활세계의 분리가 근대의 조건이면서 부산물일 뿐 아니라 근대적 개인이 페티시즘적 균열의 주체라면, 어떻게든 이러한 분리와 분열을 봉합하려는 시도가 바로 예술이기 때문이다. 근대는 자신의 상처를 치유하기 위해 예술의 손길을 절대적으로 필요로 하는 것이다. 근대 경제학의 창시자인 아담 스미스(Adam Smith)가 "공감"(*sympathy*)으로부터, 또 헛치슨(Francis Hutcheson)과 샤프츠베리(Anthony Shaftesbury)가 "도덕감정(*moral sense)*"으로부터 윤리의 가능성을 진단했던 사실도 그러한 예술의 본질 및 기능과 무관하지 않다. 더구나 산업사회가 시작되는 문턱에서 바움가르텐(Alexander Gottlieb Baumgarten)을 비롯해서 에드먼드 버크(Edmund Burke), 칸트, 쉴러(Friedrich Schiller)와 같은 이론가들은 미학을 통해서 체계와 생활세계의 분리를 극복할 수 있는 가능성을 구상하지 않았던가? 가령 칸트에게 있어서 탈주술적 공간으로서 오성의 영역과 주술적 처소로서 초월적 이성의 영역, 혹은 이론과 실천의 영역은 서로 단절된 두 개의 섬이거나 통약이 불가능한 두 개의 이질적 언어처럼 보인다. 이때 이 양자의 분열과 반목을 해소하는 역할은 전적으로 미학(상상력)의 몫으로 주어진다. 이러한 미학의 사회적 역할이 공식적으로 표명된 것은 쉴러의 《인간의 미적 교육에 관한 서한》(*Über die ästhetische Erziehung des Menschen in einer Reihe von Briefen*)이다. 쉴러는 지나치게 이성의 지배를 받는 관료적 국가에서 개인은 기계의 부품으로 전락하는 반면에, 무조건적으로 자신의 원시적 충동을 따르는 개인은 야만인으로 전락한다고 주장하였다. 한쪽 극단에 형식충동(*Formtrieb*)이 있다면 다른 극단에 감각충동(*sinnlich Trieb*)이 있다. 쉴러는 예술만이 이러한 양 극단을 조화로운 유희충동(*lebende Gestalt*)으로 승화시킬 수 있다고 생각하였다. 관료화로 치닫는 근대사회의 문턱에서 그는 예술의 도움이 없으면 인간은 체계의 명령에 고스란히 복종하는 기계가 되기 쉽다고 염려하였던 것이다. 이 지점에서 예술의 역할이 분명해진다. 예술은 체계로 굳어진 죽은 형식(*Form*)에 살아있는 숨결을 불어넣음으로써 살아있는 자발적 형식(*lebende Gestalt*)이 되도록 만들어주는 성체화의 과정이다. 나중에 바그너(Richard Wagner)가 〈탄호이저〉(Tannhäuser)에서 제시하려고 했던 예술의 역할도 그러한 성체화의 과정과 뗄

수 없는 관련을 지닌다. 저주받았던 예술가 탄호이저는 죽어서 굳은 나무 지팡이(체계)에 새파란 싹이 움트면서 마침내 구원을 받고, 그의 죽었던 육체(*Körper*)도 살아 있는 몸(*Leib*)으로 거듭나게 된다. 여기에서 탄호이저의 지팡이가 단지 하나의 사물이나 기호에 지나지 않는다고 생각해서는 안 된다. 그것은 예술의 상징이기 때문이다.[13]

몸과 공간의 예술적 경험

예술에서 공간과 몸은 어떻게 경험되는 것일까? 예술은 과연 체계와 생활세계의 분리를 재결합하는 위업을 성취할 수 있는 것일까? 이러한 질문에 대답하기 위해서 필자는 르네 마그리트(René Magritte)의 그림 〈맥 세닛에 표하는 경의〉(Hommage a Mack Sennett)(이후로 〈경의〉로 약칭할 것임)와 김수영의 시

13 당시에 생중사(*death in life*)라는 주제만큼 낭만주의자들의 상상력을 깊이 자극했던 주제를 찾기도 어렵다. 자신이 현상적으로는 살아있지만 본질적으로는 죽어있는 좀비(*zombi*)가 아닌가 하는 두려움이 워즈워스와 콜리지와 같은 시인들을 강렬하게 사로잡았다. 워즈워스는 무지개를 보고서도 가슴이 뛰지 않는다면 시체와 마찬가지라고 한탄하였으며, 콜리지의 《노수부의 노래》, 〈낙담〉은 생중사의 생생한 경험을 증언하였다. 또 〈레이미아〉에서 키츠는 삶의 질서가 과학의 차가운 손길에 닿자마자 죽음의 질서로 바뀌는 과정을 묘사하였다. 즐겨 인용되는 워즈워스의 표현처럼 "참견하기 좋아하는 이성은 사물의 아름다운 형상을 훼손한다. 분석하면 사물은 죽어버린다"(〈The Tables Turned〉). 그러나 낭만주의 시인들이 생중사의 "무감각한 고통", "어둡고 황량하며 텅 빈, 아픔이 없는 괴로움"(〈Dejection: An Ode〉)만을 노래했던 것은 아니었다. 생활세계가 탈의미화된 근대적 증상을 극심하게 앓으면서 그들은 탈의미화된 공간을 재의미화할 수 있는 길을 예술을 통해서 끊임없이 모색하였다. 바그너처럼 이들은 예술이 죽은 나무(체계)에 생활세계의 꽃을 피워줄 수 있는 것이라는 신념을 가지고 있었다. 그래서 《서시》와 같은 시에서 워즈워드는 죽은 삶에 다시 생기를 불어넣는 영감의 미풍을 노래할 수가 있었다.

〈먼 곳으로부터〉(이후로 〈먼 곳〉으로 약칭할 것임)를 예로 들려고 한다.

시각적 사유라는 회화의 새로운 경지를 개척한 마그리트는 러시아의 형식주의자들과 매우 흡사한 예술관을 가지고 있었다. 그는 우리가 사물을 언어적 체계에 따라서 습관적으로 경험하게 되면서 진정한 사물의 모습을 놓치게 된다고 생각하였다. 예를 들어 습관적으로 보여진 장미는 진정한 의미에서 경험이라기보다는 이전에 학습된 장미 개념의 반복에 가깝다. 우리는 장미라는 개별적 사물이 아니라 하나의 합의되고 기억된 개념과 관계하는 것이다. 그래서 우리는 장미를 보기는 하지만 진짜로 보지는 않으며, 누구나 보지만 실상에 있어서는 아무도 보지 않는 셈이다. 메르카토르의 공간에서 그러하였듯이 장미에 대한 나의 경험은 나의 고유한 개별적 경험이 아니라 체계의 자기확인에 지나지 않는다. 달리 말해서 "이" 장미는 "지금 여기"의 실명적 처소에 있는 것이 아니라, "이" 장미든 "저" 장미든 상관이 없을 뿐만 아니라 장미의 구체적 현장성과 맥락이 사라진 익명적 공간에 놓여 있다. 내가 보든 보지 않든 나의 존재 및 경험과 무관하게 장미는 개념으로서 영원히 존재할 수 있으며, 나의 생활세계는 그러한 개념적 체계와 아무런 관계가 없다. 개념으로서 장미를 보고서 우리의 마음이 뛰지는 않는다.

다른 근대의 화가들도 마찬가지이겠지만 특히 마그리트는 습관적 인지에서 벗어나 새로운 눈으로 사물을 경험하기 위해서 자신의 독특한 시각적 사유의 기법을 발전시켰다. 우리가 살펴볼 〈경의〉도 마찬가지이다. 언뜻 보면 이 그림은 아주 평범한 사진에 지나지 않는 듯이 보인다. 이렇다 할 만한 특징이 없이 밋밋하고 삭막한 사각의 공간에 덩그러니 옷장 하나가 서 있기 때문에 이것을 바라보는 사람들은 각별히 눈여겨볼 만한 아무것도 발견하지 못한다.

르네 마그리트의
〈맥 세닛에 표하는 경의〉(Hommage a Mack Sennett)

익명적이고 균질적인 평면적 공간에 마찬가지로 익명적이고 균질적인 옷장 하나가 있을 따름이다. 하지만 화가의 시선이 포착한 단 하나의 미세한 차이가 이 모든 익명성과 균일성을 한꺼번에 상쇄시켜버린다. 옷장을 바라보는 주체는 옷걸이에 걸린 원피스를 하나의 원피스 개념으로 바라보지 않는다. 이 원피스는 그에게 다른 익명적 원피스와는 대체가 불가능한 실명적 원피스, 그의 존재의 의미와 가치가 삼투되어 있는 특수한 원피스이다. 그는 원피스에서 사랑하는 그녀의 존재를 경험하는 것이다. 그래서 원피스는 옷걸이에 걸려 있다기보다 그녀의 살아 있는 몸에 걸려 있는 듯이 보인다. 또 그녀의 볼록한 가슴은 그냥 가슴이 아니라 그의 시선을 환대하는 두 눈처럼 경험되며, 이름을 부르면 금방이라도 옷장에서 걸어나올 듯하다. 공간은 이제 익명적 공간이 아니라 어느새 실명적인 처소로, 대상으로서 원피스는 그녀의 몸으로 격변화되어 있는 것이다. 그러면서 지금까지 어두컴컴했던 옷장 안으로는 새벽의 서광이 비쳐오게 된다. 마그리트의 다른 유명한 그림 〈이것은 파이프가 아니다〉(Ceci n'est pas une pipe)의 제목처럼 이제 원피스는 원피스가 아니다. 원피스는 의상체계의 한 요소가 아니라 간주관적 존재의 질서를 가리키는 손가락이라 할 수 있다. 이 점에서 〈경의〉는 맥 세넷을 가리키는 손가락이 된다.

마그리트의 〈경의〉에서 탈맥락화되었던 공간이 처소로 재맥락화된다면 김수영의 〈먼 곳〉에서는 탈주체화되었던 육체가 다시 몸으로 재맥락화된다. 이 시에서 화자의 몸은 데카르트적인 육체가 아니라 살아 있는 몸, 생활세계의 의미로 삼투된 몸이다.

〈먼 곳에서부터〉

먼 곳에서부터
먼 곳으로
다시 몸이 아프다

조용한 봄에서부터
조용한 봄으로
다시 내 몸이 아프다

여자에게서부터
여자에게로

능금꽃으로부터
능금꽃으로…

나도 모르는 사이에
내 몸이 아프다.

우선 이 시의 화자가 경험하는 봄은 개념적 인지와는 거리가 멀다. 그의 봄은 사계절이라는 개념적 질서가 아니라 몸의 질서에 속해 있는 듯이, 봄이 왔다는 사실을 미처 깨닫기에 앞서서 먼저 그의 몸이 아프기 시작한다. 하지만 아픈 것은 그의 몸만이 아니다. 그의 몸이 아프기 훨씬 이전에 "먼 곳으로부터 먼 곳으로" 또 다른 몸이 이미 몸살 기운을 앓고 있다. 이 점에서 그의 몸살은 또 다른 몸살의 먼 여파에 지나지 않는지 모른다. 그가 몸살을 앓기 이전에 이미 저 먼 남쪽으로부터 저 먼 북쪽으로 봄바람처럼 몸살기운이 세계를 가득 채우고 있기 때문이다. 그래서 화자는 자기 몸의 아픔에 앞서서 세계의 몸살을 먼저 지각하며 경험하고 있다. 어떻게 내 몸에 몸살기운이 닿기도 이전에 몸살을 앓을 수 있다는 것일까? 이 너무나 당연한 질문이 화자에게는 전혀 의문시되지 않는 듯이 보인다. 화자는 자기의 개인적 몸과 세계의 몸을 따로따로 독립적으로 경험하지 않는다. 그는 봄을 통해서 세계의 몸이 이미 나의 몸이라는 듯이 주술적으로 몸살을 경험하며, 보들레르의 〈조응〉처럼 그의 몸과 세계의 몸은 이미 "조응"의 끊임없는 연속이기 때문이다. 봄바람이 세계를 봄의 의미로 가득한 주술적인 세계로 바꿔놓은 것이다. 이때 세계 전체는 하나의 거대한 몸살 덩어리이다. 봄바람을 비롯해서 화자의 몸과 여자의 몸, 능금꽃도 예외가 아니다. 몸은 화자의 몸이나 여자의 몸, 능금꽃 등으로 개별화된 몸이 아니라 세계의 몸의 일부로서 세계의 몸살에 부대끼고 있다.[14] 이 주술적인 공간에서는 나의 몸과 그의 몸의 구획된 경계가 이미 흐물흐물 지워지면서

---

14 몸과 살의 차이에 대해서는 김종갑의 《타자로서의 몸, 몸의 공동체》(건대출판부, 2004)를 참조하기 바람. "세계의 살"이라는 개념에 대해서는 Merleau-Ponty, *The Visible and the Invisible*, trans. Alphonso Lingis, Evanston: Northwestern UP, 1968을 참고할 수 있다.

세계의 살로 통합되어 있다. 그래서 몸살을 앓고 있으면서도 화자는 그의 몸의 아픈 부위를 정확하게 집어서 말할 수가 없다. 마지막 연이 말해주듯이 자신도 모르게 자신의 몸이 아프기 때문이며, 혹은 나라고 말할 수 있는 개별화된 몸이 더 이상 존재하지 않기 때문이다. 달리 말해서 〈먼 곳〉의 몸은 개별화되고 양화된 근대적 육체가 아니다. 보다 정확하게는 세계로부터 소외되었던 근대적 육체가 시인의 몸살 경험을 통해서 다시 생활세계의 의미로 삼투되고 주술화된 몸이라고 말해야 옳다. 앞서 마그리트의 〈경의〉처럼 〈먼 곳〉의 공간도 익명적으로 균질화되었다가 체계의 필요성에 의해서 바둑판처럼 구획되었던 공간이 다시 시인의 시점에 의해서 통합적으로 재주술화된 것이다.

마그리트와 김수영의 작품은 공간이 처소로, 육체가 몸으로 재경험되는 수많은 예술적 사례의 한 에피소드에 지나지 않는다. 어떤 식으로든지 공간과 육체를 생활세계의 의미로 조율시키지 않으면 예술 자체가 불가능하기 때문에 예술작품은 그러한 사례로 흘러넘치고 있다. 가령 모파상(Guy de Maupassant)의 《여자의 일생》(*Une Vie*)의 다음 구절은 〈먼 곳〉의 몸 경험 내용과 다르지 않다. "미풍이 어루만지고 봄의 향기가 스며든 그녀의 살(*chair*)은 혼란스러웠다. 보이지 않지만 감미로운 목소리에 유혹된 듯하였다." 잔느의 존재 전체, 특히 사춘기의 예민한 살이 봄바람에 몸살을 앓고 있는 것이다. 앞서 언급했던 워즈워스의 《서시》를 비롯해서 보들레르의 〈조응〉도 이러한 경험의 생생한 증언이라 할 수가 있다. 마그리트의 그림도 마찬가지이다. 신중심적이며 주술적이었던 중세의 알레고리적 화풍에서 벗어난 르네상스의 화가들은 탈주술화된 공간을 처소로서 재주술화시키기 위해서 영웅적인 노력을 경주하여야 했다. 또 산업화 이후의 근대 화가들은 체계가 대량으로 생산한 익명적 상품들을 화가 자신의 고유한 의미로 충전된 실명적 사물로 경험하기 위해서 색과 선의 엄청난 실험을 거듭해야 했다. 말하자면 체계에 의해 억압된 생활세계의 복원이라는 역할과 떼어놓고서 근대예술을 생각할 수가 없다. 근대의 예술가는 추상적으로 보편화된 공간을 개별적 처소로, 물리적 육체를 주체로서의 몸으로 재현해야 하는 책임을 지고 있었다.

결 론

위와 같이 이해된 예술의 위상은 너무나 주관적이라는 비판이 있을 수 있다. 체계와 생활세계의 통일성이 지나치게 주관적이며 임의적이라는 것이다. 또한 예술은 근대인의 페티시즘적 균열을 고스란히 증상적으로 반복 재현하고 있다는 인상을 줄 수 있다. 예컨대 마그리트의 〈경의〉와 마찬가지로 최근에 연인을 잃은 사람들은 누구나 옷가지와 가구에서 연인의 흔적과 숨결, 표정을 읽으며, 물신주의자들은 옷가지와 구두 등에 강박적으로 지나치게 집착한다. 더구나 정신병자들은 자신의 소망과 의미로 완벽하게 주술화된 세계를 살고 있지 않은가. 또 자신의 고유한 몸과 처소를 포기하고 체계에 순응하고 적응하면서 살아가는 평범한 사람들도 여가의 시간에는 자신의 기벽과 변덕에 마음껏 탐닉하지 않은가. 이들 사이에는 정도의 차이가 있기는 하지만, 다음과 같이 명제화될 수 있는 페티시즘적 균열의 공통성을 가지고 있다. “나는 익명적 공간에 살고 있다는 사실을 잘 알고 있다. 하지만 나는 그것을 처소로서 경험한다.” “나는 육체-대상이라는 사실을 잘 알고 있다. 하지만 나는 그것을 몸-

주체라는 듯이 경험한다." 그러나 예술을 이러한 페티시즘적 균열이나 주관적 통일성의 관점에서 접근할 수 없음은 물론이다. 다시 물신주의자의 예를 들면, 자신의 고유한 성적 의미로 주술화된 그의 몸과 처소는 단지 주관적일 뿐만 아니라 체계와 생활세계의 분리를 전제로 하고 있다. 체계의 시선이 미치지 않는 빈 틈—균열—이 있어야만 그의 성적 탐닉도 허용이 된다. 그래서 그는 겉으로는 체계와 생활세계의 통일성을 요구하는 듯이 보이지만 실제에 있어서는 오히려 그러한 균열을 절실히 갈망하는 주체이다.[15] 이 점에서 그는 무의식적적인 허위의식의 소유자이다. 체계와 생활세계의 소통을 원치 않는 그의 몸은 본질적으로 고독한 몸, 소외된 밀실의 몸이다. 적어도 세계를 향한 지향성에 있어서 그러하다. 그러나 예술가의 몸은 소통적인 몸이다. 예술가의 작업은 체계에 의해 억압되고 탈신체화되었던 몸을 생활세계의 맥락에 다시 위치시키고 재신체화하는 작업에 다름이 아니기 때문이다. 이를테면 마그리트와 김수영의 작품은 그들의 고유한 몸 경험을 모든 가능한 독자들과 더불어서 공유하기를 바라는 지향성으로 특징지어진다.[16] 그래서 그들은 자신의 생활세계의 특유한 주관적 경험을 개인적인 언어와 스타일로 직접적으로 표현하는 대신에 체계의 언어와 스타일이라는 보편적 매개를 빌려서 간접적으로 표현한다. 그러면서 체계에 변화를 가하는 한편, 체계와 생활세계의 통일을 지향하는 것이다. 그래서 그들의 몸은 고독한 밀실의 몸이 아니라 세계에 개

15 이 점에서 그들은 페터 슬로터다이(Peter Sloterdijk)의 용어를 빌리면 "냉소적 주체"이다. 《냉소적 이성 비판》, 이진우 · 박미애 옮김, 에코리브로, 2005를 참조하기 바람.

16 물론 이들도 타자와 공유되지 않은 몸 경험 요소들을 가지고 있을 것이다. 그것이 예술적 작업과 무관하게 은밀한 페티시즘적 쾌감을 선사할 수도 있다. 아방가르드적 예술가들은 지극히 은밀한 페티시즘적 쾌감까지도 소통의 예술로 승화시키는 시도를 멈추지 않았다.

방되고 세계와 소통하는 몸이 된다. 김수영이 "먼 곳으로부터/먼 곳으로/ 다시 몸이 아프다"고 표현하였던 이유도 거기에 있다. 그의 몸은 내밀한 개인의 밀실에 갇힌 것이 아니라 들판, 능금꽃과 여자를 가로지르며 흐르고 소통하면서 몸살을 앓는다. 봄의 예감과 기대, 향기가 텅 빈 공간을 가득히, 주술적으로 채워주는 것이다. 그러면서 그의 시를 읽는 독자들은 "나도 모르는 사이에 내 몸이 아픈" 시적 화자처럼 그러한 주술적 처소에 자기도 모르는 사이에 동참하게 된다. 이 점에서 시인의 몸살은 의사소통적이면서 동시에 공동체적이다. 예술가는 익명적이고 중립적인 공간에 공동체의 소통적 처소를 마련하는 것이다.

외국인의 몸

3장

전근대와 근대

들어가는 말

얼마 전에 우리나라를 방문한 1억 번째 외국인의 사진이 일간신문에 실렸던 적이 있다. 이제 길거리나 지하철에서 외국인을 심심치 않게 볼 수 있게 되었다. 2007년 행자부의 조사에 의하면 우리나라에 거주하는 외국인의 숫자가 72만 명을 넘어섰다고 한다. 또 법무부는 불법체류자 약 22만여 명을 포함하면 국내 체류 외국인이 100만 명을 상회한다고 발표하였다. 우리나라 전체 인구의 2%, 백 명에 2명의 외국인이 우리와 더불어 살고 있는 셈이다. 미국을 비롯한 유럽의 많은 나라들처럼 이제 우리나라도 다민족, 다언어, 다문화주의 시대에 접어들었다고 할 수 있다.

10년 전까지만 하더라도 중고등학교 교과서는 우리나라를 단일민족에 단일문화로 즐겨 묘사하였다. 주위에서 피부나 언어가 다른 외국인들을 접하기도 쉽지 않았다. 그런데 불과 몇 년 사이에 급작스럽게 우리는 단일문화로부터 다문화의 시대로 넘어오게 되었다. 학계의 사정도 마찬가지이다. 다양한 인종과 문화가 공존하는 유럽에서 공부한 학자들에게 "다문화주의"나 "다문화 정책"은 매우 친숙한 개념이었다. 또 유럽의 학문에 게으르지 않았던 학자들은 1980년대 중후반부터 다문화주의와 관련된 주제의 논문들을 발표하기 시작하였다. 하지만 1990년대 중반으로 접어들기 전까지 다문화적 갈등이나 고민은 우리의 자생적 문제가 아니라 유럽에서 수입된 "그들의" 문제에 지나지 않았다. 우리는 다문화주의를 재미교포나 재일교포, 혹은 화교집단에 유추해서 짐작해야 했으며, 노력해서 지적으로 이해할 수 있었지만 피부로 실감하기는 어려웠다. 하지만 외국인 체류자가 약 40만에 달했던 1997년 즈음해서 상황이 일변하기 시작하였다. 바다 건너 남의 일이었던 문제가 갑자기 우리의 문제로 부상하였던 것이다. 그러면서 다문화주의와 관련된 논문들과 저술들이 급증하기 시작하였다.

그러나 다문화주의의 시대가 도래하였다고 해서 지금껏 우리를 지배해 왔던 단문화주의적 사유와 감정의 구조가 쉽게 바뀌지는 않는다. 또 다문화사회에 걸맞게 인종적 타자에 대한 생각과 이해가 잘 조율된 사람도 감정적으로는 지극히 폐쇄적인 경우가 많다. 가령 당면한 현안을 두고 활발하게 외국인과 대화하던 사람들도 회의가 끝나면 혈연과 지연에 따라서 무리를 지어 식사를 하고는 한다. 대화의 주제를 "이성적"으로 공유할 수 있지만 감정과 정감의 공유가 어려운 까닭이다. 여기에서 우리는 오성과 감성의 괴리라는 해묵은 문제와 직면하게 된다. 이해는 하지만 왠지 가까이 하기 싫은 것이다. 억압되지 않고 자유로운 의사소통에도 불구하고 뭔가 해소되지 않은 감정적 앙금, 오성의 침전물처럼 감정적 잉여가 남아 있는 것이다.

외국인 타자에 대한 오성과 감성의 분리는 우리 사회에서 불안하게 공존하고 있는 다문화주의와 단문화주의의 증상적 원인이라 할 수 있다. 전체 인구의 2%를 차지하는 외국인은 우리사회의 일부임에는 틀림이 없다. 그러나 새로운 운동을 배우면서 익숙해지지 않은 몸동작처럼 아직은 여전히 불편한 몸의 일부와 마찬가지다. 다문화주의적 지식은 오성의 수위에 머물 뿐, 아직 우리 몸의 감성적 구조로 스며들어 체화되지 않은 까닭이다. 마음과 몸이 따로 노는 것이다. 그럼에도 기존의 연구에서는 다문화주의와 관련해서 이러한 몸과 마음의 분리현상이 심각하게 다루어진 적이 없었다. 이 글에서 필자는 다문화주의적 마음과 단문화주의적 몸의 균열에 대해 점검을 하게 될 것이다.

전근대의 외국인의 몸

1980년대 초반만 하더라도 우리나라에서 외국인을 만나기가 쉽지 않았다. 영어학원에서나 파란 눈에 노란 머리를 한 유럽인을 볼 수 있을 따름이었다. 물론 1980년대 이전에는 그러한 기회가 더욱 드물었다. 신문에 간혹 소록도나 오지에서 활동하는 유럽인 선교사에 관한 기사가 "벽안의 신부"나 "금발의 수녀"와 같은 제목으로 소개될 정도였다. 당시 서양인의 파란 눈과 금발이 우리에게 생소하였기 때문에 각별히 파란 눈(碧眼)과 금발이 뉴스거리가 되었다. 외국인과의 만남이 잦은 현대인들에게 벽안과 같은 표현은 매우 우스꽝스럽고 낯설게 들릴 것이 틀림이 없다. 금발의 수녀와 같은 칭호도 우리에게 낯설기는 마찬가지이다. 1970년대에 뉴스감이던 서양인의 외모가 우리에게 점차 친근해지면서 이제는 더 이상 호기심을 자극하지 않게 되었다. 주위에서 쉽게 접할 수 있는 서양인을 그렇지 않다는 듯이 낯설게 표현하는 어휘가 우리에게는 오히려 더욱 생경하게 느껴지는 것이다. 그렇다고 이러한 다문화적 현실을 너무나 일반화할 필요는 없다. 우리나라의 어디에서나 다문화주의의 시계가 똑같은 시간을 가리키고 있지는 않다. 지금도 산간지방이나 농촌지방에서는 서양인을 단 한 번도 만난 적이 없는 사람들이 많이 있다. 이들에게 서양인의 출현은 대단한 뉴스거리가 된다. 그리고 이들은 1970년대의 사람들이 그러했듯이 낯선 서양인을 벽안과 금발의 인종으로서 바라보게 될 것이다.

벽안이나 금발이라는 어휘는 외국인을 처음 경험하는 사람들의 공통적인 반응을 단적으로 보여준다. 우리와 판이하게 다른 육체의 소유자로서 외국인을 바라보려는 경향이다. 우리의 머리칼이 검다면 그들의 머리칼은 금색이거나 은색이며, 우리의 눈이 갈색이라면 그들의 눈은 파란색이다. 인종적 편견도 그러한 육체의 차별화에 가세한다. 우리의 입성이 깨끗하다면 중국인은 더럽고, 우리의 키가 크다면 일본인은 작다는 식으로 말이다. 이러한 예에서 우리가 외국인이나 이민족을 경험하는 방식은 철저히 육체의 증거에 초점이 맞춰져 있음을 알 수 있다. 노예의 낙인이나 문신처럼 육체가 그들의 차이를 소리 높이 증언하는 것이다.

우리가 외국인을 경험하는 방식은 내국인이나 동향인을 경험하는 방식과 정반대이다. 외국인을 처음 만나는 사람은 경계심과 호기심이 뒤섞인 강렬한 시선으로 상대방을 무례할 정도로 뚫어지게 쳐다본다. 진짜 금화인지의 여부를 검사하듯 발끝부터 머리끝까지 일거수일투족을 샅샅이 검열하는 것이다. 이러한 현미경적 검열의 시선으로 인해서 외국인의 육체적 소여는 더욱 강조되고 과장되며 극화되기 시작한다. 그의 육체성이 극대화되는 것이다. 그러나 동향인이나 친구를 바라보는 시선에는 그러한 육체적 현존이 강조되지 않는다. 그는 친구를 친구로서 바라보기 때문에 그의 육체를 하나하나 훑어보지 않는다. 그리고 그의 시선은 친구를 환대하는 시선, 친구와 눈을 맞추면서 그의 생각과 기분을 읽어내는 시선이 된다. 그는 친구의 육체를 보는 것이 아니라 그의 기분과 마음을 읽는 것이다. 그래서 외국인이 육체로 보인다면 친구는 마음과 정신으로 경험된다. 친구는 눈에 보이는 육체적 증거 이상의 초월적 존재인 것이다.

언어와의 유추를 빌려서 외국인과 내국인을 바라보는 방식의 차이를 설명할 수 있다. 익숙하지 않거나 모르는 언어는 우리에게 언어라기보다는 낯선 소리나 소음으로 들리게 마련이다. 또 글씨는 흰 종이에 찍힌 검은 잉크자국처럼 보인다. 보고 듣자마자 우리말은 햇살처럼 투명한 의미내용으로 이해되는 반면, 모르는 외국어는 어둠처럼 불투명하고 석연찮은 소리로 들리는 것이다. 우리말은 구태여 눈에 심지를 켜고서 바라보거나 귀를 쫑긋 세우고서 들을 필요도 없다. 보고 듣지 않아도 이해될 정도로 의미가 친근하게 다가오기 때문이다. 그러나 의미 짐작이 불가능한 외국어는 소음에 가깝게 들리면서 언어의 물질성이 극대화된다. 사람의 말이라기보다는 동물의 울부짖는 소리나 새소리처럼 들리는 것이다. 고대 희랍인들이 이민족을 야만인(*barbarian*)이라고 업신여겼던 이유도 여기에 있다. 그들의 말이 개가 짖는 소리(*barbaros*)와 흡사하게 들렸던 까닭이다. 처음 보는 외국인에 대해서도 마찬가지이다. 외국인은 마음이나 정신이 아니라 순수한 육체적 소여로 보인다. 말을 하면서 입을 왜 그렇게 크게 벌리는지, 왜 그렇게 혀를 날름거리는지, 왜 그렇게 불필요하게 얼굴근육이 자주 변하는지, 우리는 마음이 보이지 않기 때문에 육체만

보는 것이다.

의미가 증명되지 않은 외국어가 소리로 들리듯이 외국인은 아직 인간성(마음과 정신)이 증명되지 않은 이질적인 육체로서 경험된다. 인간이 보이는 몸의 표면과 보이지 않는 마음의 깊이를 가진 이중적 존재라면 외국인에게는 아직 후자의 특권이 부여되지 않은 것이다. 그래서 상인에게 속지 않기 위해서 상품을 이리저리 뜯어보듯이 우리는 외국인의 육체를 면밀하게 점검하게 된다. 낯선 외국인에 대한 이러한 심리의 바탕에는 자민족중심주의, 단문화주의, 외국인 혐오감이 깔려 있다. 한편으로 우리의 인간됨이 의문의 여지없이 당연시된다면 그들의 인간됨은 아직 증명되지 않았기 때문에 위협적인 상대로 여기지는 것이다. 어둔 밤에 길을 걷는 사람이 맞은편에서 뚜벅뚜벅 다가오는 타자에게 겁을 집어먹는 이유도 그러한 외국인 혐오감의 연장선에 있다고 할 수 있다.

근대의 외국인의 몸

외국인에 대한 의구심은 타자에 대한 근원적 불안에 뿌리를 두고 있다. 알려지지 않은 미지의 타자에 대한 불안, 그에 대한 조심스런 탐색과 방어는 인간을 비롯해서 모든 유기체의 본능적 반응이다. 유기체는 그것의 친숙한 공간에 갑자기 등장한 타자에 대해서 공격과 방어로 대응하게 된다. 그렇지 않으면 자신이 타자에게 먹힐 수도 있기 때문이다. 우리 인간에게도 식인풍습이 있었다. 타자가 같은 인간이 아니라 먹잇감으로 보일 수도 있었던 것이다. 보편적

인간성이 아직 확립되지 않았던 원시부족사회에서는 더욱 더 그러했을 것이다. 인간됨이 아직 증명되지 않은 타자는 동물들과 별다른 차이가 없이 경험되었을 수 있다. 외국인 혐오감의 기원은 그러한 원시부족사회로 거슬러 올라가는 것이다. 가족이나 부족의 단위로 뭉쳐서 자신을 방어하지 않으면 생명이 위협받을 수 있었던 전근대에 외국인 혐오는 생존의 필수적 조건이었다. 고대 희랍의 예가 말해주듯이 도시국가가 탄생한 이후로도, 극히 최근에 이르기까지도 그러한 외국인 혐오와 편견은 사라지지 않았다.

《언어 기원론》(*On the Origin of Language*)에서 루소(Jean Jacques Rousseau)는 타자에 대한 전근대적 불안에 대하여 흥미로운 에피소드를 소개하였다. 깊숙한 산중에서 사냥을 하던 원시인이 갑자기 낯선 타자와 맞닥뜨리게 되었다고 한다. 그는 낯선 상대의 출현에 겁을 집어먹는다. 자라보고 놀란 가슴 솥뚜껑을 보고도 놀란다고 그는 두려운 나머지 상대를 있는 그대로 보지 못하고 상대를 자기보다 등치가 크고 힘이 센 거인으로 착각한다고 한다. 외국인과 첫 대면의 전형적인 반응이 나타나는 것이다. 우리가 정상이고 표준이라면 외국인은 지나치게 크거나 지나치게 작으며, 지나치게 지저분하거나 지나치게 강박적으로 청결하다. 여기서 상대를 지나치게 크게 보았던 루소의 원시인은 처음에는 그를 "거인"이라고 부른다. 그러나 그 거인과의 접촉기회가 잦아지면서 원시인은 자신의 잘못된 첫인상을 점차 수정해나간다고 한다. 엄청난 거인인 줄 알았던 상대가 자기와 비슷한 체구를 가진 존재, 자기와 별다르지 않은 사람이라는 사실을 깨닫게 된다는 것이다. 그러한 과정을 거치면서 추상명사로서 보편적 인간이라는 개념이 탄생하기 시작한다.

전근대에는 추상명사로서 인간의 개념의 아직 탄생하지 않았다. 이민족을 야만인으로 취급했던 시대에는 인간이라는 개념이 자민족중심주의적으로 부족이나 민족, 시민국가에 한정되어 있었다. 더구나 같은 사회 내에서도 노예는 마땅히 인간으로 취급되지 않았다. 한편에 인간으로서 특권적인 "우리"가 있다면 다른 한편에는 미개한 야만인으로서 "그들"이 대치하는 것이다. 우리가 아름답다면 그들은 추하고 기형적이었으며, 우리가 선하다면 그들은 악한 세력이었다. 우리가 마음이며 정신이라면 그들은 움직이는 육체에 지나지 않았다. 이러한 전근대에 인간은 보편적 개념이 아니라 지역적 · 민족적 · 계급적 개념에 지나지 않았다. 사람 모두가 인간으로 대접을 받거나 존중되지 않았던 것이다. 우리 부족과 우리 민족, 우리 지배계층만이 인간이었다. 그렇다면 민족과 부족의 단위로 울타리를 치고서 서로 격리된 채 배타적으로 살았던 전근대에는 하나의 보편적 인간이 아니라 수많은 특수한 인간군들이 불안하게 공존하였다고 말할 수 있다. 이러한 단문화적 세계에서 외국인 혐오는 정상적인 삶의 질서였다.

계몽주의적 이념과 더불어서 보편적 인간의 개념이 탄생하였다. 그러한 보편적 인간의 개념이 없었더라면 미국의 독립선언문과 프랑스의 인권선언도 작성될 수 없었을 것이다. 보편적 인간이란 무엇인가? 인종이나 신분, 지위, 교육, 남녀노소 등의 눈에 띄는 차이와 무관하게 모든 사람은 인간으로서 존중되어야 한다는 이념이다. 미국 독립선언문에 다음과 같은 구절이 있다. "우리는 자명한 진리로서 모든 사람은 평등하게 창조되었고, 조물주로부터 누구에게도 빼앗길 수 없는 천부의 권리를 부여받았으며, 그 속에 생명 · 자유 · 행복의 추구가 포함되어 있다는 것을 믿는다." 당시에 이러한 주장은 혁명적이었다. 전근대의 세계에서 사람들은 평등할 수 없었으며, 더구나 천부적 권리는 상상조차 할 수 없었다. 아무리 잊으려 해도 잊을 수 없는 엄청난 신체적 차이들, 예컨대 흑인과 백인의 차이, 우리 민족과 이민족 등의 차이를 깡그리 무시하고서 어떻게 모든 사람을 평등하게 대할 수 있단 말인가? 서양인은 마늘 냄새를 풍기는 동양인과 카레 냄새를 풍기는 인도인을 보면 절로 이맛살을 찌푸리게 된다. 또 동양인에게 서양인의 노린내는 얼마나 끔찍한가. 어떻게 그러한 차이를 보거나 느끼지 않을 수 있다는 말인가. 우리 모두 자신이 서 있는 인종적 · 문화적 관점에서 타자를 바라볼 수박에 없지 않은가. 눈과 귀, 코로 우리의 것과 너무나 상이한 타자의 타자성이 보고 듣고 냄새 맡지 않을 도리가 없는 것이다. 그러나 독립선언문의 이념은 확고하고 분명하며 추호의 망설임도 없는 명령조이다. 그러한 인종적 · 문화적 · 계층적 차이를 모두 괄호 안에 묶어놓아야 한다는 것이다. 차이를 보고 듣고 느끼는 자연스러운 태도를 괄호 안에 묶어야 한다는 것이다. 타자에게서 보이는 것을 보지 않아야만 그에게서 평등과 자유, 천부적 권리를 볼 수 있다는 것이다. 타자의 키가 멀대처럼 너무 커서 볼품이 없다거나 얼굴이 너무나 새하얘서 시체 같다는 등의 구체적 지각 내용은 인간의 보편적 개념에 포함되어서는 안 된다. 보편적 인간은 손을 뻗어 만질 수 있는 구체적이고 개별적인 사람이 아니라 추상적인 이념, 신의 존재처럼 유추되고 가정되어야만 하는 초지각적 존재이기 때문이다. 그래서 곰보이든 째보이든 아름답든 추하든 그러한 육체적 소여는 인간이라는 개념에 어떠한 영향을 미쳐서도 안 된다.

그러나 과연 그러한 보편적 인간이 존재할 수 있을까? 볼 수도 만질 수도 느낄 수도 없다면 그러한 보편적 인간은 아예 생각될 수도 없지 않을까? 그러나 그런 의문에도 불구하고 보편적 인간이라는 명제의 기본 취지를 이해하기는 그리 어렵지 않다. 생면부지의 낯선 외국인이라 할지라도 내국인과 마찬가지의 인간으로서 대접하고 그들의 권리를 인정해줘야 한다는 것이다.

근대의 보편적 인간 개념은 몸에 대한 우리의 태도의 급격한 방향 전환을 요구한다. 주체가 마음인 반면에 외국인 타자가 육체이며 볼거리로 간주되었던 전근대의 위계적 질서는 이제 더 이상 발을 붙일 틈이 없게 된다. 이민족과 외국인에게도 마음과 정신의 특권, 달리 말해 이성적 존재로서의 특권이 보편적으로 부여되어야 하기 때문이다. 이제 인간의 육체적 소여는 중요치 않다. 인간의 본질은 몸이 아니라 이성으로, 계몽된 사람이라면 인종적 타자를 외모로 판단하는 대신 그의 내면의 이성의 소리에 귀를 기울여야 한다. 이해할 수 없는 외국어라 할지라도 잡음이 아니라 투명한 의미를 찾기 위해 노력하여야 한다. 근대적 주체의 시선은 타자의 보이는 육체를 초월해서 보이지 않은 이성을 향해 나아가야 하는 것이다. 육체를 초월하지 못하고 외모에 미혹된 사람은 근대적 주체가 아니다. 근대 사회에서 육체의 중요성은 현저하게 약화되는 것이다.

근대적 주체는 보이는 육체적 차이는 무시하면서 보이지 않는 보편적 이성을 보는 주체이다. 여기서 인종적 타자의 마음에 보편적 이성이 내재하는지의 여부는 판단의 대상이나 고민의 주제가 아니다. 무조건적으로 그의 인간성이 절대적으로 긍정되고 승인되어야 하기 때문이다. 이러한 보편적 이성의 절대적 논리에 따르면 인조인간이나 인간의 탈을 쓴 늑대마저 무조건적으로 인간의 일원으로 받아들어져야 한다. 그러면서 인간의 범주는 무한하게 확장될 수 있다. 이 점에서 전근대적 주체와 근대적 주체의 골은 더욱 깊어지게 된다. 전자가 조건적으로 점진적으로 낯선 타자를 공동체의 일원으로 승인한다면 후자는 무조건적이면서 급진적으로 승인한다. 전자에게는 타자를 승인하기 위한 시간이 필수적이다. 그의 외모를 유심히 살펴보고 그가 자기의 모국어로 말을 건넬 때까지 기다려야 하며, 아직 모국어를 구사하지 못한다면 배울 때까지 기다려야 한다. 그러한 동화의 과정을 성공적으로 마침으로써 타자는 로마의 시민권을 받듯이 공동체의 일원으로 편입될 수 있다. 이때 외국인 타자의 고유한 문화나 언어는 인정되지 않는다. 차이가 차이로서 인정되지 않는 동일성의 원칙이 전근대적 사회를 지배하기 때문이다. 반면, 근대적 주체에 있어서 타자의 인정은 전광석화처럼 순식간에 그리고 한꺼번에 이루어진다. 그의 얼굴이나 외모, 입성, 언어와 무관하게 무조건적으로 인간으로 인정해주어야 하기 때문이다. 육체적 소여의 동일성이 아니라 보편적 이성의 동일성이 사회를 지배하는 가치이며 원리인 것이다. 이러한 근대 사회에서는 문화적·언어적 다양성은 억압되지 않고 충분히 인정받을 수 있다. 이성의 보편성이 훼손되지 않는 범위 내에서 모든 문화적 다양한 차이가 허용되는 것이다.

그러나 과연 그러한 근대적 이상이 현실적으로 실현될 수 있을까? 진선미의 예를 들어 문화적·인종적·시역적 차이에도 불구하고 모든 인간은 악보다는 선에게, 추보다는 미에게, 거짓보다는 진리에게 절대적인 가치를 부여한다. 진선미는 인간이 공유하는 보편적 가치와 보편적 이성의 존재를 증명하는 듯이 보인다. 그러나 진선미의 이념이 현실화되는 구체적인 세목으로 접어드는 순간에 전혀 다른 지평이 열리기 시작한다. 문화에 따라서 진선미는 이루 헤아릴 수 없을 만큼 다양한 방식으로 표현된다. 일례로 흑인에게 검은 얼굴이 아름답다면 백인에게는 흰 얼굴이 아름답다. 미의 기준이 서로 다른 것이다. 보편적 가치가 구체적으로 표현되는 순간 보편성은 더 이상 존재하지 않게 된다. 그렇다면 보편적 가치는 현실로 외화되지 않아야만 그것의 보편성이 훼손되지 않고 온전하게 보전될 수 있는 셈이다. 아니면 눈에 보이는 특수한 문화적 다양성을 무시해야만 보편성이 온전하게 유지될 수 있다. 이때 문화적 다양성을 관대하게 용인하는 근대적 주체의 입장은 지극히 소극적이 된다. 그는 문화적 차이에 무관심하거나 아예 무시하기 때문에 그러한 차이를 쉽사리 인정할 수 있는 것이다. 그는 추상적으로만 문화적 차이를 인정하고 구체적인 차이에 대해서는 무관심해야 한다. 근대적 차이의 인정은 무관심의 또 다른 표현에 지나지 않을 수도 있는 것이다. 반면 전근대인에게 모든 문화적 현상은 구체적으로 다가온다. 그래서 그는 하나하나 살펴보고 만져보며 또 시간을 두고서 장기적으로 그것의 가치와 의미를 확인해봐야만 한다. 추상적 개념으로서 다리는 그냥 무사태평으로 건너도 좋지만 구체로서 돌다리는 두드려보고 건너야 하는 것이다. 그는 일상의 구체적 현실에 절대로 무관심할 수 없는 처지에 있다. 무관심하다가는 생명이 위태로울 수도 있기 때문이다.

소극적 다문화주의와 적극적 다문화주의

단문화주의와 다문화주의의 갈등은 전근대와 근대가 공존하면서 야기되는 갈등이다. 전근대에는 인간의 개념은 자신의 종족과 인종, 공동체, 지역에 한정되었기 때문에 타자의 문화에 대해서 배타적이었다. 비난을 받아 마땅하기는 하지만 그렇게 외국인을 기피하는 태도는 공동체의 내적 결속을 강화시켜 주었다. 자랑스럽게도 우리(가족, 마을, 민족)가 바로 진선미의 구현체인 것이다.

그러나 근대는 전근대적 배제와 배척이 아닌 포함과 포섭을 지향함으로써 인간의 범주를 무한하게 확대시켜 놓았다. 보편적 인간의 개념의 탄생과 더불어 관용의 문화로 접어들게 된 것이다. 이제 인간의 평등성을 인정하듯이 문화의 평등성도 인정해주어야 한다. 그러나 그것이 무조건적인 진보나 축복을 의미하지는 않는다. 추상화의 값비싼 대가를 지불해야 하기 때문이다. 블랙홀처럼 보편적 인간의 개념은 손을 내밀어 악수할 수 있는 피와 살이 통하는 구체적 개인의 존재론적 토대를 무너뜨려버렸다. 개념과 보편성, 이념은 존재하지만 개체와 특수성, 몸은 실종되어야 했다. 모든 인간은 보편적으로 평등하며 아름답다고 간주되지만 추상적인 지평에서만 그러할 따름이다. 이 지점에서 모순이 생긴다.

어떻게 몸을 무시하면서 아름다움을 직관할 수 있단 말인가? 만일 가능하다고 해도 그러한 아름다움은 경험이 불가능한 순수 이념에 지나지 않을 것이다. 그러면서 보편적 진선미의 이념은 점차 의미와 가치를 상실하게 된다. 진선미의 직관에 필수적인 피와 살, 몸이 원칙적으로 배제되어 있기 때문이다. 모든 인간이 아름답다는 명제를 다시 살펴보기로 하자. 이 명제는 그 자체 내에 또 하나의 명제, 즉 세상에 추한 사람은 존재하지 않는다는 명제를 포함하고 있다. 그런데 추가 존재하지 않는다면 아름다움이 계속해서 고유한 의미와 가치를 지닐 수 있을까? 어두운 하늘을 배경으로 떠오르는 달처럼 아름다움을 빛내줄 추의 배경이 없으면 아름다움은 더 이상 아름다움이 아니게 된다. 아름다움과 추의 의미론적 차이가 실종되면 양자는 동의어가 되어 버린다. 모든 타자가 아름답다는 보편적 긍정의 태도는 모든 타자가 추하다는 보편적 부정의 태도와 사실상 구별이 불가능하게 된다. 타자의 긍정은 내용이 없는 빈 껍질의 긍정, 실질이 결여된 형식적 긍정에 지나지 않는 것이다. 그렇다면 부분적이지만 실질적으로 타자를 긍정하는 전근대가 보편적이지만 형식적인 긍정의 근대보다, 적극적인 단문화주의가 소극적인 다문화주의보다 윤리적으로 훨씬 우월한 위치에 있지 않을까.

앞서 지적했듯이 현대사회에서 다문화주의의 시계는 어디에서나 똑같은 시간을 가리키지 않는다. 촌락공동체적인 시골이 단문화주의적이라면 수많은 사람들이 밀집한 대도시는 다문화주의적이다. 한 식솔처럼 서로를 잘 알고 있는 시골 동네에서 낯선 타자의 출현이 신기한 뉴스감이라면 익명적인 대도시에서 낯선 타자의 존재는 일상의 당연한 일부이다. 프루스트(Marcel Proust)의 《잃어버린 시간의 찾아서》(*À la recherche du temps perdu*)에서 화자의 할머니가 살았던 꽁브리(Combray)에서는 주인 없이 동네를 배회하는 강아지도 뉴스감이 되며, 크고 작은 사건들 모두가 동네 사람들의 관심을 자아내고, 그들이 공유하는 전통이나 문화로부터 일탈된 행동은 용납되지 않는다. 목숨을 내걸고라도 싸워서 지켜야 할 전통과 문화가 있기 때문이다. 그러나 옆집 사람의 얼굴도 알지 못하는 대도시에서는 그러한 적극적 관심과 염려의 시선이 존재하지 않는다. 수많은 인파가 강물처럼 흐르는 도심에서 모든 사람은 서로에 대해서 낯선 타자이다. 수많은 낯선 타자와 지하철과 거리에서 밀고 밀리는 생활, 타자와의 공존이 도시인의 삶의 조건이다. 익명적 타자의 타자성이 아무런 불안이나 염려를 유발하지 않는 것이다. 그들이 나에게 무례한 행동을 하거나 위해를 가하지 않는 이상 나는 그들이 존재하지 않는다는 듯이 생각하고 행동할 수 있다. 나에게 그들은 구체적이며 실명적인 사람이 아니라 추상적이며 보편적인 인간이기 때문이다. 시골에서 그러하듯이 타자에 대해 지나친 관심을 보이는 태도는 오히려 오해와 위험을 초래할 수 있다. 추상적으로 머물러야 할 타자를 갑자기 구체적인 개인으로 클로즈업시키면서 개인적 관계를 강요하는 인상을 주기 때문이다. 무관심이 대도시의 미덕이다. 다문화주의에 대해서도 마찬가지이다. 나에게 위해를 가하지 않는 이상 외국인에 대해서 관심이 없기 때문에 나는 그들에게 지극히 관대할 수 있다. 그들의 문화와 풍습에 대한 앎이 아니라 무지에 기초를 둔 관대함, 내용이 없는 추상적이며 형식적인 관대함인 것이다. 그들의 외모와 풍습에 대해서 관심이 없다면 관대하지 못할 이유도 없다. 외국인을 내국인처럼 사랑하고 존중하라는 다문화주의적 명제도 이러한 형식적 승인에서 크게 벗어나지 않는다. 나의 일상과 부대끼거나 개인적인 접촉이 없는 이상 외국인을 추상적으로 사랑하기는 쉽다. 그러나 몸에서 냄새가 나거나 보기만 해도 혐오스러운 머리 장식을 하고 있는 이웃의 구체적 외국인을 사랑하기는 쉽지 않다.

보편적이며 추상적인 인간의 이상에 기초한 다문화주의는 진정한 의미에서의 다문화주의적 실천과 거리가 멀다. 이성의 보편성에 기초했던 계몽주의적 기획에도 불구하고 근대의 역사는 철저하게 단문화주의적이었다. 제국주의와 식민주의적 팽창주의, 성과 인종차별, 민족주의, 세계대전 등으로 얼룩진 근대의 역사가 그것을 말해준다. 올바른 이론이 그릇되게 실천되었던 것일까. 그렇지 않다. 근대의 이념이라 할 수 있는 추상적 보편성 자체가 내적인 모순을 안고 있었다. 보편적 인간이나 인간의 추상적 평등성은 불가능한 개념이기 때문이다. 보편적 개념이라 할 수 있는 진선미도 보편적으로 사유될 수가 없다. 한국어나 영어, 프랑스어라는 구체적 언어의 옷을 입고서 특수하게 사유되며 발성되어야만 한다. 그렇다고 보편성을 보존하기 위해 언어적 특수성을 거부한다면 보편성 자체도 사라지는 딜레마에 처하게 된다. 결국 보편성은 특수한 문화적 형태의 진선미로 외화되고 구체화될 수밖에 없다. 달리 말해서 앞문으로 몸을 추방했던 이성적 근대는 뒷문으로 다시 몸을 불러들여야 했다. 근대는 전근대와 완전히 결별할 수 없었던 것이다. 그리고 근대의 전근대성은 세계사적으로 유럽의 자민족중심주의로 표현되었다. 특수한 문화가 보편적 문화로, 유럽적 진선미가 보편적 진선미로 합리화되었던 것이다.

그러나 보편적 인간의 이념이 당연시되던 시대에 그러한 근대의 자기모순은 간과되었다. 인간이라는 개념 자체가 종족적 · 인종적 · 성적인 몸과 분리된 채 사유될 수 없다는 평범한 진리가 진지하게 조명된 적이 없었다. 때문에 근대는 자기기만과 망각의 달콤한 잠에 취할 수 있었다. 적어도 인종적 · 성적 타자들의 목소리가 그의 단잠을 흔들어 깨우기 전까지는. 소수인종이나 소수민족들이 보편적 인간의 이념에 의해서 은폐되고 억압되었던 자신들의 목소리를 되찾는 과정에 대해서는 탈식민주의, 포스트모더니즘, 문화연구 등의 수많은 연구 성과들을 참조할 수 있다. 중요한 것은 이러한 연구의 결과 근대의 보편성이 서양의 특수성의 또 다른 표현에 지나지 않았다는 사실이 백일하에 폭로되었다는 것이다.

결 론

서두에서 필자는 우리나라 인구의 2%를 차지하는 외국인에 대한 우리의 단문화중심적 태도를 언급했다. 그리고 우리의 상황을 뒤로 하고 전근대와 근대의 차이를 중심으로 논의를 전개하였다. 단문화주의와 다문화주의의 갈등과 대립이 전근대와 근대의 대립각을 통해서 설명되어야 했기 때문이었다. 고등교육을 받은 사람이라면 모두 근대적 주체, 자유와 평등, 이성의 보편성을 신뢰하는 계몽된 주체이다. 그들은 단일한 문화의 일방적 강제가 아니라 다양한 문화들 사이의 평등한 대화와 공존이 우리의 나아갈 미래라는 사실을 이론적으로 너무나 잘 알고 있다. 그럼에도 외국인들과 만남이 이루어지는 현실의 장에서는 그러한 지식에 따라서 행동하지 않는다. 팔이 안으로 굽는다는 속담처럼 외국인보다는 내국인에게서 보다 많은 교감과 친화감을 느끼는 것이다. 이러한 성향이 전근대적이고 혈연공동체적인 과거의 잔재로서 청산되어야 하는 것일까. 그렇지는 않다. 우리에게는 전근대적 성향과 근대적 성향이 공존하고 있다. 근대가 우리에게 자유와 평등을 가르쳐주었다면 전근대는 우리에게 분명한 소속감과 연대감, 공동체의식—피는 물보다 짙다—을 제공하였다. 근대가 추상적 인간의 이념을 우리에게 가르쳐주었다면 전근대는 가족과 민족, 가까운 이웃에 대한 사랑과 애정을 우리의 몸에 담아놓았다. 따라서 후자가 사라지면 우리는 근대적 도시의 미아, 이름과 국적이 없는 세계주의자가 되어버린다. 물론 외국인 기피와 배타로 치닫는 전근대적 성향은 다문화주의적 근대의 이념에 의해서 제어되어야 한다. 마음과 몸의 관계처럼 양자는 뗄 수 없는 관계에 놓여 있는 것이다. 마음이 원심적이라면 몸은 구심적이다. 마음이 보편과 추상을 향한 지향성이라면 몸은 특수와 구체를 향해 조율되어 있기 때문이다. 하이데거적 의미에서 존재의 터있음이 존재의 전근대적 성격이라고 할 수 있다.

추상적 보편성의 이념은 전근대적 혈연과 지연에 매어있던 인간을 한편으로 자유롭게 풀어주면서 다른 한편으로는 그가 속해 있던 존재의 터있음을 해체해버렸다. 우리는 공동체의 터전에서 벗어나 자유롭고 독립된 개인, 추상적 보편성의 대해를 표류하면서 자유의지에 따라서 새로운 타자와 연합과 결속을 맺을 수 있는 개인이 되었다. 특히 교통과 통신의 발달과 더불어 나라와 나라, 민족과 민족 사이의 거리가 소멸한 현대 사회에서는 개인과 개인들이 국경과 인종의 구애를 받지 않고 무한하게 결합하거나 분리될 수 있는 자유가 더욱 확대되었다. 이른바 다문화주의와 관용이 현대의 시대정신이다. 그러나 앞서 설명하였듯이 추상적 보편성에 근거한 타자의 관용은 형식적 · 소극적 관용으로 흐르기 쉽다. 관용의 대상은 피와 살이 통하는 구체적 타자가 아니라 개념으로서 추상적 타자, 특정한 실명적 타자가 아니라 일반적 익명적 타자였다. 미운 아이 떡 하나 더 준다는 속담처럼 타자의 무조건적 긍정은 무관심의 표현이었다. 무관심은 추상적 보편성의 당연한 귀결이었던 것이다.

그러나 추상적 보편성은 존재하지 않는다. 보편적인 인간이나 보편적 이성도 존재하지 않는다. 포스트모더니즘적 담론들은 그러한 전제가 허구라는 사실을 증명하였다. 보편성이란 자신의 근원을 잊는 특수성, 순수 정신은 몸의 있음을 잠시 망각한 마음의 상상에 지나지 않는다. 외국인을 포함해서 타자의 타자성도 당연시될 수 없다. 하나의 개념으로 뭉뚱그려서 일반화시킬 수 있는 추상적 타자도 존재하지 않는다. 낯선 개별적 타자가 다수로 존재할 따름이다. 여기서 우리는 전근대의 원시인들과 비슷한 입장에 서게 된다. 추상으로서 외국인이 아니라 구체로서 외국인을 경험해야 하는 것이다. 그렇다고 타자를 자신의 문화에 종속하고 동화시킴으로써 타자에 대한 공포에서 벗어날 수 있었던 전근대의 단문화주의로 되돌아가야 한다는 이야기는 아니다. 전근대가 혈연과 지연으로 폐쇄되고 고정된 공동체였다면 현대 사회의 공동체는 가입과 탈퇴가 자유로운 열린 공동체, 타자와 대면하고 소통하면서 변화하는 유동적 공동체이다. 외국인 타자는 자신의 문화적 · 인종적 정체성을 포기하지 않으면서 우리의 공동체에 가입할 수 있다.

이때 우리가 그들과 더불어 자유롭게 소통하는 것으로 충분하지 않다. 소통은 적극적 다문화주의를 위한 최소의 조건에 지나지 않는다. 자유롭게 의견을 교환하는 대화의 시간이 끝나자 지연과 혈연으로 나뉘어서 식사하는 행동은 소극적이며 방어적인 다문화주의의 반영이다. 진정한 다문화주의는 외국인 타자와 더불어서 몸으로 소통을 지향해야 한다. 그들의 음식에 익숙해지듯이 그들과의 육체적 차이에도 익숙해져야 한다. 추상적 보편성을 강조했던 근대는 그러한 구체적 몸의 소통을 소홀히 하였다. 외국인 타자에 대해 수많은 시간을 투자하면서 수많은 책을 읽었던 학자라 할지라도 그들과 몸으로 부대낄 기회가 없으면 심리적 · 신체적 거리를 좁힐 수가 없다. 근대의 다문화주의적 마음과 단문화주의적 몸이 따로 노는 것이다. 그러나 몸과 더불어 소통하는 대화를 실천하기 시작하면 마음의 거리도 쉽게 좁힐 수 있다. 스피노자(Spinoza)의 심신평행설을 언급하지 않더라도 몸과 마음은 부단한 상호작용의 과정에 있다. 보신탕을 혐오하던 사람도 자신이 먹었던 음식이 보신탕이었다는 사실을 나중에 알게 되면—아무리 노력해도 정신적으로 극복할 수 없었던—선입관이 일시에 사라질 수 있다. 외국인에 대해서도 마찬가지이다. 우리와 다른 몸의 차이를 무시하고서 그 배후에서 보편적 인간을 찾으려는 노력은 너무나 추상적이고 관념적이며 소극적인 것이다.

아름다움의 공동체

4장

근대의 전근대적 몸

현대인과 아름다움

스탕달(Stendhal)은 아름다움이 행복의 약속이라고 단언하였다. 아름다운 대상은 감격과 흥분과 기쁨, 충만감을 안겨주면서 삶을 한껏 고양시켜준다. 그래서 보들레르(Charles Baudelaire)는 음식을 먹지 않고서도 충분히 사흘을 견딜 수 있지만 시[아름다움]가 없으면 하루도 살 수 없다고 진단하였다. 그러면서 다음과 같은 단서를 덧붙이기를 잊지 않았다. "대중의 시는 섹스이다." 예술의 위안과 기쁨의 언덕이 너무나 높고 아득하며 가파르기만 하다면, 일반 대중들은 바로 가까이에서 이성의 매력의 품에 안길 수가 있다. 아름다움이 자연과 예술의 영역에만 깃들지는 않는다. 인간, 특히 이성의 아름다운 몸은 자연과 예술이 감히 바랄 수 없는 지고한 행복의 약속을 주체에게 선사하는 것이다. 그럼에도, 버크(Edmund Burke)의 《숭고와 아름다움의 관념의 기원에 관한 철학적 탐구》(*A Philosophical Inquiry into the Origin of our Ideas of the Sublime and Beautiful*)(앞으로 《철학적 탐구》로 약칭할 것임)를 제외하면 플라톤

(Plato) 이후로 칸트(Immanuel Kant)의 기념비적인 《판단력 비판》(*Kritik der Urteilskraft*)을 비롯해서 20세기 후반에 이르는 미학의 발달 과정에서 아름다운 몸은 입단속이 필요한 하나의 스캔들, 아니면 은폐와 억압의 대상이었다. 그러면서 미적 범주로서 아름다움이라는 용어도 점차 학문적인 논의나 진지한 예술의 자리에서 자취를 감추기 시작하였다. 아름다움이라는 어감에서 너무나 대중적이며 성적인 취향이 댓진처럼 배어나오기 때문이었다. 특히 겉으로는 근엄한 도덕을 표방하면서 실제로는 성적 방종에 탐닉했던 부르주아적 위선을 끔찍이도 혐오하였던 모더니스트들은 역설적으로 추에서 배타적인 미학의 가능성을 추구하였다. 또 1960년대 이후로 페미니스트들은 외모에 대한 지나친 관심이 여성을 성적 대상으로 비하시키는 억압의 기제일 뿐 아니라 중요한 사회적 문제를 도외시하면서 정치적 무관심을 조장한다는 이유로 아름다움 대신 "숭고"를 바람직한 미학적 가치로 제시하였다. 1970년대 후반까지 일종의 "반미모 법칙"(*anti-beauty*)이 학계를 지배하였던 것이다. 그럼에도 당시의 일상 현실, 대중매체와 문화산업에서는 미모의 법칙이 현실을 무섭게 지배하였음은 두말할 여지가 없다. 학계와 현실이 서로 등을 돌리고서 아름다움의 효과에 대해서 상반된 증언을 하고 있었던 셈이다. 그런데 《아름다움 신화》(*The Beauty Myth*)의 저자인 울프(Naomi Wolf)와 《참을 수 없는 몸의 무거움》(*Unbearable Weight*)의 저자인 보르도(Susan Bordo)의 공통된 진단에 따르면, 1980년대에 접어들면서 페미니즘 진영에서도 여성성의 적극적 표현으로서 아름다움의 긍정적 측면에 눈을 돌리기 시작하였다. 그러더니 급기야 1990년대 초기에 미국의 저명한 미술평론가인 데이브 히키(Dave Hickey)는 《보이지 않는 공룡》(*The Invisible Dragon: Four Essays on Beauty*, 1994)에서

"1990년대의 이슈는 아름다움이다"라고 선언하기에 이르렀다.

1990년대 이후로 몰아닥친 아름다움의 유행은 자연과 예술에 입각해 있던 전통적인 미학 개념으로 담을 수 없는 새로운 층위를 동반하고 있다. 막스 베버(Max Weber)가 "삶의 양식화"라 불렀으며 아서 단토(Arthur Danto)가 《미의 오용: 예술의 미학과 개념》(*The Abuse of Beauty: Aesthetics and the Concept of Art*, 2003)에서 "제3의 아름다움 영역"으로 설정한 삶의 미학화 현상이 그것으로, 몸에 대한 철학적 · 인류학적 · 미학적 · 위생학적 관심의 등장과 출현 시기를 같이 하고 있다. 삶의 미학화, 혹은 몸의 예술화에서 각별히 주목되어야 하는 현상은, 과거에 미학의 본질로서 여겨졌던 미학적 거리의 점진적인 소멸이다. 화장과 성형수술, 피부이식, 문신을 비롯해서 다이어트, 몸매 만들기 등의 유행에 비추어 보면, 이제 몸은 어쩔 수 없는 타고난 운명이 아니라 공들여 가꾸고 다듬어야 할 예술 대상이 되었다고 말해도 과언이 아니다. 대상을 감상하고 향유하는 인간 자신이 그러한 감상과 향유의 대상이기도 하다면 주체와 대상 사이의 거리는 애당초 상상할 수 없다. 이제, 예술지상주의자였던 보들레르가 미학적 거리를 감당할 수 없는 대중을 업신여기면서 내뱉던 "대중의 시는 섹스이다"라는 진술의 부정적인 어감은 더 이상 들어설 자리가 없게 된다. 미학적 쾌감과 성적 쾌감, 관조적 응시와 욕망의 응시의 경계 설정이 원칙적으로 불가능해진 것이다. 이러한 미학적 거리의 소멸은 한편으로 인력과 척력으로 구성된 시각의 장의 변화를, 또 다른 한편으로 20세기를 지배했던 아름다움에 대한 숭고의 미학적 우월성의 전통을 전복시키는 결과를 가져왔다. 전통적 미학에서 아름다운 대상을 끌어당겨 소유하려는 눈의 인력—성경에서 말하는 눈의 욕망—이란 배척되어야 하는 미적 쾌감의 적이었다. 남녀의 성적 매력의 토대에서 미학적 현상을 논의했던 버크조차 인접과 소유를 향해 치닫는 시각적 욕망에 아름다움의 자격을 부여하지 않았다. 미학적 아름다움이란 대상을 가까이 잡아당기려는 인력과 멀리 밀어내려는 척력의 팽팽한 긴장 속에서, 실러(Friedrich Schiller)의 표현을 빌리면 리비도를 "묶으면서 동시에 풀어주는 작용" 속에서만 가능하였다. 그런데 제3의 아름다움 영역에서 강조되는 것은 척력이 아니라 인력, 풀림이 아니라 묶임의 에너지이다. 숭고의 미학이 아름다움의 미학에 의해 대체되는 추세도 그러한 변화의 연장선에 있다. 사회적인 아름다움과 비교할 때 숭고는 상대적으로 초(超)사회성, 인접이 아니라 거리, 동일성이 아니라 차이의 경제를 바탕에 깔고 있다. 바로 이 점에서 아름다움의 재등장은 현대 사회의 심각한 미적 위기의 징후로 읽힐 수 있다. 구태여 맑스(Karl Marx)의 진단이나 퇴니스(Ferdinand Tönnies)의 구별을 참조하지 않더라도 자본주의 사회는, 전근대 특징이었던 혈연과 지연에 기반을 두었던 공동체의 상실과, 구성원을 하나로 수렴해 주었던 전통적 유대로부터의 단절이라는 값비싼 대가를 치르지 않으면 안 되었다. 공동체의 구속에서 풀려난 개인들은 이제 사방팔방으로 미끄러지면서 수습할 수 없는 존재론적 산종을 경험하게 되었던 것이다. 이 글에서 필자는 그러한 풀린 개인들을 "끌어당기고" 하나로 "묶어주는" 계기로서 아름다움의 미학의 등장, 다시 말해서 아름다운 외모의 의심할 여지없는 현존을 통해 엮어지는 미학적 공동체의 출현을 진단하려고 한다. 미학적 공동체는 기표와 기표의 차이에 입각한 상징계보다는 이미지의 동일성에 입각한 상상계에 훨씬 기울어 있으며 이상적 의사소통의 공동체가 아니라 이상적 외모의 공동체를 향해서 조율되어 있다. 이미 폐기처분된 유전적 · 생물학적 인종주의의 뒤를 이어서 신종으로 등장한 문화적

인종주의도 미학적 공동체의 출현과 무관하지 않다.

아름다움의 공동체: 근대적 미움과 전근대적 몸

메리 셸리(Mary Shelley)의《프랑켄슈타인》(*Frankenstein or, The Modern Prometheus*)은 미학적 공동체의 성격을 짚어나가기에 더할 나위 없이 좋은 텍스트이다. 유럽의 주요한 문학 작품 가운데서《프랑켄슈타인》만큼 아름다운 외모의 중요성이 텍스트의 전면에 부상된 작품을 찾기 어려울 것이다. 단 하나의 예외인 괴물을 제외하면, 남녀노소를 막론하고 등장인물은 모두 아름답고 매력적이며 품위 있는 모습으로 묘사되어 있다. 아름다움이 결여된 존재에게는 고유명사로서 이름도, 인간 사회로의 입장권도 부여되지 않는다. 작품의 주인공임에도 불구하고 괴물은 그냥 물(*thing*)이나 존재(*being*)로서 익명적으로 언급될 뿐, 주체와 객체의 자리가 호환되는 간주관적 공간에는 참여할 수 없는 "비루한 몸"으로서 기껏해야 인간 공동체의 아름다움을 빛내주는 대조물이 되어줄 따름이다. 그렇다고 메리 셸리가 아름다운 외모의 공동체를 무조건적으로 찬양하거나 무비판적으로 수용하고 있다고 생각하면 오산이다. 비록 평자의 입장에 따라 다양하며 때로는 상반된 접근도 가능하겠지만, 필자는 아름다운 몸을 통해서 얻어지는 공동체적 유대와 결속은 타자로서 추한 몸을 배제함으로써 확보되는 배타적 자기 방어라는 비판적 인식이 그녀의 작품의 중심에 놓여있다고 생각한다. 공동체적 외모의 동일성으로 수렴되지 않은 타자는 모두 추하고 끔찍한 괴물로 간주되는 것이다. 이와 관련해서 비평사적으로 흥미로운 것은 1970년대 이후로 《프랑켄슈타인》이 미학을 둘러싼 페미니즘적 논쟁의 진원이 되어왔다는 사실이다. 몇몇 비평가는 셸리가 가정과 가족의 아름다운 여성적 유대를 옹호하면서 그러한 아름다움을 파기하는 원인으로 남성적이며 폭력적인 숭고를 비판하였다고 주장하였다. 주인공 빅터(Victor Frankenstein)처럼 숭고는 인간의 초월적 지향을 대변하는 듯이 보이지만 실제 현실에서는 사랑의 가치와 가족의 안녕을 철저히 무시하고 파괴한다는 것이다. 반면에 셸리는 숭고의 미학을 옹호하면서 폐쇄적이고 배타적인 아름다움의 미학을 비판하였다고 주장하는 입장들도 있다. 그러나 겉으로는 상반된 듯이 보이는 이 두 입장은 동일한 문제의식을 가지고 있다. 아름다움은 주체와 타자, 공동체와 무관하게 논의될 수 없다는 인식이 그것이다. 그렇다면 우리는 한편으로 타자의 몸과 공동체의 관계(혹은 공동체적 아름다운 몸과의 관계), 다른 한편으로 숭고와 아름다움의 미학적 차이를 규명할 필요가 있는 셈이다. 특히 19세기 당시에 확대된 세계의 지평에서 역사상 처음으로 서양인들에게 가까이 다가왔던—동양인과 흑인과 같은—인종적 타자의 경험이 《프랑켄슈타인》의 배경을 이루고 있다는 점에서 이러한 논의의 필요성은 더욱 절실하다.

《프랑켄슈타인》의 가장 주요한 주제의 하나는 가족과 공동체이다. 하지만 프랑켄슈타인, 월턴(Walton), 드 레이시(De Lacey)로 대변되는 가족이 혈연과 지연으로 다져진 전근대적 공동체에서 벗어나 이해중심적이며 변화무쌍한 근대적 도시와 맞물려 있다는 어쩌면 당연한 사실이 주목 받은 적이 없다. 그러나 그러한 공동체의 변화를 염두에 두지 않고서는 근대의 미적 공동체의 성격을 올바로 진단할 수 없다. 우선, 고향과 가족을 떠나 머나먼 북극에서 빅터와 월턴이 조우한 사건이 이 액자식 소설의 프레임임을 상기해야 한다.[1] 주요 등장인물들 모두가 고향을 떠나 언어나 풍토, 관습이 다른 타지에서 적응하면서 새로운 공동체의 일원으로 편입되어야 하는 과제를 안고 있다. 가령 죽음의

---

1 《프랑켄슈타인》을 읽지 않은 독자를 위해서 그 내용을 최대한 간단하게 요약하겠다. 빅터 프랑켄슈타인은 제네바의 유서 깊은 귀족 집안의 장남으로 보모의 사랑을 듬뿍 받으면서 행복한 유년시절을 보낸다. 금상첨화 격으로 그에게는 절친한 친구 클레블과 엘리자베스가 항시 옆에 있었다. 그렇게 행복한 생활을 하던 그는 커서 청년이 되면서 엄청난 지식욕과 과학적 열정에 사로잡히게 된다. 그가 보다 높은 공부를 위해 집을 떠나 대학에 입학하려는 즈음에서 그에게 불행이 닥친다. 병환으로 어머니가 돌아가신 것이다. 이때 그는 과학이 더욱 발전하면 죽음을 극복하고 영생을 얻을 수 있지 않을까 생각하게 된다. 이후로 그는 인간의 탄생과 죽음의 문제를 가지고 씨름하며 학문적 열정을 불태우게 된다. 그러한 노력은 마침내 결실을 맺게 되어, 그가 헝겊 조각을 바느질하듯이 죽은 사람의 육체의 부분을 수집해서 온전한 인간의 모습으로 봉합한 다음 전기충격을 가했더니 그것(괴물)이 살아서 움직이기 시작했던 것이다. 하지만 빅터는 연구의 성공을 축하하는 대신 그의 흉악하고 혐오스런 모습을 보고서 그만 도망가버린다. 혼자 남겨진 괴물은 여기저기 헤매면서 사람들에게 돌 세례를 받기도 하다가 마침내는 숲속의 외진 오두막집을 발견하고 그곳을 거처로 삼게 된다. 이 오두막집에는 장님인 드 레이시 노인이 아들과 딸을 데리고서 농사로 목숨을 연명하고 있었다. 눈에 띄지 않게 숨어서 이들의 생활을 지켜보면서 괴물은 언어를 습득하고 글을 읽으며 말을 할 수 있게 된다. 어느 날 그는 자신의 외롭고 괴로운 처지를 노인에게 읍소하면서 친구가 되어달라고 간절히 부탁한다. 하지만 그의 끔찍한 모습에 놀란 가족은 몽둥이로 그를 때리면서 쫓아내버린다. 물론 다른 사람들도 마찬가지이다. 그를 보는 순간에 사람들은 무서워서 도망가기도 하고 돌멩이를 던지면서 그를 내쫓는 것이다. 더 이상 오갈 곳이 없이 처량하게 된 그는 자기를 만들어 놓고는 무책임하게 유기한 창조자 빅터에게 복수를 결심한다. 먼저 그는 빅터의 동생을 살해한다. 그리고는 빅터 앞에 나타나 반쯤 애걸하고 반쯤 협박하면서 자기와 똑같은 여자 괴물을 만들어주면 더 이상 사람들에게 해를 끼치지 않겠노라고 맹세한다. 처음에 그의 제안을 받아들이고 여자 괴물을 반쯤 완성했던 빅터는 혹시 자신의 행동이 인류에게 재앙을 가져오지 않을까 하는 불안감에서 그것을 파괴해버린다. 마지막 희망이 좌절된 괴물은 빅터에게 끔찍한 복수를 선언한다. 먼저 그는 빅터의 친구인 클레블을, 나중에는 결혼 첫날밤을 치르기도 전에 빅터의 아내가 된 엘리자베스를 살해한다. 이 엄청난 충격으로 견디지 못하고 빅터의 아버지는 숨을 거둔다. 이 시점에서 괴물과 빅터의 관계가 역전된다. 이제 쫓기는 자는 괴물이 된다. 괴물을 찾아서 자기 손으로 직접 죽어야 하겠다는 복수의 일념으로 빅터가 그를 추적하기 때문이다. 쫓고 쫓기는 추격전의 끝에 이들을 마침내 북극에까지 이르는데, 탈진하고 심신이 쇠약해진 빅터는 얼음 위에 그만 쓰러져버린다. 이때 북극 탐험의 일념으로 항해를 하던 월턴 선장이 그를 발견하고 간병을 하면서 그에게서 괴물에 관한 모든 이야기를 듣게 된다. 마침내 빅터가 숨을 거두었을 때 괴물이 배로 찾아와 그의 죽음을 애도한다. 그리고 자신도 곧 분신자살을 할 것이라는 말을 월턴에게 남기면서 얼음과 안개 속으로 멀리 사라진다.

위험을 무릅쓰면서 북극을 향해 항해하는 월턴에게 가장 큰 괴로움은 모험의 역경이나 절망이 아니라 이야기를 함께 나눌 친구가 없는 상황이다. 그래서 빅터를 만난 그는 꿈에 그리던 오랜 연인을 우연히 상봉한 듯한 행복감을 느끼면서("그를 향한 나의 애정이 매일 늘어만 갔다.") 그를 "마음의 형제"라고 부르기까지 한다. "매력적이면서 친절한" 빅터와의 우정으로 만족하지 못하는 월턴은 그를 가족 공동체의 일원으로 만들고 싶어한다. 그러한 우정에 대한 답례로 빅터는 자신의 심정을 다음과 같이 술회한다. "우리는 미완성의 존재입니다. 자기 자신보다도 현명하고 훌륭하며 소중한 친구가 우리의 약점과 결함을 보완해주지 않는다면 우리는 반편(半偏)의 존재에 그치고 맙니다." 혼자서는 근본적으로 불완전한 인간은 우정의 도움으로 비로소 온전한 인간으로 성숙할 수 있다는 것이다. 그런데 흥미롭게도 그렇게 절실하게 우정을 갈망하던 월턴과 빅터임에도 불구하고 정작 낯선 사람들과 만났을 때는 쉽게 마음의 문을 열지 않는다. 빅터는 "낯선 사람들과 우정을 나누기에는 너무나 부적합한 인물"로서 묘사되어 있으며, 좁은 배 안에서 선원들과 부대끼던 월턴도 고독한 밀실에 칩거할 뿐 선원들과 교제하는 광장으로 나오지 않는다. 그러한 월턴이 왜 낯선 이방인, 더구나 "피로와 고통에 찌들어 해골 같은 형상"의 빅터에게 단박에 매료되었을까? 물론 월턴이 전적으로 그의 외모의 아름다움에 이끌렸다고 말할 수는 없다. 그럼에도 그의 고상하고 품위 있는 태도 및 뛰어난 언변과 더불어서 "아름답고 사랑스러운 눈"이 월턴의 관심과 호감을 자극하였으리라는 데에는 의심의 여지가 없다. 우정의 공동체로 편입되기 위해서 지혜롭고 설득력 있는 훌륭한 언변으로는 충분하지 않다. 빅터보다 뛰어난 변론술을 갖춘 괴물이 그러한 공동체로부터 철저하게 배척당하는 플롯의 전개가 그

점을 분명히 해준다. 우정의 공동체도 남녀의 성적인 교제와 별 차이가 없어 보인다. 빅터의 어머니를 비롯해서 엘리자베스(Elizabeth)와 저스틴(Justine), 사피(Safie)와 같이 유난히 매력적인 여성 인물들은 그러한 아름다움이 계기가 되어 새로운 가족 공동체로 편입된다. 여기서 아름다운 외모는 신분(빅터의 어머니와 저스틴의 경우), 언어와 국경(사피의 경우)의 장벽을 초월하는 공동체적 결속력을 보장해준다. 언어의 차이로 인해서 의사소통이 불가능함에도 불구하고 펠릭스(Felix)는 사피에게 한눈에 반한다. 괴물의 훌륭한 언변이 궁극적으로는 스스로의 추에 대한 구차한 변명으로 이해되었다면, 구태여 말하지 않더라도 아름다운 외모는 웅변보다 더한 설득과 증명의 광채를 발한다.

사피와 괴물에 대한 사람들의 반응에서 공동체의 미학적 특징으로서 청각적 언어에 대한 시각의 중요성이 두드러진다. 피터 브룩스(Peter Brooks)에 의하면, 차이의 체계인 언어는 화자에게 기표(표면)와 기의(내면)의 행복한 일치를 보장하는 대신 오히려 균열을 드러내기 때문에 대화를 통한 공동체적 결속의 시도는 예기치 않은 불화와 반목을 조장한다.[2] 하지만 브룩스의 지적은 언어 자체의 본실에 대한 신난이라기보다는 의사소통적 합의와 일지가 불가능한 공동체, 혹은 공동체적 위기에 대한 진단으로 읽혀야 옳다. 기표와 기의의 일치를 보장하는 사회적 합의, 즉 "거대 서사"의 붕괴가 미시 서사의 층위에서 의미론적인 균열을 가져온 것이다. 가령 아름다움이라는 기표는 아름다움에 대한 공동체적 관념의 깊이에 뿌리를 내릴 때에만 분명한 의미가 확보된다. 《프랑켄슈타인》에서 제기되는 문제는, 공동체의 소멸이 의미의 장에 닻을

2 피터 브룩스, 《육체와 예술》, 이봉지 · 한애경 옮김, 문학과 지성사, 2000, 371~384쪽.

내려야 할 기표를 시각의 장에서 미적 대상에 접목시켜 놓았다는 것이다. 깊이를 잃은 기표는 표면으로서의 물질, 감각적 대상으로서 순수 기표로 지각되는 것이다. 그래서 의미론적으로 분명하고 명징해야 할 의사소통—혹은 언어 게임—의 모델이 미적 지각의 모델로, 칸트적인 의미에서 오성의 작용이 직관의 작용으로 대치되고 순수이성과 실천이성이 판단력에 의해 대치되는 결과가 생긴다. 이때 아름다운 외모는 의심의 여지가 없이 가장 명석하고 판명한 직관 내용으로서, 언어 게임이 지향하는 의사소통의 목적을 일순간에 성취하면서 사실과 가치의 세계의 거리를 좁히고 새로운 시각적 공동체 형성의 토대를 만들어준다. 일례로 사피를 바라보는 순간에 펠릭스는 그녀의 아름다움에 그만 넋을 잃어버린다. 한편으로 낯선 미지의 대상으로서 사피는 중립적인 사실의 세계에, 다른 한편으로 그녀는 선하거나 악하다는 판단이 요구되는 대상으로서 가치론적이며 윤리적이며 사회적인 세계에 놓여있다. 여기서 펠릭스에게 직관적으로 지각된 그녀의 아름다움이 사실과 가치라는 상이한 세계를 일순에 하나로 통합하는 것이다. 달리 말해서 그녀는 아름답기 때문에 진리이며 선이다. 아름다운 외모는 가장 성공적인 의사소통과 사회적 유대를 보장해주는 것이다.

그러나 단순히 미적 공동체의 이야기로 그치고 말았다면 《프랑켄슈타인》은 버크의 아름다움의 미학에 대한 멜로드라마적 서사 이상의 의미를 지니지 못했을 것이다. 기표와 기의가 정확하게 일치하는 멜로드라마의 세계에서 아름다운 인물은 선하고 진실한 반면에 추한 인물은 거짓되고 사악하며 반사회적 악인으로 재현된다.[3] 추상적인 진과 선이 구체적으로 지각이 되고 시각적인 이미지까지 동반하는 것이다. 이 점에서 괴물에 대한 빅터의 반응은 전형적으로 멜로드라마적이면서 철저하게 미학적인 층위에 머물러 있다. 괴물이 완성되고 생명력을 부여받은 순간에 그는 다음과 같이 외친다. "그의 사지는 균형을 이루고 있었다. 그리고 나는 아름다운 부분들을 선택해서 그를 만들었다. 아름답다니! 하나님, 맙소사!" 그는 괴물의 추한 외모에 소스라치게 놀라면서, 복수의 여신으로부터 달아나듯이 괴물로부터 도망친다. 그의 눈에 비친 추한 표면, 특히 "흐린 노란 눈"과 "노란 피부"가 괴물의 모든 운명과 의미, 가치를 일순간에 봉인해 버린다. 때문에 동생 윌리엄(William)이 살해당했다는 소식을 듣자마자 당연히 괴물이 살해자일 것이라고 단정한다. 추는 악이며 거짓이라는 등식에 따라서 반사적으로 행동하고 반응하며 판단을 하는 것이다.

물론 이러한 반응이 빅터에게만 제한되지는 않는다. 심지어 세상 물정을 모르는 어린아이들도 괴물의 모습이 눈에 띄자 고함을 지르며 달아나고, 사피를 비롯해서 섬세하고 예민한 여자들은 정신을 잃고서 땅바닥에 쓰러진다. 추한 몸이 두려우며 사악하다는 직관적 인식보다 더욱 확실한 것은 이 세상에 없는 듯이 보인다. 그러나 추=악의 명증이 허구라는 사실이 점차 드러나기 시작한다. 장님이기 때문에 미학적인 인식이 불가능한 드 레이시 노인이 괴물의 숨겨진 내면에 귀를 기울이고 그의 선량하며 진실한 인물됨을 발견하는 것이다. 또 인간의 보편적인 "형제애와 동정심"을 신뢰하는 노인은 흉한 외모에서 비롯된 "편견"은 대화를 통해서 극복될 수 있다고 말하면서 공동체적 희망을 잃지 말라고 충고한다. 하지만 내면의 깊이가 아니라 표면의 증거에 따라서 움직이는 현실은 곧 그러한 희망의 불씨를 꺼버린다. 드 레이시 가족에게 베

3 Peter Brooks, *Tragedy and Melodrama*, Seattle: U of Washington P, 1968, pp.16~17.

풀었던 경제적인 도움이나 익사 직전에 소녀를 살려낸 선행도 외모에 대한 편견 극복에 아무런 도움이 되지 못한다. 흉한 외면의 배후에서 드러나는 내면적 아름다움에 눈을 뜨기 위해서는 직관이 아니라 관조, 동일성의 현존이 아니라 모순과 차이의 흔적에 귀를 기울여야 한다. 하지만 그렇게 되면 미적인 직관에서 도래하는 기쁨, 또 그러한 기쁨에 근거한 공동체의 형성은 불가능하게 될 것이다. 미적 직관은 차연의 경제와 양립할 수 없기 때문이다. 성적 이끌림에서 드러나듯이 미적 판단의 주체는 아름다운 대상에게 빨려 들어가는 인력의 쾌감을 향유한다. 반면에 추한 대상에 접한 주체는 순간적으로 뒤로 물러서고 달아나면서 인력과는 정반대 유형의 쾌감, 척력의 쾌감을 향유하는 듯이 보인다. 이 점에서 엘리자베스에게 반한 빅터의 행동과 괴물에게 반발하는 그의 행동은, 비록 상반된 지향성의 형태로 표현되지만 궁극적으로는 똑같은 미적 판단(미=진선, 추=악)과 쾌감의 경제(관조가 아니라 직관)에 근거를 두고 있다. 미적 쾌감의 증대를 위해서 괴물은 당연히 배척되어야 하는 것이다.

그러나 셸리는 그러한 미적 직관이 허구적이고 멜로드라마적인 명징성에 근거하고 있다는 사실에 관심을 기울인다. 텍스트에서 기표와 기의의 행복한 일치가 파기되는 두 가지 유형의 스캔들이 반복적으로 발생하는 것이다. 하나가 기표에 대한 기의의 과잉이라는 상징화(시)에서, 다른 하나는 기의에 대한 기표의 과잉이라는 물질화(건축)에서 비롯된다. 아름답고 매력적인 외모에도 불구하고 저스틴은 사람들의 편견으로 인해서 사형을 당해야 했다. 재판정에 모인 사람들이 그녀에게 보였던 태도는 요부에 대한 전형적인 반응 및 희생양의 메커니즘과 정확히 일치한다. 아름다운 표면에 깃든 끔찍한 내면의 실재, 미와 선의 불일치라는 스캔들을 예외적인 사건으로 간주하고 사회에서 아예 제거해버림으로써 미=선의 정당성을 고수하려고 했던 것이다. 이때 엘리자베스는 무죄의 저스틴에게 사형을 요구하는 재판정의 사람들을 접하면서 외면과 내면의 불일치를 충격적으로 경험한다. "이제부터는 과거에 나에게 보였던 방식대로 세상과 세상의 일을 볼 수가 없습니다." 마냥 선량해 보였던 사람들도 알고 보니 "서로의 피에 굶주린 괴물"로 드러났던 것이다.[4] 그런데 역설적이게도 미=선의 공동체는 선을 위해 미를 희생하거나 반대로 미를 위해 선을 희생하는 대가를 치르지 않고서는 유지될 수 없는 듯이 보인다. 사람들은 때로 "괴물"이 되어 미와 선의 균열에서 빚어지는 괴물을 재빨리 추방함으로써 자칫 공동체 전체의 붕괴를 초래할 수 있는 자그마한 균열을 다시 봉합하는 것이다.

그렇다면 괴물은 무엇인가? 아름다운 몸과 추한 몸이란 무엇인가? 텍스트에서 미와 추는 어떻게 구체화되며, 또 괴물은 자신이 추함을 어떻게 지각하였던가? 이러한 일련의 물음에 대답하기 위한 방편으로서 우리는 마지막에 제기된 질문, 《푸른 눈동자》(*The Bluest Eye*)에서 토니 모리슨(Toni Morrison)이 소녀 주인공 피콜라(Pecola)에 대해서 던졌던 질문 "누가 과연 그녀를 추하다고 말했던가?"를 되물을 필요가 있다. 빅터가 괴물의 추함을 가장 먼저 지각하였다는 것은 두말할 나위가 없다. 하지만 괴물이 정작 자신의 추를 의심할 여지가 없이 충격적으로 발견한 것은 가난한 농부인 드 레이시 가문 사람들의 외모에 충분히 익숙해진 어느 날 우연히 수면에 비친 자신의 얼굴을 보았을

4 엘리자베스의 이러한 판단은 인간에 대한 괴물의 판단과 정확히 일치한다. "한때 그렇게 늠름하고 덕스럽고 자랑스럽던 인간이 그렇게도 사악하고 비열할 수가 있다니!" 엘리자베스가 저스틴의 사형에 이르는 과정에서 그러한 인간의 이중성을 깨닫게 되었다면 괴물은 플루타크(Plutarch)의 영웅전을 읽으면서 그것을 깨달았다.

때였다. 그의 일인칭 서술에 따르면,

> 나는 가난한 농부들의 완벽한 형상미를 찬양하였습니다. 그들의 우아한 거동과 아름다운 자태, 그리고 섬세한 피부란! 그런데 수면에 비친 나의 모습을 보았을 때 그만 경악하고 말았습니다. 처음에는 겁에 질려 뒷걸음질하였습니다. 거울에 비친 모습이 나라고는 차마 상상할 수 없었습니다. 그 괴물이 진짜로 나라는 사실을 확신하게 되었을 때, 나는 절망과 치욕감의 쓰라린 감정에 휩쓸리고 말았습니다. 그런데 당시 저는, 이 끔찍한 기형으로 인해 장차 겪게 될 치명적 결과에 대해서는 짐작하지 못하였습니다.

이 대목에서 메리 셸리는 라캉(Jacques Lacan)의 거울상 이론을 예측하는 듯이 처음으로 거울 앞에선 유아의 반응을 심리적으로 잘 묘사하고 있다. 비록 거구이기는 하지만 당시 괴물의 나이는 2살 정도에 불과했다. 그러나 라캉의 유아와 달리 괴물은 거울에 비친 모습을 보고서 환희의 탄성을 내지르거나 나르시시즘적 애착을 느끼지 않는다. 이유를 짐작하기는 어렵지 않다. 《프랑켄슈타인》의 중요한 주제의 하나로 자주 거론되었던 모성의 부재와 관련해서, 괴물은 자기의 옆에서 거울 속의 이미지를 가리키면서 "저것이 바로 너"라고 말해주는 어머니를 가지고 있지 않다. 유아가 처음부터 직관적으로 이미지와 자신을 동일시하는 것은 아니다. 유아가 거울 이미지를 자신의 몸으로 즉각적으로 직관하지 않는다는 사실은 아무리 강조해도 지나치지 않다. 유아의 거울 이미지 지각(*cognition*)은 직관(*intuition*)이 아니라 인지(*recognition*)에 가깝기 때문이다. "저것이 바로 너"라는 어머니의 발화 행위의 매개를 통해서 비로소 유아는 이미지를 자신의 몸으로 인식하게 된다.[5] 어머니의 지각을 모방적으로 재지각(*recognition*)함으로써 유아는 이미지와 자신을 동일시하는 것이다. 이때 어머니는 가치중립적으로 이미지와 유아의 동일성을 지적하는 데 만족하지 않는다. 귀엽다거나 아름답다는 가치판단을 덧붙임으로써 유아가 나르시시즘적으로 자신을 긍정하도록 격려하고 자극하는 것이다.[6] 그러한 과정을 거치면서 유아는 무심결에 이상적인 신체 이미지를 발전시키게 된다. 여기서 유아의 미적 직관과 쾌감이 순수한 직관이 아니라 어머니의 발화행위의 반복이라는 점을 다시 한 번 상기해야 한다. 달리 말해서 본질적인 의미에서 거울 이미지는 아름답지도 추하지도 않은 익명적 존재(*being*), 혹은 아직 기의가 부여되지 않은 순수 기표로서 물질(*thing*)에 가깝다. 이 순수 기표에 아름답다는 기의가 부여됨으로써—어머니를 비롯한 가족과 공동체의 승인을 거침으로써—비로소 물질이 인간으로 지양되는 것이다. 인간은 태어나는 것이 아니라 구성되며, 무로부터의 창조가 아니라 공동체로부터의 재생산이다. 따라서 아름다움은 발견되는 직관이 아니라 재발견(아름답다는 어머니의 판단의 반복)되는 인지의 결과이다. 미적 직관의 원인으로 거슬러 올라가면 그 근원에 어머니가 무조건적으로 자식을 긍정하는 발화행위가 놓여있는 것이다.

빅터의 아름다움도 "어머니의 애무와 아버지의 인자한 미소"에서 기인한다. 그런데 괴물은 창조자로서 어머니이자 아버지인 빅터에 의해 탄생 즉시 유기되었던 것이다. 그의 아름다움을 인지하고 실명으로 호명해 주어야 할 부

---

5 밀턴(John Milton)의 《실낙원》(*The Paradise Lost*)에서도 이브는 물에 비친 자신을 바로 식별하지 못한다. 그래서 아담은 다음과 같이 말한다. "그대가 보는 그것, 그대가 보는 아름다운 모습이 그대 자신이요"(What thous seest, What there thou seest fair Creature is thyself) IV. pp.466~467.

6 그 정반대의 경우가 《푸른 눈동자》의 피콜라의 어머니이다. 김종갑, 《타자로서의 몸, 몸의 공동체》, 건대출판부, 2004, 213~246쪽을 참조하기 바람.

모가 부재하는 것이다. 위 인용문에서 흥미롭게도, 드 레이시 가족의 아름다움에 찬탄하는 괴물의 태도는 자식을 무조건적으로 긍정하는 어머니의 태도를 방불케 한다. 자신의 외모를 인지하기 훨씬 이전에 괴물은 드 레이시 가족을 이상적인 아름다운 몸의 소유자로서 인식하고 그것을 하나의 이념으로써 내면화시켰다. 그가 얼굴을 수면에 비쳐보면서 받았던 충격은 이상적 아름다움이라는 기존 관념의 전제를 빌리지 않고서는 설명할 도리가 없다. 그의 충격은 자신의 외모의 추함에 대한 반사적 직관의 결과가 아니라 드 레이시 가족과 자신의 신체적 차이의 갑작스런 지각에서 오는 반응이라고 해야 옳다. 자신도 당연히 드 레이시와 비슷한 외모를 가지고 있으리라고 무의식적으로 단정하고 있었는데 수면에 비친 이미지는 전혀 다른 모습이었던 것이다. 그러면서 이상적 몸 이미지와 실제 몸 이미지 사이의 엄청난 괴리는 괴물에게 하나의 외상으로 굳어지게 된다. 그에게 인간의 공동체는 의사소통의 공동체가 아니라 무엇보다도 유사한 외모에 입각한 전근대적 공동체, 차이의 상징계적 공동체가 아니라 동일성의 상상계적 공동체이다. 한편으로 월턴과 빅터의 우정, 다른 한편으로 괴물의 배척도 그들의 이미지의 동일성과 차이에 의해서 설명이 된다. 밀턴(John Milton)의 《실낙원》에 묘사된 하나님과 아담의 관계로부터 빅터와 자신의 관계를 유추하는 괴물은 아름다움의 본질이 궁극적으로 유사성에 있음을 다음과 같이 지적한다.

> 왜 당신[빅터]은 끔찍하고 혐오스러워서 쳐다보기도 싫은 모습으로 나를 만들었나요? 자비로운 하나님은 자신의 이미지에 따라서 인간을 아름답고 매력적으로 창조하였습니다. 그렇지만 나의 모습은 당신네들 중에서 가장 추악한 형상을 하

> 고 있습니다. 바로 그러한 유사성으로 인해서 나는 더욱 끔찍합니다. 사탄은 그를 숭배하고 찬양하는 동료 악마의 무리들을 거느리고 있습니다. 그렇지만 나는 혼자인 데다가 버림받았습니다.

괴물에 따르면 인간이 아름다운 이유는 창조자 하나님과의 외모적 유사성, 부모와 자식의 유사성에서 발견된다. 나르시스가 수면에 비친 자신의 이미지에 매혹당하는 자기 긍정과 자기 반영성의 메커니즘이 하나님과 피조물, 부모와 자식의 관계이다. 때문에 사탄을 추종하는 악마들의 무리는 하나님과 너무나 판이한 몸의 소유자임에도 불구하고 서로의 아름다움—하나님의 관점에서는 추한—에 서로 매혹될 수 있다. 아름다움을 위해서는 주체와 닮은꼴 타자의 인정이 필수적인 전제조건이다. 인간 세계에서 버림받은 괴물이 동료 · 배우자로서 자기와 흡사한 외모의 피조물 창조를 빅터에게 요구하는 이유도 그러한 미적 유유상종의 원칙에서 기인한다. 자신의 추의 본질이 하나의 실증적이며 육체적인 소여가 아니라 규범적 인간 이미지로부터의 괴리에 있다는 사실을 그는 너무나 잘 알고 있었던 것이다.

언어가 차이의 체계라면 아름다움과 추는 동일성과 현존을 보장한다. 멜로드라마적인 기표와 기의의 행복한 일치는 언어가 아니라 외모에 깃들어 있는 것이다. 차이의 체계임에도 불구하고 언어가 의사소통의 위업을 달성한다면 그것은 미와 추의 현존이라는 버팀목을 통해서 성취된다. 말하자면 괴물은 끊임없이 미끄러지면서 의사소통의 목적을 좌절시킬 수 있는 기표의 무한한 유희를 공동체적 동일성의 지점으로 고정시켜주는 누빔점(*quilting point*) 역할을 한다. 《인간론》(*Essay on Man*)에서 포프(Alexander Pope)는 "악은 너무나 끔찍한 외양의 괴물이라서/ 보기만 해도 반드시 증오하게 된다"라고 말하였다. 사무엘 존슨(Samuel Johnson)도 "악은 보임으로써 언제나 혐오감을 불러일으켜야 한다"고 주장하였다. 아리스토텔레스(Aristotle)의 용어로 악은 언어적 논증이 아니라 더 이상 말이 필요 없이 자명한 시각적 증거의 영역에 속하는 것이다. 아주 간단한 명제임에도 그것을 담론적으로 증명하려는 시도는 아포리아에 빠지기 쉽다. 그러한 아포리아의 교착상태에서 벗어나기 위해서는 증거가 시각적으로 직관되어야 하는 것이다.

어원적으로 괴물(*monster*)은 시각적 증거(*demonstration*)와 뗄 수 없는 불가분의 관계를 가지고 있었다. 불어의 montrer와 라틴어의 monstrare에서 유래된 monster는 증명되어야 할 대상이나 사건, 사람으로, 악은 끔찍한 괴물이나 기형의 모습으로서 의심의 여지없이 재현되고 현시되어야 하는 스펙터클이었다.[7] 《이성의 시대에 광기의 역사》(*Histoire de la folie á l'áge classique*)에서 푸코(Michel Foucault)는 19세기 이후로 광기는 철저하게 시각적인 스펙터클로서 재현되었음을 지적하였다. 인간의 보이지 않는 내면(기의)이 스핑크스처럼 신비하고 헤아릴 수가 없다면 아름답거나 추한 외모(기표)는 그것의 가시적 표현이며 증거가 된다. 의미는 해석되고 유추되어야 하는 추상이 아니라 보여야 하는 감각적 대상이다. 그래서 빅터는 월턴에게 괴물의 언변에 현혹되거나 그의 논리를 신뢰하지 말도록, 다만 괴물의 추악함을 밝혀 드러내는 눈의 증거에만 의존하도록 충고한다. 더구나 언어를 구사할 수 있는 능력을 소유하고 있다는 이유로 인해서 빅터는 괴물에게 더욱 혐오감을 느낀다. 중요한 것은

---

7 Chris Baldick, "The Politics of Monstrosity", *Frankenstein: New Casebooks*, ed. Fred Botting, New York: Macmillan, 1995, pp.48～49.

마음이 아니라 외모이며 기의가 아니라 기표이다. 앞서 거울상 이론을 논의하던 대목에서 기의는 무조건적으로 승인된 기표의 효과라는 점이 지적되었다. 거울에 비친 자신의 이미지에 어리둥절하던 유아는 어머니의 발화행위의 매개로 인해서 그것을 아름다운 자아로서 인정하고 환호하게 된다. 처음의 당황했던 경험(기의가 부재하는 순수기표)은 사후적으로 환희의 경험(기표와 기의의 일치로서 기호)으로서 명명이 되고, 그러면서 이미지는 주체를 매혹하는 이데올로기적 호명으로 바뀌는 것이다.

그러나 끔찍한 공포와 혐오감의 대상이기는 하지만 《프랑켄슈타인》에서 괴물의 외모가 상세하게 묘사되거나 반복적으로 서술되지는 않는다. 너무나 명백한지라 괴물의 추한 외모의 묘사는 간단히 한 두 구절로 충분한 듯이 보인다. 괴물에 대한 "나의 감정을 어떻게 묘사할 수가 있을 것인가" 자문하면서 빅터는 다음과 같이 증언한다.

> 그의 사지는 균형을 이루고 있었다. 그리고 나는 아름다운 부분들을 선택해서 그를 만들었다. 아름답다니! 하나님, 맙소사! 그의 노란 피부는 내부의 근육과 정맥을 제대로 가려주지 못하였다. 그의 검은 머리칼은 탐스럽게 윤기가 자르르 흐르고, 치아는 진주처럼 희었다. 그렇지만 그런 빛나는 외관은 그의 물기 어린 눈과 대조되면서 더욱 끔찍하기만 했다. 그의 눈은 칙칙하고 허연 눈두덩과 마찬가지의 색깔이었다.

이 구절에서 우선, 여러 모델들의 가장 아름다운 부분들을 선별해서 마침내 하나로 종합하여 아름다움의 이상에 도달하려 했던 르네상스 시대의 화법이 비판되고 있다. 아름다운 부분들의 균형적 결합이 하나의 통합적인 온전한 아름다움으로 귀결되지도 않으며, 부분과 부분의 합이 총체를 가져오지도 않는다. 여기서 아름다움의 본질은 부분들의 층위가 아니라 표면의 층위, 혹은 부분과 부분의 결합을 가려주는 피부 표면의 층위에 있기 때문이다. 아름다운 몸을 구현하기 위해서는 무엇보다 피부가 완벽하게 내부의 근육과 정맥을 가려줌으로써 내부의 풍경으로부터 철저하게 단절되어야만 한다. 그렇지 않고서 외부로 드러나거나 불거진 내부는 공포와 혐오감을 유발한다. 화농하거나 짓무르고 망가지고 가라앉은 피부가 끔찍한 이유도 그러한 경계의 상실과 관계가 있다.[8] "피부의 상처는 두려움을 낳는다. 보이지 않는 것에 대한 보호막이 깨진 셈이기 때문이다."[9] 더구나 "물기 어린 눈(*waterly eyes*)"은 표피 바로 밑에 있는 섬유성 결합조직인 진피의 모세혈관이 터져서 흘러나온 투명한 액체를 연상시키기 때문에 더욱 끔찍하다. 0.1㎜ 정도 두께의 표피가 내부의 응시를 완벽하게 차단해야 하는 것이다. 더욱이 괴물이 인체 부분들의 접합의 결과임을 고려하면 피부가 가진 은폐 기능의 중요성이 더욱 커진다. 현대의 박피수술과 달리 괴물은 두터운 외피의 가면으로 내부를 감싸줘야 했다. 피부는 근육과 정맥과 같은 내면을 보호하는 보호막이면서 은폐의 가면이고 동시에 이음새 없이 매끈한 재현의 가능성을 보장한다. 그런데 괴물에게는 내면과 외면이라는 범주가 해체되어있을 뿐 아니라 부분과 부분의 이음새까지도 시각적으로 노출되어 있다. 괴물이 야기하는 충격과 공포는 탈장(脫腸)의 경우와 마찬가지로 무지의 어둠에 은폐되어 있어야 할 내면이 백일하에 노출되어

8 Julia Kristeva. *Powers of Horror*. New York: Columbia UP, 1982.

9 페터 비트머. 《욕망의 전복: 자크 라캉 또는 제2의 정신분석학 혁명》, 홍준기 · 이승미 옮김, 한울아카데미, 1998, 81쪽.

있다는 사실에서 유래한다. 그것은 자아의 나르시시즘적 자기 동일성의 버팀목이라 할 수 있는 모든 경계의 메커니즘을 위협하는 불온한 세력으로 다가온다. 존재는 자신이 일부로 속해있는 "세계의 살"로부터 분리된 "몸"[10]으로 개별화되기 위해서는 피부의 경계를 필요로 한다. 심리적으로 이러한 경계가 무너지게 되면 주체는 타자에게 사로잡힘으로써 편집증이나 과대망상과 같은 정신병을 앓게 된다. 인간 사회는 자칫 균형이 깨질 수 있는 타자와 주체의 불안정한 경계에서 성립하는 것이다.

언어를 통한 의사소통의 경우도 마찬가지이다. 예컨대 아름다움이라는 기호는 순수 기표인 물질로서 보여서는 안 된다. 임의적인 기표들이 차이의 질서에 따라 봉합된 언어적 이음새가 의미의 표면으로 노출되지 않아야 하는 것이다. 그래야 의미의 탄생은 임의적인 사건이 아니라 자연적이며 필연적인 사건이라는 외양을 유지할 수 있다. 앞서 거울상과 멜로드라마를 통해 설명하였듯이 아름다운 몸은 자연화되고 본질화된 표면, 달리 말해서 표면의 표면성이 망각되면서 이상화된 표면, 실종된 실재의 보충이면서 잉여인 하이퍼리얼리티(*hyperreality*)이다. 주체는 이러한 표면적 질서의 보호막을 필요로 한다.[11] 하지만 표면은 예기치 않은 순간에 상처 입고 손상되면서 은폐되어 있던 내부의 탈장을 초래할 수 있다. 그렇다면 라캉적인 맥락에서 괴물은 실재의 상징계적 귀환으로서 읽혀야 한다. 《삐딱하게 보기》(*Looking Awry*)에서 지젝

---

10 살과 몸이라는 메를로뽕띠(Maurice Merleau-Ponty)의 개념에 대해서 김종갑, 《타자로서의 몸, 몸의 공동체》, 225~230쪽을 참고하기 바람.

11 맨더빌(Mandeville)의 다음과 같은 말을 참고할 수가 있다. "인간은 자신을 숨기고 싶어한다. 알몸은 추하기 때문에 타인의 시선으로부터 가려져야 하는 것이다. 또 사회성이라는 번드레한 망토로 진정한 속마음을 감싸야 한다." Gigante, "Facing the Ugly", p.568에서 재인용.

(Slavoj Zizek)이 즐겨 지적하듯이 상징계는 이음새나 매듭, 틈이 없이 완벽한 체계가 아니다. 괴물은 주체가 절대로 인정하고 싶어하지 않는, 무지의 어둠 속에 은폐하고 싶어하는 상징계의 구멍이며 주체의 또 다른 내면의 풍경이라 할 수 있다. 그런데 흥미롭게도 위 인용문에서 상징계의 구멍은 은닉되는 대신에 구체적인 신체의 부위로서 명명이 된다. 빅터의 공포를 자극하였던 "칙칙하고 허연 눈"이 그것이다. 몸을 감싸줌으로써 외부 세계의 위협으로부터 주체를 보호하는 피부는 동시에 주체와 세계의 소통을 위해서 몸의 몇몇 부위에 구멍을 남겨놓는다. 두말할 나위 없이 그러한 구멍 가운데서 가장 미학적인 관심이 집중되는 부위가 눈이다. 몸과 영혼, 내면과 외면의 경계의 경제에서 눈의 역할은 아무리 과대평가되어도 지나치지 않을 것이다. 마음의 창으로 표현되는 눈이 몸의 표면에 내면의 깊이를 부여하기 때문이다. 빛이 프리즘을 거치면서 무지개로 승화되듯이 내부의 장기는 눈을 거치면서 정신으로 격변화되어야 한다. 때문에 몸의 일부임에도 불구하고 눈은 불투명한 살의 일부이거나 살의 동공(洞空)으로 인식되지 않아야 하며 각막을 적셔주는 물기도 습한 물질인 물이 아니라 눈빛으로 간주되어야 한다.[12] 표면의 질서에 속한 기표의 하나가 아니라, 다른 기표에 의미와 가치를 부여하는 초월적 중심 기표이어야 하는 것이다. 유리창처럼 자체의 물질성이 드러나지 않는 투명한 눈으로 재현되어야 하는 이유도 거기에 있다. 여기서 "칙칙하고 허연 눈"의 소유자인 괴물은 깊이가 없는 순수 물질, 내면으로 향한 창문을 봉쇄하고 정신화된 몸을 다시 살의 질서로 결박하는 영혼 없는 육체의 증거가 되어버린다.

---

12 김종갑, 《타자로서의 몸, 몸의 공동체》, 288쪽을 참고하기 바람.

진정한 아름다움을 향하여

추란 몸의 상징계적 경계와 보호막이 파열되는 자리, "내면과 외면의 날카로운 충돌"이며 넘치고 흘러나오는 살의 과잉이다.[13] 셸리의 괴물은 그런 추한 살의 의심할 여지없는 현존이자 스펙터클적인 악의 현시로 기능한다. 《프랑켄슈타인》에서 자신의 존재에 내재한 공포에 시달려야 했던 사람들은 괴물과 저스틴이라는 타자에게 악을 투사하고 희생양으로 삼음으로써 내적인 안정과 평화를 유지하려 하였다. 어둠 속에 숨어서 도사리고 있으면, 출현의 시간과 공간이 지정되지 않으면 악은 더욱 더 불길하고 위험하며 가공한 세력으로 주체를 위협한다. 몸과 살도 마찬가지다. 한편으로 과거에 어머니의 일부였던 혼란스런 살덩어리로 퇴행의 가능성, 다른 한편으로 미래의 죽음에 의한 몸의 해체와 부패의 가능성은 무형의 잠재적 세력이 아니라 구체적인 형태로, 그러면서 주체가 감당해야 하는 부담이 아니라 타자의 당연한 몫으로 귀속되어야 한다. 아름다움은 그러한 방어의 메커니즘이면서 주체의 살을 숨겨주는 0.1㎜ 두께 가면의 미학이다. 그런데 이 가면은 곧 존재의 본질이 되고, 보이는 외면은 보이지 않는 내면의 진실된 표현으로 간주된다. 이것이 미학적 이데올로기이다. 상징계적 의사소통의 시도가 언어의 차연적 구조로 인해서 좌절된다면, 이미지는 나르시시즘적 자기 동일성과 명증성의 유혹으로 공동체적 유대와 결속을 보장하는 것이다. 이 시각적 명증은 지식이라기보다는 사이비 지식

---

13 Maurice Merleau-Ponty, *Sense and Non-Sense*, Trs. Hubert Dreyfus and Patricia Dreyfus, Evanston: Northwestern UP, 1964, p.43.

(*pseudo-knowledge*)이며 억견(*doxa*)임은 물론이다. 하지만 미적으로 직관되기 때문에 그러한 명증성은 담론적으로 반박이 불가능해 보인다.[14] 가령, 자신의 선한 의지와 진실을 호소했던 괴물의 담론은 기껏해야 아름다움의 부재 증명이거나 추의 자기변명에 불과하다. 응시의 순간에 직관적으로 인식되는 감각적 확실성보다 더욱 뚜렷한 증명의 수단이 과연 존재하는 것일까. 프란츠 파농(Frantz Fanon)이 굴욕적으로 경험했던 "저기 봐! 니그로야!"라는 백인 소년의 순진한 외침은 그러한 확실성을 담보로 하고 있다. 익사 직전의 친구를 구했던 괴물에게 달려들어 공격했던 소년의 태도, 버크의 《철학적 탐구》에서 흑인 여자에게 본능적인 공포감을 느꼈던 백인 소년의 반응도 역시 그러한 순진함과 확실성이 전형적으로 결합된 반응이었다. 이때 타자에 대한 혐오감은 미적 판단의 자격으로 정당성을 확보하면서 주체가 속한 나르시시즘적 공동체를 배타적으로 긍정하는 쾌감의 형식으로 바뀐다. 흑인에게도 자유와 인권을 부여해야 하는 당위성을 고려하다가 흑인의 추한 외모에 생각이 미치자 그와 같이 못생긴 외모의 소유자는 인간으로 대접받을 가치가 없다며 머리를 저

---

14 엑코프는 "장님이 아니라면 〈아름다움이 무엇인지〉에 관한 질문을 던지지 않는다"고 단언하였다. 그만큼 아름다움의 현존은 의심의 여지가 없다는 것이다. 이러한 미적 확실성은 인종차별적 주장의 이론적 토대가 되기도 하였다. 《인종, 글쓰기, 차이》에서 헨리 게이츠는, 꼬집어서 설명할 수는 없지만 "너무나 분명하고 명확하게 직관되는 인종적 차이"를 강변했던 한 영국학자를 언급한 적이 있었다. 그와 같이 미적 확실성을 신봉하는 사람이라면 흰 피부와 푸른 눈을 가진 사람을 처음 만나는 자리에서도 일별하는 것만으로 그의 몸에 흐르는 검은 피를 식별할 수 있다고 장담한다. 미적 확실성의 이론은 그러한 호언에 정당성을 부여하는 것이다. 이것은 유태인의 변별에 대해서도 마찬가지로 적용될 수 있다. 하지만 2차 세계대전 동안에 나치 독일은 유태인이 쉽게 식별되지 않는다는 이유로 어깨에 노란 휘장을 달도록 강요하였으며, 독일인들에게는 인종식별 교육을 시키기도 하였다. Nancy Etcoff, *Survival of the Prettiest: The Science of Beauty*, New York: Anchor Books, 2000, p.3; Henry Louis Gates, "Race" in *Writing, and Difference*, Chicago: U of Chicago P, 1986, p.3.

었던 토머스 제퍼슨(Thomas Jefferson)도 그러한 미학적 확실성의 목록에 또 하나의 사례로서 추가될 수 있다. 여기서 괴물보다 더욱 위험한 것은 아름다움의 직관이 보장하는 거짓 명증성이다. 메리 셸리가 《프랑켄슈타인》에서 주장하려고 했던 윤리도 그러한 미학적 직관의 위험과 무관하지 않다. 빅터는 백지 상태의 괴물을 추한 것으로 간주하고 배척함으로써 실제로 괴물을 악하게 만들어버렸다. 어머니가 유아에게 보여주어야 할 절대적인 긍정의 몸짓이 빅터에게서는 절대적인 거부의 몸짓으로 변질된 것이었다. 이 점에서 《프랑켄슈타인》은 버크의 《철학적 탐구》에 전제된 미학적 제국주의 이데올로기에 대한 비판이 된다. 인간의 마음이 주관적으로 관조하는 형식에서 아름다움의 본질을 찾았던 칸트와 달리 버크는 아름다움이 대상의 속성에 깃들어 있다고 보았다. 미와 추의 목록을 하나하나 작성해 나갔던 그의 저술이 가부장제도와 유럽중심주의로 뭉쳐진 배타적인 백색 남성 공동체의 반영이었음은 두말할 나위가 없다. 그에게는 미적 감각이 엄연한 본능일 뿐 아니라 아름답거나 추한 대상도 자연적 소여로 주어져 있다. 버크적인 관점에서 보면 추하다는 이유 하나만으로 빅터가 괴물을 유기했던 것은 너무나 당연한 귀결이었다. 그러나 과연 아름답고 추한 몸이 존재하기나 하는 것일까? 어쩌면 너무 쉽게 답할 수 있는 이 질문에 대해서 칸트는 치열하게 고민을 했던 듯이 보인다. 《철학적 탐구》가 나온 지 불과 6년 후에 출판된 《아름다움과 숭고의 감정에 관한 성찰》(*Observations on the Feeling of the Beautiful and Sublime*)에서 칸트는 버크의 실재론적 입장을 고스란히 답습하고 있었다. 그는 "푸른 눈과 금색은 아름다운 반면에 검은 눈과 검은 색은 숭고[즉 공포]와 관련"되어 있으며 중국인은 기괴한 외모의 소유자이고 흑인은 감정이 메마른 사람이라고 서술하였다. 하지만 《판단력 비판》에서 그의 입장은 근본적인 변화를 겪는다. 무엇보다도 제3비판서의 칸트에게 본질적으로 추한 대상은 존재하지 않는다. 어떤 대상이 주체에게 추한 것으로 지각된다면 그것은 대상의 추함을 증명하는 것이 아니라 상상력과 오성의 부조화와 실패를 증언한다. 더불어 칸트는 인간에게 아름다움과 추라는 순수 미학적 범주의 적용을 아예 거부하였다. 인간의 아름다움은 인종적 · 민족적 공동체의 이해관계—공동체의 배타적인 자기 긍정—와 떼어놓고 고려할 수가 없다고 판단하였기 때문이다.[15] 앞선 논의의 연장선에서 인간의 아름다움의 직관은 순수한 미적 판단이 아니라 거짓 명증, "지식 없는 인지"[16]의 영역에 속한다. 문법 규칙에 맞춰서 문장의 옳고 그름을 구분하듯이 공동체에 의해 형성된 표준적 이미지라는 기존의 관념에 비추어서 타자의 아름다움과 추함이 인지되는 것이다. 여기서 문제는 그런 아름다움의 지각에서 주체의 역할이 최소화되고 공동화된다는 것이다. 주체의 미적 직관은 기껏해야 이념의 자기 확인을 위한 계기나 수단으로 바뀌고, 진정한 의미에서 미적 쾌감의 주인은 인간 주체가 아니라 이념이 되어버린다. 〈테크닉으로서 예술〉(*Art as Technique*)에서 쉬클로브스키(Victor Shklovsky)는 미적 쾌감은 알려진 지식의 대상으로서의 사물의 "인지"가 아니라 원래 생생하게 경험되는 감각 대상으로서의 사물의 지각(*cognition*)에서 도래한다고 주장한 바 있다. 지각되는 대신에 습관적 · 반복적 · 수동적으로 인지되면 미적 쾌감은 절로 소멸하게 마련이다. 하지만 미적 쾌감이 소멸하는 것으로 불행이 끝나지는 않는

---

15 비록 형식주의자로 비판을 받지만 인간의 아름다움과 추를 공동체의 이해와 불가분의 관계로 파악한 점에서 칸트의 관점은 상황주의적이며 인류학적이다.

16 피에르 부르디외, 《구별짓기: 문화와 취향의 사회학》, 최종철 옮김, 새물결, 1996, 533~548쪽.

다. 진정한 의미에서 대상도 미적 경험의 장에서 사라지는 것이다. 지각되는 것은 사물이 아니라 사물의 이념적 재현 및 그것의 반복적 인지에 불과하기 때문이다. 《프랑켄슈타인》에서 물, 존재, 괴물로 표현되는 실재는 추의 이름으로 부정되고 배척되다가 끝내는 추방되며 소멸될 운명에 처하게 되며, 또 오로지 그러한 실재를 부정하는 대가로 주체는 상징적 질서에 뚫린 구멍을 이음새 없이 봉합하는 위업을 달성한다. 하지만 《프랑켄슈타인》에서 셸리는 공동체의 자폐증적 아름다움의 미학이 아니라 괴물의 추까지 긍정하는 공동체적 윤리로서 숭고의 미학을 옹호하였다. 멜로드라마적 기표와 기의의 행복할 일치가 파열되는 사건, 상징계적 봉합의 이음새가 풀리는 사건으로서 괴물은 숭고의 출현을 예고한다. 아름다움의 미학에 사로잡힌 주체에게 괴물의 존재는 다만 공포와 추의 스펙터클에 불과할 수 있다. 그러나 타자에게로 돌릴 수 있는 추의 직관을 주체의 오성의 한계를 넘어서는 계기로서 반기고 환대하면서 타자의 아름다움을 긍정하게 될 때 숭고의 주이상스가 도래하기 시작한다. 그러면서 나르시시즘적인 자기 동일성의 공동체가 아니라 타자를 포용하면서 실재를 향해 열려 있는, 확대된 공동체의 실현이 앞당겨진다.

제2부

근대적 몸과 탈근대적 몸

육체의 해체와 재조합

5장

사이보그에서 인조인간으로

유대인의 전통은 사람을 자로 재는 것을 금기시했다. 왜냐하면 관을 짤 때 시체를 자로 재었기 때문이다. 육체의 조종자들이 기쁨을 느끼는 것은 바로 이런 것이다. 그들은 관 짜는 목수의 시선으로 … 다른 사람들을 측량하는 것이다.[1]

최근에 영국 〈인디펜던트〉(*Independent*) 인터넷판이 세계 최고 몸매를 가진 여성으로 나오미 캠벨(Naomi Campbell)을 거명하였다. 각종 미인 대회에 최종심에 오른 후보들과 일반 여성들을 비교 분석해서 폴란드 그단스크대학교(Gdansk University) 연구진이 내린 결론이라고 한다. 이러한 비교 분석의 신빙성과 객관성을 증명하려는 듯이 신문은 그녀의 신체 조건을 수량화하였다. 키 175㎝에, 체질량지수는 20.85이며, 다리 길이는 상체의 1.4배이고 허벅지 둘레는 키의 29.7%, 종아리 둘레는 키의 19.5%라는 것이다. 그러면서 친절하

1 M. 호르크하이머 · Th. W. 아도르노, 《계몽의 변증법》, 김유동 · 주경식 · 이상훈 옮김, 문예출판사, 1995, 319~320쪽.

게도 매력적인 몸매의 조건이 바뀌고 있다는 사실을 덧붙이기를 잊지 않았다. 과거에 결정적이었던 가슴과 허리, 엉덩이의 치수의 중요성이 퇴보하면서 이제는 키와 대비한 허벅지와 종아리 둘레의 비율의 중요성이 급부상하게 되었다는 것이다.

세계 최고라는 수식어가 달린 모든 대상이 그러하듯이 세계 최고의 몸매라는 평가도 물론 허구적이다. 폴란드 연구진이 아니라 중국이나 일본의 연구진이 비교 분석을 하였다면 세계 최고의 몸매로 아마도 동양인을 손꼽았을 지도 모른다. 세계라는 개념 자체가 허구적이다. 세계는 하나의 유일신이 아니라 온갖 잡신의 만신전과 마찬가지이다. 하나의 세계만이 객관적으로 존재한다는 듯이 가장 이상적인 몸매를 통계적으로 산출하는 일은 어불성설이다. 더구나 아름답다는 판단은 주관적인 가치를 반영하지 않은가.

세계 최고의 미녀나 몸매 운운하는 연구나 기사들은 할일 없이 돈과 시간이 남아도는 호사가들의 이색 취미로 가볍게 웃어넘길 수도 있다. 바흐(Johann Sebastian Bach)는 불면증에 시달리는 귀족을 위해서 〈골드버그 변주곡〉(Goldberg Variations)을, 모차르트(Wolfgang Amadeus Mozart)는 한가한 귀족들의 귀를 즐겁게 하기 위해서 희유곡(Divertimento)을 작곡하지 않았던가. 힘든 노동에 파김치가 되어서 눕자마자 잠에 떨어지는 노동자는 자신의 단잠을 기꺼워하면서 귀족들의 불면증을 연민하거나 비웃을 수 있는지 모른다. 또 웃어넘기는 대신에 지나치게 과민반응을 보이면 열등감의 발로인 것 같아서 별로 모양새가 좋지 않다. 누군가 "다정도 병"이라 하였지만 지나치면 심각함도 병이 된다.

그러나 세계 최고의 몸매를 황금비율로 환산해서 숫자까지 기입해서 그림

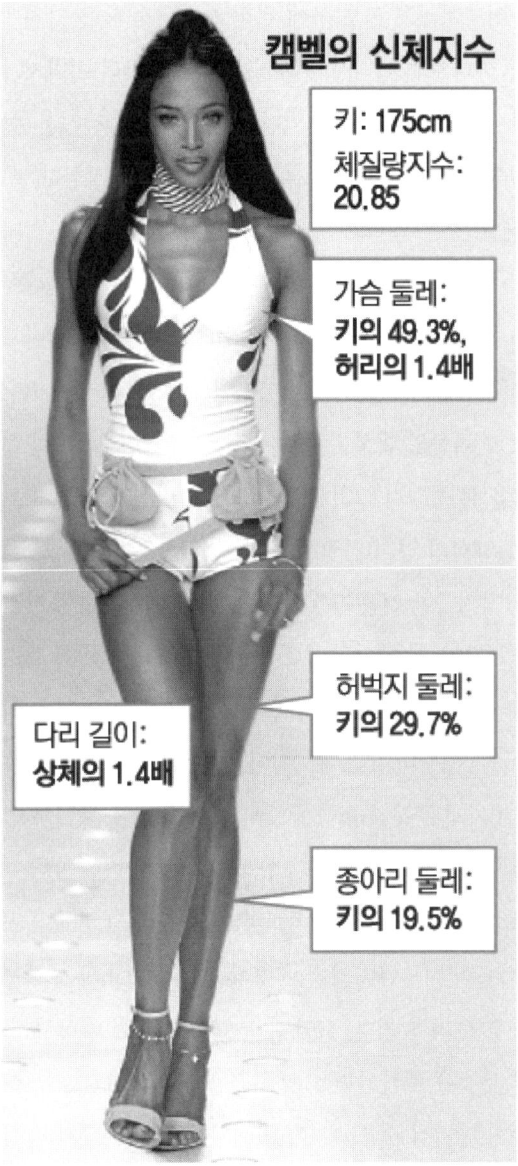

인디펜던트 인터넷판 (2007. 3. 12)
중앙일보(2007. 3. 13) http://article.joins.com/article/article.asp?total_id=2659879

으로 보여주는 기사에는 웃어넘기려고 해도 목에 걸린 가시처럼 숨을 막히게 하는 무엇이 있다. 사진을 들어다보면 어디선가 과거에 많이 보았던 이미지가 어슴푸레 연상된다. 그러면서 어디선가 보았던 이미지는 주문서나 견적서, 설계도, 제품을 설명하는 매뉴얼이었다는 사실이 점차 분명해지기 시작한다. 이 사진은, 공장에 인형의 제작을 의뢰하는 설계도처럼 보인다. 키와 가슴, 허벅지의 비율 등 제작의 세부 지침이 상세하게 기입된 것을 보면 주문자는 취향이 매우 까다로운 사람이나 섬세한 심미안의 소유자처럼 보인다. 다리 길이가 정확히 상체의 1.4배이며, 종아리 둘레가 키의 19.5%이어야 한다는 것이다. 가만 다시 생각해보면 비록 그 적용의 대상은 다르지만 요리책에서도 이런 식의 그림에 덧붙여진 조리법을 본 듯하다. 2인용 된장찌개를 맛있게 만들기 위한 된장, 두부, 파 등 재료와 양념의 양이 친절하게 적혀 있는 것이다.

세계 최고 몸매 사진이 섬찍지근한 것은 그것이 여자 로봇의 제작 주문서처럼 보이기 때문이다. 여타의 주문서와 마찬가지로 최종 완제품의 그림이 실려 있기는 하지만 이 완성품은 각 부품으로 해체되고 다시 결합될 수 있는 듯이 보인다. 알기 쉽게 부품들이 숫자와 비율로 제시되어 있기 때문이다. 만일 설계도가 없다면 기술자는 소비자의 주문과 취향에 맞게 제품을 만들 도리가 없다. 그는 사지를 먼저 만들어야 할지 몸통을 먼저 만들어야 할지 나름대로 고민을 하게 될 것이다. 제작의 순서는 크게 중요치 않은지 모른다. 175㎝의 최적 길이와 각 부위의 황금 비율이 어긋나버리면 나중에 부품을 조립하는 과정에서 아무리 노력해도 수습할 도리가 없다. 그래서 분업의 원리에 따라서 숙련공이 신체 지수에 맞춰서 부품을 제작하면 그것을 조립해서 완제품으로 만드는 작업은 비숙련공의 손에 맡겨질 수 있다. 이때 예기치 않은 문제가 발생할 수도 있다. 설계도에 머리칼이나 피부, 눈동자의 색상에 대해 아무런 언급이 없기 때문이다.

나오미 캠벨의 사진이 1/10축도의 인형 제작서처럼 보인다는 사실은 단순한 기억의 연상이나 변덕스러운 상상력을 의미하지는 않는다. 그녀의 사진은 하나의 현대적 증상을 반영하고 있다. 만약 박스에 신체지수가 기입됨으로써 사진을 낯설게 만드는 일이 발생하지 않았다면 우리는 잘 균형 잡힌 그녀의 몸매에 감탄을 금치 못했을 수 있다. 낯선 박스 처리 방식이 감탄으로 벌어지는 입을 막은 것이다. 그렇다면 감탄에 브레이크가 걸리면서 우리의 태도에는 어떠한 변화가 일어나는 것일까? 이제 우리는 "다리 길이: 상체의 1.4배", "체질량지수: 20.85" 등 입으로 되뇌면서 마치 시험 공부하듯이 사진을 바라보기 시작하지 않은가. 순진하게 미적 대상을 감상하던 시선이 공부하고 학습하는 시선으로 바뀌는 것이다. 여성 독자의 시선이라면 다분히 자기 반성적이 된다. 캠벨의 이상적 신체지수 거울에 자신을 비춰보고, 그녀 몸의 부위를 이리저리 뜯어보면서 고민에 잠기기도 한다. 그녀의 허벅지 둘레가 키의 32%라면 열심히 소식을 해서 이상적 이미지와 가까워져야 된다는 등등 요즘 유행하는 말로 자신의 견적을 뽑기 시작하는 것이다. 남성 독자라면 여성의 몸매를 바라보는 법을 학습하게 될 것이다. 이성을 순진하게 그냥 바라보면 안 된다. 줄자로 길이를 재듯이 이성의 키와 허벅지를 재어야 하며, 상상의 저울에 그녀의 몸을 올려놓고서 체질량지수를 계산하는 엄격한 수학자의 시선으로 그녀를 바라봐야 한다. 그러다가 입력된 신체지수와 일치하는 여자가 눈앞에 나타나면 똑딱단추가 채워지듯이 금속성 탄성이 절로 튀어나오게 된다. 조건반사적 학습이 빛을 발하는 것이다.

현대인에게 몸은 하나의 유기체적 전체나 자율적 통일체로 주어지지 않는다. 타고 태어난 운명은 더욱이나 아니다. 신체발부 수지부모라는 옛말만큼 우리에게 낯설고 이물스런 개념도 없을 것이다. 기원적으로 부모에게서 물려받은 몸은 리콜이나 애프터서비스처럼 성형외과나 바디클리닉 등을 통해서 사후적으로 관리되고 집중적으로 교정을 받아야 하는 대상이 되었다. 앤서니 기든스(Anthony Giddens)의 주장처럼 이제 몸은 하나의 "프로젝트", 보드리야르(Jean Baudrillard)의 표현을 빌리면 "가장 아름다운 소비대상"[2]이다. 프로젝트나 상품으로 간주되기 위한 필수적인 전제는 몸의 파편화이다. 만약 몸을 하나의 온전한 유기적 전체로서 받아들인다면 몸의 한 부위에 성형의 칼을 대는 순간 몸 전체가 새로운 이물질의 침입에 적응하기 위해 방어 체계를 형성하고, 그러면서 미세하게나마 총체적으로 유기적인 변화를 겪게 된다. 그렇다면 예측할 수 없는 몸의 반작용이나 부작용이 두려워서 감히 성형의 엄두를 내지 못할 것이다. 그러나 오늘날에는 아무도 지방흡입수술이나 박피수술, 성형수술을 두려워하지 않는다. 쌍꺼풀 수술의 후유증으로 몸의 유기적 자율기능에 손상을 입는다고 심각하게 걱정하는 사람은 없다. 쌍꺼풀 수술은 성능과 기능은 훌륭하지만 디자인이 마음에 들지 않는 제품을 간단히 업그레이드하는 서비스와 별반 다르지 않은 것으로 간주된다. 단지 시각적 이미지가 향상될 따름

---

2 기든스, 《현대성과 자아정체: 후기 현대의 자아와 사회》, 권기돈 옮김, 새물결, 1997, 342~348쪽 ; Baudrillard, *La société de consommation: ses mythes, ses structures*, Paris: Denoël, 1970, pp.199~238.

이다. 다리 길이나 허벅지 둘레, 허리 사이즈 등에 대해서도 마찬가지이다. 다리는 유기적 전체로서 몸의 사지가 아니라 자동차의 바퀴와 같이 완성된 제품의 부품으로 간주되는 것이다. 몸은 한꺼번에 하나로서 주어진 총체가 아니라 분해되고 재결합될 수 있는 부분들의 결합체이기 때문에 싫증이 나면 자유롭게 부분을 떼어내고 새롭게 장식을 할 수 있다. 몸을 옷처럼 자유롭게 입고 벗으며 갈아입을 수 있게 된 것이다. 속옷이 장기이식이라면 겉옷은 성형이다.

그렇다고 몸매와 외모에 대한 관심이 현대인만의 몫이었던 것은 아니다. 사냥을 일삼았던 원시 부족을 비롯해서 모든 사회는 예외 없이 외모에 지대한 관심을 보였다. 권력의 위계와 성의 차이를 표시하기 위해서 인간의 신체는 공작의 깃털처럼 장식되어야 했으며, 외모에 그러한 차이가 각인되지 않으면 수직적으로 상하와 수평적으로 성별을 구별할 수 없었던 것이다. 물론 외모에 대한 관심은 가난한 평민들이 아니라 권력의 상층부에 위치한 양반이나 부자, 노동의 부담에서 벗어나 시간적 경제적 여유가 있는 특권 계층의 전유물이었다. 푸시킨(Aleksandr Sergeevich Pushkin)이나 발자(Honoré de Balzac)의 소설을 보면, 한 나절을 거울 앞에 서서 나르시시즘적으로 얼굴과 몸매에 탐닉하면서 화장에 바쁜 귀족 남자들과 귀부인들의 이야기가 수두룩하다. 군계일학으로 멋진 외모를 뽐내면서 사교계의 총아나 여왕으로 군림하기 위해서 값진 의상과 보석의 구입으로 재산을 탕진하고, 끝내는 파산하는 위험도 마다하지 않았다. 하지만 풍요로운 현대에는 과거에 부유한 지배계층의 특권이 대부분의 소시민들에게도 포도주와 빵처럼 일상적 관심사가 되었다. 과거에 노동하면서 닳고 소모되었던 몸이 이제 아름다움을 생산하는 몸으로 격상된 것이다. 다만 과거에 의상과 장신구에 집중되었던 유행의 생리가 이제는 몸과 살의 현장으로 자리를 바꾸었을 따름이다. 대량생산 및 소비산업사회의 도래와 더불어서 누구나 저렴하게 구입할 수 있는 의상과 장신구로는 아름다움을 증명하기에 충분하지 않다. 아무리 부유해도 평민은 값비싼 패물을 몸에 걸칠 수 없었으며 황색이나 자색 옷을 착용할 수 없었던 이조시대에는 "옷이 날개"일 수 있었다. 그러나 지금 옷은 기껏해야 껍질, 때가 되면 벗어야 하는 허물에 불과하다. "몸이 날개"로, 옷을 통해서 이뤄졌던 미와 추의 차이가 이제 몸으로 각인되는 차이로 바뀐 것이다. 몸은 카드놀이에서의 만능패인 셈이다.

몸의 파편화는 외계인의 침입이나 신종 바이러스처럼 현대에 갑작스럽게 등장한 새로운 현상이 아니다. 인류가 문명화의 길을 걸으면서 몸도 점차 파편화되기 시작하였다. 만약 몸을 부분들의 기계적 결합으로 볼 수 없었다면 서양의학, 특히 해부학은 발달할 수 없었을 것이다. 근대 의학의 새로운 장을 열었던 베살리우스(Andreas Vesalius)의 《인체구조에 관한 7권의 책》(*De humani corporis fabrica libri septem*, 1543)이 출간되기 이전에도 의사들은 고대 희랍의 갈레노스(Claudios Galenos)의 해부학을 참고하면서 환자를 수술하였다. 또 1616에 출간된 《동물의 심장과 혈액의 운동에 관하여》(*Exercitatio Anatomica de Motu Cordis et Sanguinis in Animalibus*)에서 하비(William Harvey)는 인체를 마치 수력학적 시스템인 듯이 제시하였다. 시계를 분해하고 조립하는 과정처럼 주어진 유기적 전체를 부분으로 분해하고 계, 기관, 조직 등으로 분류한 다음 다시 하나의 몸으로 봉합하는 과정, 우리의 몸을 해부대 위에 놓인 개구리처럼 객관적으로 바라보는 과정이 의술의 발달에 선행되었다. 의학의 분야만이 아니다. 《인구론》(*An Essay on the Principle of Population*, 1789)에서 맬서스(Thomas Robert Malthus)는 인간의 탄생과 죽음을 하나의 자연적 현상이나 신의 섭리가 아니라 인위적 통제가 가능한 통계학적 사건으로 바라다보았다. 그 이전에도 세금을 징수하기 위해 실시된 인구조사에서 인간은 단순한 숫자놀음에 지나지 않았다.

몸의 재현과 관련해서 발생했던 몸의 파편화, 몸의 수학적 건축술은 오랜 역사를 가지고 있다. 적어도 르네상스 시대로 거슬러 올라갈 수 있다. 가로 세로 치수를 재서 만든 벽돌을 쌓아올려서 건물을 짓듯이 인간의 몸을 재구성하는 관념은 뒤러(Albrecht Dürer)나 알베르티(Leon Battista Alberti), 다 빈치(Leonardo da Vinci)와 같은 르네상스의 미술가들에게 낯선 이야기가 아니었다. 고대 희랍이나 동양의 미술 작품과 비교하면 이유가 분명해진다. 가령 고대희랍이나 동양의 미술가들은 모델을 있는 그대로 모사하는 모방적 재현에서 예술의 기량을 겨루었다. 모델이 자신의 몸으로 화폭에 손금을 찍어 놓듯이 그림을 그려야 했다. 아직 인체의 재현에 수학적 배분과 기하학적 비율의 개념이 도입되지 않았던 것이다. 하지만 뒤러의 루신다(lucinda)나 알베르티의 격자창, 다 빈치의 인체연구(Virtuvius Man)와 더불어서 인체의 재현은, 피카소의 큐비즘을 예상케 하는 혁명적인 변화를 겪게 된다. 인체를 분해해서 기하학적으로 재구성하기 시작했던 것이다. 예컨대 격자창으로 보여진 모델의 몸은 격자의 숫자에 따라서 8, 16, 32조각으로 분절이 된다. 의학용 메스로 가르고 나누듯이 모델의 몸이 부분으로 파편화되는 것이다. 그러면서 자연의 품에 안겨 있던 하나의 유기적 총체로서 신체의 개념이 해체되어버린다. 기하학의 손으로 몸이 넘어가는 것이다. 근대철학의 아버지라 할 수 있는 데카르트(René Descartes)도 그러한 육체 개념을 가지고 있었다. 화가들과 차이가 있다면 그가 몸을 물리적인 현상으로 접근하였다는 점이다. 몸이란 무엇인가?

칼로 자르면 두 동강이 난다는 점에서 몸은—잘라지지 않는—정신과 다르다. 몸은 자르면 최소 단위를 향해서 계속 분절되는 것이다.[3]

육체는 계속해서 분할될 수 있다는 데카르트의 주장은 의심할 여지없이 자명한 진리이다. 그러나 바로 이 자명한 진리로서 육체의 무한 분할 가능성 명제에서 딜레마가 탄생한다. 그리고 바로 이 딜레마를 중심으로 현대의 육체는 전통적 육체로 되돌아갈 수 없는 강을 건너버렸다. 무한 분할 가능성의 명제를 조금만 더 숙고해보면 그 이유가 분명해진다. 예를 들어 팔등신이라는 개념은 인체의 길이를 8부분으로 분할함으로써 산출되는 개념이다. 하지만 자동 칼날처럼 분할은 8조각에서 멈추지 않고서 계속해서 무한하게 진행될 수 있다. 적어도 이론적으로 무한 분할이 가능하다. 의학적으로도 인간의 몸은 계에서 기관, 기관에서 조직, 조직에서 세포의 순으로 상위 범주가 하위 범주로 무한히 쪼개진다. 하지만 이론적 분할과 실제적 분할의 결과가 일치하지는 않는다. 원칙적으로 무한하게 분할할 수 있는 듯이 보이지만 분할이 반복되다 보면 소실점처럼 어느 순간에 더 이상 분할 될 수 없는 지점에서 분할의 대상 자체가 소멸해버린다. 이론적으로 지속되어야 하는 존재가 실제적으로는 갑자기 무로 사라지는 것이다. 양의 변화가 질적 변화를 초래하고, 그러면서 생명은 죽음으로, 유기체는 무기체로 바뀌어버린다. 유기체의 최소 단위인 세포도 분할되는 순간 더 이상 유기체가 아닌 것이다. 데카르트의 시대에 이러한 질적 변화는 과학적으로 상상할 수 없었다. 유에서 무로의 변화를 상상할 수 없듯이 무에서 유로의 변화도 상상할 수 없었으며, 무기체와 유기체의 상호

3 Descartes, *The Principles of Philosophy*, trs. V.R. and R.P. Miller, New York: Springer, 1984, Part II, arts. 10, p.4.

교환이나 상호 공존은 더욱이나 상상이 불가능하였다. 이러한 상상 불가능한 가능성이 가장 고전적인 형태로 표현된 것이 제논의 역설이다.[4] 원자는 더 이상 쪼갤 수 없이 가장 작으면서 동시에 가장 거대하며, 화살은 날아가면서 동시에 정지해 있어야 한다. 생물학적인 어휘로 옮겨놓으면 유기체는 살아 있으면서 동시에 죽어있고, 죽어있으면서 동시에 살아 있어야 한다. 생중사, 사중생. 하지만 바로 이러한 모순의 공존이 바로 사이보그가 아닌가? 기계인 인공심장을 달고서 살아가는 사람(사이보그)을 생각해보라. 아무튼 20세기의 물리학과, 미생물학, 생체공학, 인공두뇌학, 나노테크놀로지 등의 발달이 전통적인 육체의 개념을 완전히 바꾸어놓았다. 가령 더 이상 분할 불가능한 최소의 원소로 여겼던 원자는 원자폭탄의 경우 분해되면서 에너지로 바뀌게 된다. 입자가 파동이 되는 것이다. 마찬가지의 질적 변화는 사이보그는 물론이고 인간의 정상적 육체에게도 적용된다. 게놈 프로젝트는 인간의 육체는 데카르트적 의미에서 물질이라기보다는 유전자 정보의 뭉치라는 사실을 밝혀내었다. 정보의 뭉치인 자동 로봇이나 기계가 부품으로 해체되고 설계도에 따라서 재조립될 수 있는 논리로부터 인간도 예외가 아니다. 아직 인간을 대상으로 실험되지는 않았지만 유전자조작과 인간복제도 가능한 세계에 우리는 살고 있는 것이다.

근대적 몸과 현대적 몸 사이에는 엄연한 질적 차이가 있다. 근대는 파편화되고 수량화된 육체, 질이 양으로 환원된 육체의 개념을 낳았다. 여기서 질에

4 그렇다고 데카르트가 제논의 역설을 옹호했다는 말은 물론 아니다. 반대로 데카르트는 원자론에 대해서 비판적이었다. 원칙적으로 물질의 무한분할 가능성을 믿었던 그는 더 이상 쪼갤 수 없는 물질단위로서 원자 개념을 인정할 수 없었다.

서 양으로의 변화는 일방적이면서 비가역적이었다. 육체가 정보로 해체되었다가 다시 육체로 재구성되는 가역적 단계로까지 발전하지는 않았다. 해부학 지식으로 무장한 의사가 메스로 환부를 갈랐던 이유는 환자의 본래적 생체 기능을 회복시키기 위한 목적에서였다. 상실했던 육체의 자연적 기능으로 귀환하려는 움직임으로서 상실과 회복의 변증법에 맞물려 있었다. 또 알베르티처럼 격자창을 통해서 모델의 몸을 파편화시켰던 화가도 대상으로의 귀환을 염두에 두고 있었다. 대상을 보다 잘 모방하기 위한 일념에서 방법론적으로 대상을 기하학적으로 해체시켜야 했다. 해부학적이건 예술적이건 재현의 목적은 어디까지나 본래의 자연으로 복귀하려는 지향성에 있었던 것이다. 이 점에서 근대적 몸은 아날로그적이며 미메시스적이었다. 육체는 육체로서 훼손되지 않은 온전성이 있다고 가정되었으며, 과학과 철학, 예술은 이 온전성을 각자 개념과 재현으로 모방하고 모사하였기 때문에 대상과 재현 사이에는 단절되지 않은 친화력과 연속성, 지속성이 있었다. 이러한 자연적 연속성은 아날로그 방식으로 녹화되었으나 상처가 있는 비디오테이프가 재생되면서 생기는 잡음이 반증한다. 재현되는 대상에 잡음처럼 희뿌연 줄이 가있는 것이다. 이때 원래의 대상으로 돌아가려는 테이프의 자연적 친화력과 지향성은 외부의 폭력적 세력에 의해서 방해를 받은 듯이 나타난다. 그럼에도 시청자는 잡음을 걷어내고서 어렵지 않게 대상의 정체를 추적할 수 있다. 그러나 디지털 방식으로 녹화된 디브이디에 이르면 이야기가 달라진다. 상처가 난 디브이디가 재현하는 대상은 희뿌연 줄로 얼룩지는 것이 아니라 완전히 다른 이미지로 변형되어버린다. 대상이 기하학적 모자이크의 단층으로 분절되는 것이다. 그래서 시청자는 아무리 노력을 해도 원래 재현의 대상을 추측할 도리가 없다. 디지털 방식은 자연 대상으로부터 완벽하게 단절됨으로써, 대상을 이항대립적 정보의 최소 단위로 해체하고 변형시킴으로써 작동하기 때문이다. 여기에서는 모방이 아니라 코드화의 과정이 결정적인 중요성을 갖는다. 대상과 시청자 사이에는 코드를 입력하고 해독하는 과정이 매개되어 있는 것이다.

생활세계에서 근대적 육체와 현대적 육체의 차이는 드러나지 않는다. 리들리 스콧(Ridely Scott) 감독의 〈블레이드 러너〉(Blade Runner, 1982)에서 자연인간과 복제인간을 맨눈으로 구별할 수 없었듯이 차이는 현상적으로 직관되는 것이 아니라 방법론적으로 유추되어야 하기 때문이다. 예컨대 맨눈으로 보면 오히려 디지털로 녹화된 디브이디가 아날로그 방식보다 훨씬 더 대상을 잘 모방하며 대상 친화적인 듯이 보인다. 시청자는 플레이어에 의해 코드가 해독된 결과로서 현상만을 접하기 때문이다. 코드를 입력하고 해독하는 과정은 시청자에게 의식되지 않는 것이다. 이때 우리는 하버마스(Jürgen Habermas)적인 의미에서 체계와 생활세계의 분리, 컴퓨터 용어로 하드웨어와 소프트웨어의 분리와 직면하게 된다. 분명 체계에서 존재하는 아날로그와 디지털의 차이가 생활세계에서는 삭제되어 동일한 현상으로 지각되는 것이다. 표상된 대상이 조작된 허구임에도 불구하고 지각하는 의식은 그 사실을 알지 못한다. 그러면서 눈 먼 지각은 속수무책으로 체계의 지배와 통제 아래 놓이고, 체계는 지각되지 않기 때문에 하나님과 마찬가지의 전지전능한 세력이 된다. 더구나 이 세력에 종속되지 않으면 시청자의 지각 자체가 불가능하다는 점에서 워쇼스키 형제(Andy Wachowski and Larry Andy Wachowski)의 〈매트릭스〉(Matrix, 1999)의 인공지능 체계처럼 더욱 가공한 세력이 된다.

현대인에게 몸의 지각도 마찬가지이다. 육체 체계에 종속되어 있지 않으면 우리는 몸을 아름답거나 추한 몸으로 지각하지 못한다. 나오미 캠벨을 아름다운 몸매로 직관하는 우리의 지각 내용은 사실은 육체 체계에 의하여 매개된 결과이다. 나의 자유로운 능동적 지각은 이미 입력된 육체 코드의 명령에 수동적으로 복종하고 있다. 20세기에 접어들기 전까지 아름다운 몸의 지각과 멋내기, 화장하기 등의 실천은 아날로그적인 모방의 원리에 따라서 이루어졌다. 사교계에 들락거리는 특권적 귀족과 부르주아들은 상대의 옷맵시를 지켜보면서 서로를 경쟁적으로 모방하고 서로를 능가하기 위한 노력을 게을리 하지 않았다. 경쟁의 상대는 바로 손이 닿는 지척의 거리에 있었으며, 양복점이나 귀금속 상점도 생활권의 범위 안에 있었다. 예를 들어 파리, 그중에서도 샹젤리제 거리가 패션의 중심이었다. 아직 패션 체계가 생활세계를 근본적으로 변화시키기 이전이었던 것이다. 하지만 패션 산업과 성형수술, 몸매 만들기 산업이 번창하고 패션 잡지가 범람하는 요즈음에 현대인들은 18~9세기의 귀족과 같은 방식으로 몸을 경험하지 않는다. 손이 닿는 지척의 거리에는 경쟁 상대가 아니라 패션 잡지, 패션 채널, 인터넷 등이 있다. 또 우리는 경쟁 상대를 모방하는 것이 아니라 잡지의 모델을 모방한다. 모방의 대상이 패션과 유행 산업에 의해서 매개되어 있는 것이다. 그러나 우리가 모방하기 위해서 바라보는 잡지의 사진들이 이미 존재하는 아름다운 모델들을 모방하고 있다는 생각은 지나치게 순진하거나 근대적이다. 패션 산업은 미를 창조하는 하나의 거대한 체계이다. 아름다움은 대상으로부터 모방되는 것이 아니라 체계가 "차이"를 통해서 생산하는 효과이다. 아름다움은 차이가 야기하는 일종의 착시 효과인 것이다. 유행이 생산하는 차이가 없으면 아름다움도 더 이상 존재하지 않게 된다. 만약에 가장 아름다운 여인과 가장 아름다운 의상의 정체가 만장일치로 결정이 된다면 이 절대적 동일성 앞에서 모든 패션 산업은 문을 닫게 될 것이다. 어제의 아름다움이 내일의 아름다움이기도 하다면 어제의 외모로 만족한 소비자들이 더 이상 새로운 구매의 욕구를 느끼지 않게 되기 때문이다. 패션 산업은 소비자의 생활세계와 무관하게 계속해서 차이를 생산해야 하는 내적 요청에 따라서 움직이는 체계이다. 그리고 생활세계란 체계의 유지를 위한 변명으로서만 존재하게 된다. 고야(Francisco José de Goya)의 그림 〈아들을 잡아먹는 크로노스〉(Saturn Devouring His Sons)처럼 생활세계가 식인종 체계의 거대한 입으로 삼켜지는 것이다.

그렇다면 아름다운 모델을 자발적으로 모방한다고 생각하는 현대인은 사실상 체계가 입력한 코드를 해독하는 디코더에 지나지 않는다. 철저히 자본주의적 체계의 명령에 복종하면서도 자신의 자율적 심미안과 취향을 따르고 있다고 착각하는 것이다. 여기서 자율성은 진실이 은폐된 타율성이며, 능동성은 위장된 수동성임은 물론이다. 주인이 잠시 자리를 비운 사이에 스스로를 주인이라고 참칭하는 노예처럼. 이때 주인 행세를 하던 노예는 주인이 등장하는 순간에 자기기만으로부터 깨어나지 않을 수가 없다. 그러나 보이지 않는 체계를 모시는 현대인은 스스로 주인이라는 착각에서 영원히 깨어나지 못할 수 있다. 아니면 초라한 자신의 모습이 견딜 수 없어서 주인과 동일시하고 주인의 욕망을 욕망하는 하인처럼 오로지 모델의 몸매를 복제함으로써 자신을 긍정하는 법을 배울 수도 있다. 복제양 돌리처럼 모델의 복제품이 되고 싶어하는 것이다.

다시 현대적 몸 이미지의 전형으로서 나오미 캠벨의 사진을 보기로 하자. 우리는 그냥 사진을 보지는 않는다. 구태여 시각적 욕망이라는 개념에 기대지 않더라도 보는 것이 곧 욕망하는 것이며 또 욕망을 학습하는 과정이기도 하다. 우리는 캠벨의 몸을 보면서 타자의 몸을 욕망하는 법을 또 타자의 욕망의 대상이 되는 법을 배우는 것이다. 하지만 과연 우리는 무엇을 욕망하는 것일까? 우리가 욕망하는 것은 캠벨의 몸매 자체라기보다는 수량화된 몸매 코드, 육체 정보이다. 예컨대 가슴둘레는 키의 49.3%이며 허리의 1.4배이어야 한다는 정보를 욕망하는 것이다. 캠벨은 정보의 뭉치이며 유전자 지도로, 어느새 우리는 미생물학자처럼 세포의 유전자 정보를 해독하고 있다. 차이가 있다면 미생물학자는 유전자를 조작하기 위해서, 우리는 자신의 몸을 조작하기 위해서 코드를 해독하는 과정에 임한다는 점이다. 유전공학이 놀랍게 발달한 미래의 어느 날 우리는 원시적으로 땀 흘려 운동하고 다이어트를 하면서 몸매를 관리하는 대신에 손을 뒤집듯이 간단히 유전자를 조작함으로써 이상적인 몸매를 유지할 수 있게 될지 모른다. 과거에 인체의 이해를 추구하였던 과학이 이제 인체를 재창조하는 테크놀로지로 바뀌고 있는 현실을 감안하면 그러한 미래는 먼 훗날의 이야기가 아닌지 모른다. 하지만 인간복제를 둘러싼 윤리적 논쟁에서 미루어 짐작할 수 있듯이 테크놀로지의 엄청난 발달이 곧 세계의 기술화를 의미하지는 않는다. 세계가 기술화되기 위해서는 먼저 인간의 의식을 뒤바뀌는 기술적 세계관이 전제되어야 한다. 제식훈련처럼 선행학습과 예행연습이 선행되어야 하는 것이다.

그렇다면 캠벨의 사진을 보면서 우리는 어떠한 세계의 예행연습을 하고 있는 것일까? 이제 인간의 몸은 해독되어야 하는 신비한 코드가 아니다. 수수께끼가 풀리는 순간에 이집트의 스핑크스는 죽어야만 했다. 존재와 생명의 비밀은 다름 아닌 비밀이었다. 어둠의 비밀이 생명과 존재의 빛을 보장해 주었던 것이다. 그래서 비밀이 해독되는 순간에 몸은 더 이상 살아 있는 몸이 아니라 죽은 정보로 바뀌게 된다. 아름다움도 마찬가지이다. 아름다움의 신비가 키 175㎝, 다리의 길이는 상체의 1.4배 등으로 해독되는 순간에 아름다움은 증발해버린다. 아름다움이 있었던 자리에 메타 아름다움, 아름다움에 대한 정보가 들어서는 것이다. 고대 희랍신화에서 스핑크스의 수수께끼는 다음과 같이 해독되었다고 한다. "사람은 어려서 4발로 기고 커서는 2발로 걷다가 늙어서는 지팡이를 짚고 3발로 걷는다." 근대적 육체의 세계에서 인간은 아름다워지기 위해서 의복, 보석, 화장, 성형수술 등의 지팡이(보철)를 사용해야 했다. 지팡이가 인간을 더욱 건강하고 아름다우며 인간답게 만들어 주리라고 생각했던 것이다. 엄밀한 의미에서 인간은 이미 사이보그, 인간과 기계의 혼합체였던 셈이다. 하지만 현대에 접어들면서—특히 공상과학소설이나 영화에서—그러한 지팡이의 도움으로 만족하지 못하는 인간은 스스로 지팡이(인조인간)가 되어버렸다. 체계가 대량으로 주문 생산하는 아름다운 지팡이, 기호와 취향, 변덕, 유행에 따라서 디자인을 바꾸거나 아예 전체를 쉽게 교체할 수 있는 지팡이가 되어버렸다. 지팡이를 잘 만드는 목수처럼 우리는 아름다움의 조작법을 너무나 잘 알고 있다. 혹은 몸매 산업 체계가 우리의 아름다움을 대량 생산하고 있는 것이다.

파편화된 몸과 검열사회

6장

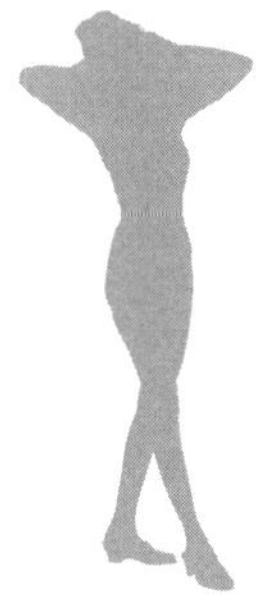

빅토리아 베컴(Victoria Beckham)이 망신을 당했다는 기사가 인터넷을 뜨겁게 달구었던 적이 있다. 스파이스 걸스(Spice Girls)의 멤버로서의 화려한 경력에 덧붙여서 축구스타 데이비드 베컴(David Beckham)의 아내이며 세계적인 패션 아이콘인 그녀의 일거수일투족은 언제나 매스컴의 뜨거운 주목을 받았다. 그녀는 움직이는 광고이며 뉴스이고 패션이었다. 그녀의 뒤에는 언제나 선망의 눈길과 카메라의 세례가 뒤따랐다. 그러한 카메라의 세례는 때로 악몽이 되기도 한다. 최근 영국 런던에서 열린 콘서트에서 금색 옷을 입고 섹시한 자태를 뽐내면서 공연한 그녀의 모습이 카메라에 잡히면서 구설수에 오르게 되었다. 그녀의 사진을 확대했더니 몸의 한 부위가, 어깨 아래 가슴 옆 살이 혹이나 돌기처럼 흉물스럽게 튀어나와 있는 것이 아닌가! 그리고 풍선처럼 비대하게 부풀어 오른 가슴은 금방이라도 터질듯이 왕방울 눈을 부릅뜨고 있지 않은가! 하지만 이것으로 그녀의 망신살 뻗치는 사건이 끝나지 않았다. 최근에 그녀는 미국 맨해튼에 배꼽티처럼 아랫배 부위가 훤히 비치는 회색 원피스를 입고 나타나 주목을 받았는데, 거기서 찍힌 사진을 확대하였더니 가늘고 긴

주름이 그녀의 복부를 흉측하게 가로지르고 있었다.

빅토리아의 확대 사진은 우리가 몸을 경험하는 방식에 대해서 많은 시사를 던져주고 있다. 콘서트에서 빅토리아의 공연을 구경하는 관객들은 카메라의 시선으로 그녀를 바라보지 않는다. 그들은 밴드의 리듬을 타고서 춤을 추며 노래하는 그녀의 모습을 보면서 절로 흥이 오르고 어깨가 들썩거리면서 분위기에 동화되어 공연과 혼연일체가 된다. 그래서 그녀의 몸매를 자로 재듯이 객관적인 제3자의 시선으로 바라보지 않는다. 그러나 연예신문이나 인터넷에 실린 사진으로 그녀를 접하는 독자들은 어느새 카메라의 시선으로 그녀의 육체를 바라보고 있는 자신을 발견하게 된다. 우리는 춤추며 노래하고 움직이는 살아 있는 몸이 아니라 순간으로 싸늘하게 굳어서 화석화된 육체를 디지털 카메라처럼 응시하게 된다. 이때 디지털 카메라는 피사체를 순간적으로 고정시키는 것으로 끝나지 않는다. 루이스 캐럴(Lewis Carroll)의 《이상한 나라의 엘리스》(*Alice's Adventures in Wonderland*)처럼 그것은 자유자재로 피사체를 확대하고 축소하기도 하면서 원래 그것이 속해 있던 세계의 공간과는 다른 새로운 공간, 디지털의 가상공간으로 피사체를 옮겨놓는다. 그러면서 피사체는 가상공간의 질서와 논리의 지배 아래 놓이게 된다. 빅토리아 베컴의 사진은 그러한 새로운 논리와 질서의 현장을 적나라하게 보여주고 있다. 여기서 무엇보다 주목되어야 하는 증상은 육체의 파편화이다. 두세 배 크게 확대되는 순간 육체는 자신이 지금껏 속해있던 세계와 균형 잡힌 관계로부터 일탈하면서 부분들로 파편화된다. 가령 빅토리아는 그녀의 가슴, 어깨, 어깨 아래 살, 허리, 뱃살, 주름 등의 부위로 확대 재생산되는 것이다.

우리가 몸을 경험하는 방식은 확대하고 축소하며 파편화하는 카메라의 시선을 반영하고 있다. 어쩌면 거꾸로 카메라의 시선은 확대하고 축소하며 파편화하는 우리의 시선을 모방하고 있다고 말해야 옳은지 모른다. 양자의 관계는 일방적이라기보다 쌍방적이다. 빅토리아가 무자비한 카메라 응시의 피해자라고 말할 수 없는 이유가 여기에 있다. 모든 훈련된 모델들이 그러하듯이 카메라에 찍히기 전에 먼저 그녀가 아름다운 모습으로 찍히도록 포즈를 취한다. 카메라가 그녀를 순간 포착한다면 그녀는 자신을 포착하는 카메라의 시선을 한 발 앞서서 미리 포착하고 카메라를 미리 계산에 넣는 것이다. 카메라의 시선과 그녀의 몸의 포즈가 반드시 일치하지는 않는다. 망신살이 뻗친 사진처럼 계산에 넣지 못했던 몸의 부위가 갑자기 카메라에 잡히고 확대됨으로써 그녀의 아름다운 이미지에 먹칠을 할 수도 있다. 하지만 다시 생각해보면 그녀의 파편화된 이미지 이전에 이미 그녀의 아름다운 몸 자체가 파편화되어 있지 않은가. 빅토리아의 별명은 포쉬(Posh)라고 한다. 포쉬는 호화롭거나 멋지고 우아한 호텔이나 복장 등에 적용되어 쓰이는 말이다. 포쉬한 호텔이나 복장으로 평가되기 위해서는 얼마나 많은 비용이 들어야 하는 것일까. 빅토리아를 다룬 어떤 연예 기사에 의하면 그녀는 성형에만 최소한 약 3,500만원의 비용을 투자하였다고 한다. "빰에는 3,000달러, 입술은 2,000달러, 머리와 피부에는 3,100달러, 눈은 8,000달러, 코는 11,000달러, 가슴은 10,000달러의 성형 비용이 들어간 것으로 집계되었다"고 한다. 카메라의 시선이 그녀를 파편화하기 이전에 그녀가 먼저 아름다움의 이름으로 자신의 몸을 빰, 입술, 머리, 피부, 눈 등으로 파편화시켰던 것이다. 그녀는 성형외과의 수술실에서 그러한 부분들로 해체되었다가 다시 재구성되었던 것이다.

육체의 파편화는 두 가지 시선으로 요약될 수 있다. 한편에 주체가 자기의

Daily Mail Online
(2007. 12. 17)
〈옷 때문에 구겨진 포쉬의 이미지〉
(a wardrobe malfunction for Posh)

http://www.dailymail.co.uk/tvshowbiz/article-502611/Spice-Girls-explode-UK-stage-raunchy-relaunch-wardrobe-malfunction-Posh. html

몸을 파편적으로 바라보는 시선이 있다면, 또 다른 한편에는 타자의 몸을 파편적으로 바라보는 시선이 있다. 전자가 자기 검열의 시선인 반면 후자는 타자 검열의 시선으로, 양자는 서로 자리바꿈이 가능한 상호 대칭적 관계에 있다. 거울에서 자기 외모를 확인하듯이 상호대칭적이 아니라면 주체는 타자의 시선을 미리 계산에 넣을 수가 없다. 달리 말해서 빅토리아의 사진을 접하는 독자는 아무런 사전 정보 없이 순진한 시선으로 그녀를 바라보지 않는다. 이상적인 몸매와 외모를 위해 자신의 성형 견적을 뽑을 수 있는 독자들은 동시에 빅토리아에 대해서도 그러한 견적을 뽑을 수 있으며, 그녀에게도 이상적인 외모의 기준을 적용할 수가 있다. 그래서 그녀의 어깨 아래의 살이나 배의 주름을 그러한 기준에서 벗어나 보기 흉한 살로서 판단하게 된다. 물론 이상적 표준에 비춰서 빅토리아를 검열하는 독자의 시선은 자기 자신의 외모에 대해서도 자유롭지 않다. 시선은 상호 검열적이면서 상호 구속적인 것이다. 전신거울에 자신을 비춰보는 사람을 상상해보라. 그의 거울에는 상상적인 눈금과 상상적인 저울의 눈금이 새겨진 듯이 보인다. 그래서 검열하는 시선으로 어느새 자신을 바라보기 시작한다. 키가 170㎝인데 몸무게는 60㎏이어야 하지 않은가? 허리둘레는 30㎝이어야 하지 않은가? 그런데 지금의 나는? 배가 너무 튀어나오지 않았는가? 오늘부터 다이어트를 하고 조깅을 해야 하지 않을까? 우리는 검열사회에 살고 있는 것이다.

어느 인터뷰에서 빅토리아 베컴은 자신이 늙어가며 추해지도록 절대 방치하지 않을 것이라고 공언했다고 한다. 그녀는 더욱 젊어지고 더욱 아름다워지기 위해 막대한 자본을 자신의 육체에 끊임없이 투자하고 있다. 그래서 그녀의 육체는 카메라 세례를 받으면서 걸어 다니는 자본, 굴러다니는 돈덩어리가 되었다. 두말할 나위 없이 화폐는 교환의 수단이다. 화폐를 지불하고 우리는 욕구를 만족시킬 수 있는 상품을 구매하는 것이다. 외모지상주의적인 현대사회에서 아름다운 외모는 새로운 교환의 수단으로 등장하였다. 그렇다면 우리는 아름다운 육체로 과연 어떠한 욕구를 만족시키는 것일까? 패션모델이라면 생계를 유지하기 위해서 육체를 과시하고 진열하는 경제활동에 임한다. 육체의 전시가 화폐로 환전되며, 그러면서 노동자처럼 육체가 소모되기 시작한다. 그래서 모델들은 시간의 흐름에 따라서 가치가 감소하는 그들의 육체를 계산에 넣어야만 한다. 하지만 패션모델이 아닌 대부분의 사람들에게 몸매 관리와 몸매 현시는 어떠한 의미를 지니는 것일까? 어쩌면 검열 사회에서 우리에게는 선택의 여지가 없는지도 모른다. 원하든 원치 않든 서로의 육체를 검열하는 타자의 시선에 노출되어 있는 것이다. 그러한 타자의 시선으로 자신의 몸을 검열하는 까닭이 여기에 있다. 검열의 시선을 좋은 점수로 통과하면 우리는 자신에 대해서 만족할 수 있는 듯이 보인다. 또 가장 높은 점수를 기록한 사람들은 모델이나 유명 인사가 될 수도 있는 듯이 보인다. 하지만 아름다운 육체의 소유가 주체의 욕망을 만족시켜주지는 못한다. 아름다운 육체는 타자의 시선에 볼모로 붙잡혀 있기 때문이다. 그것은 자신의 몸이라기보다 타자의 시선의 노예라고 말해야 옳다. 타자의 시선을 의식해서 관리되고 만들어지는 몸은 자기의식이 아니라 타자의 의식으로 삼투된 육체, 자기 자신을 소외시킴으로써 타자를 환대하는 육체이다. 이때 주체의 만족은 전적으로 타자의 인정에 의존하고 있다. 타자의 까다로운 검열의 시선이 그의 아름다움을 인정해줘야만 스스로도 만족할 수 있는 것이다. 그러나 빅토리아의 사진 사건이 말해주듯이 검열사회의 인정은 너무나 변덕스럽고 우발적이다. 아무리 아름다운 육체도 파편화되고 줌 렌즈로 크게 확대되면 더 이상 아름답지 않다. 아름다움은 줌의 시선을 견뎌내지 못하는 것이다.

현대인들은 과거의 어느 때보다 아름다워졌지만 진정한 행복이나 만족의 가능성으로부터는 과거 어느 때보다 멀어진 듯이 보인다. 화가들에게는 당연한 이야기지만, 아름다움은 원근법의 문제이다. 아름다운 대상도 눈앞에서 너무 멀어지거나 너무 가까워지면 더 이상 아름답지가 않다. 아름다움을 음미하기 위해서는 알맞은 거리를 유지하면서 대상을 바라보아야 한다. 또 거리와 알맞은 각도에 조율되면 모든 대상이 다 아름답게 보인다. 화가들은 평범한 사람들이 무심코 지나친 하찮은 대상에서도 아름다움을 발견할 줄 아는 시선의 소유자들이다. 그런데 줌으로 무한 확대하고 무한 축소하는 디지털 카메라의 등장은 이러한 원근법의 균형을 파괴해버렸다. 검열사회는 대상의 아름다움이 온전하게 드러날 수 있도록 적절한 거리로 물러서지 않는다. 현미경적으로 확대함으로써 대상을 파편화시켰던 것이다.

일찍이 《걸리버 여행기》(*Gulliver's Travels*)에서 조나단 스위프트(Jonathan Swift)는 거인국의 에피소드를 통해 그렇게 확대된 사람들의 끔찍한 모습을 보여주었다. 여기에서 거인 소녀는 청개구리처럼 걸리버를 손바닥 위에 올려놓고 귀여워한다. 자그마한 크기로 축소되면 신체의 결함도 감춰지기 때문에 소녀는 너그럽고 관대한 시선으로 그를 바라볼 수가 있다. 하지만 어린 소녀 거인을 바라보는 그의 시선은 정반대로 냉혹한 시선이 된다. 그에게 소녀가 수백 배 줌으로 확대된 모습으로 다가오면서 너무나 거대하게 보이기 때문에 그는 온전한 하나의 전체로서 그녀를 보지 못한다. 뺨의 한 부분, 가슴의 한 부분처럼 극히 제한된 신체의 일부분만이 무한히 확대되어 보일 따름이다. 과연 그의 눈에는 무엇이 보일까. 소녀의 얼굴 전체가 그에겐 보이지 않는다. 대신 달의 분화구처럼 움푹 파인 땀구멍, 불에 탄 나무 같이 길고 검은 털이 보인다. 또 나무가 서 있는 땅은 가뭄의 논바닥처럼 쩍쩍 깊은 금이 가있다. 확대되면서 소녀의 몸이 세포의 단위로 해체되어버리는 것이다. 거인 세계의 맥락에서 벗어나 소인국의 세계에 던져지면 그녀의 몸은 몸이 아니라 세포로 돌변해버린다. 줌으로 대상을 무한하게 축소할 수도 확대할 수 있는 디지털 가상공간의 풍경을 약 300년에 조나단 스위프트가 미리 선취해서 보여주었다고 할 수 있다. 이러한 세계에서 과연 우리가 행복할 수 있을까? 아름다운 몸도 현미경적 검열의 시선으로부터 안전하지 않은 것이다. 또 아름다움에 집착하면 집착할수록 우리는 자신의 몸을 현미경적 검열의 시선으로 바라보게 된다. 자세히 바라보면 볼수록 몸의 흠(주름, 흰머리, 기미, 뱃살, 반점 등)이 더욱 과장되고 확대되어 시선에 잡히는 것이다. 양심에 대한 사도 바울의 증언이 검열의 시선에 대해서도 똑같이 적용될 수 있다. 양심이 깨끗한 사람일수록 가벼운 잘못에 대해서도 비정상적으로 예민해지기 때문에 그렇지 않은 사람에게는 아무렇지도 않은 사소한 일에도 끔찍한 죄를 지은 듯 괴로워한다. 그는 자신에게 만족하지 못하며 행복할 수 없는 사람이다. 아름다운 몸에 집착하는 현대인도 마찬가지이다. 행복이나 만족 대신에 냉혹한 자기 검열의 시선이 가시처럼 그의 의식을 고문하는 것이다.

육체의 파편화 및 검열은 지나치게 몸매에 집착하는 현대사회의 증상들이다. 그러한 증상은 좁게는 맥락 상실, 넓게는 세계 상실의 또 다른 표현이다. 빅토리아의 어깨 아래 살의 사진은 그 부위를 의사가 조직검사를 하듯이 신체의 유기적 전체의 맥락에서 떼어내 확대시킨 것이다. 신체로부터 분리됨으로써 살 한 조각의 사진은 신문과 인터넷의 공간에서 무한하게 확대 재생산될 수 있다. 살 한 점은 그것이 원래 속해 있던 유기체적 세계로부터 소외되는 대가를 치름으로써 사진의 세계로 편입이 된다. 그 사진이 찍혔던 게 스파이스 걸즈의 공연이라는 사회적 맥락, 사회적 세계로부터 이미 소외되어있음은 두말할 나위가 없다. 대상 전체를 온전하게 재현할 수 없는 사진은 그것의 무게와 깊이, 역사는 무시하고서 그것의 형체만을 이미지로 모방한다. 대상이 피사체로 찍히는 순간에 그것을 감싸고 있던 세계의 맥락으로부터도 동시에 벗어나는 것이다. 그러면서 대상의 고유한 세계도 한꺼번에 와해되어 버린다. 이중적인 의미에서의 세계의 상실이 발생하는 것이다. 세계가 상실된 대상은 핵이 제거된 세포와 마찬가지이다. 여기에서 우리가 새삼 사진의 세계 상실을 지적하려는 것은 아니다. 앞서 언급했듯이 검열사회에서 타인의 몸을 바라보는 우리의 시선은 카메라의 시선을 닮아있다. 이상적 아름다움의 척도로 타인을 검열하는 우리의 시선에 타인의 생활 세계는 배제되어 있는 것이다. 그냥 육체로 바라볼 뿐, 슬퍼하거나 기뻐하며 자기만의 개인사를 지닌 주체의 몸으로 바라보지 않는 것이다. 그러나 살아 움직이는 몸은 어느 한 순간에도 하나의 이미지로 응결되지 않는다. 그것은 끊임없이 주위의 생활세계와 교감하고 소통하면서 희로애락의 감정에 물결치는 몸이다. 그냥 육체가 아니라 그러한 세계의 의미로 삼투된 몸인 것이다. 그럼에도 육체를 검열하는 우리의 시선에는 그러한 생활세계의 의미가 담기지 않는다. 그렇다고 우리가 타인의 몸에서 의미의 더께를 폭력적으로 제거한다는 것은 아니다. 우리가 살아가는 현대 사회가 세계의 의미를 허용하지 않는다고 말해야 옳다. 친밀한 가족이나 직장의 공간을 벗어나는 순간 우리는 망각의 레떼강을 건넌 망령들처럼 익명적인 타자들의 물결에 휩쓸리게 된다. 저마다 자기만의 생각에 잠긴 낯선 사람들의 와중에서 우리는 그들의 의미를 읽을 수가 없다. 의미가 읽히지 않으면 몸은 그냥 육체, 이상적 아름다움의 기준에 비춰 검열되는 육체로 전락하게 된다. 예컨대 앞에서 걸어가는 사람은 너무나 키가 크거나 너무나 작으며, 너무나 뚱뚱하거나 너무나 마른 사람이 된다.

세계 상실은 달리 말해서 의미 상실이다. 또 검열사회는 의미가 상실된 사회에 다름이 아니다. 우리는 간단한 실험으로 의미상실의 증상을 쉽게 경험할 수 있다. 가령 프리마돈나가 푸치니(Giacomo Puccini)의 〈나비부인〉(Madam Butterfly)의 유명한 아리아 〈어느 개인 날〉을 부르는 장면을 비디오로 보고 있다고 하자. 우리는, 남편을 기다리며 애타는 마음을 달래지 못해 매일 언덕에 올라 눈시울을 적시면서 바다를 바라보는 나비부인의 사연에 흠뻑 빠져서 프리마돈나의 아리아를 듣는다. 그녀의 애타는 처지를 동정하면서 그녀와 감정이 이입된 우리는 프리마돈나의 얼굴이나 몸매를 냉정한 제3자의 시선으로 바라보지 않는다. 오케스트라의 반주와 절묘하게 어우러지는 그녀의 역할과 목소리에 우리의 눈과 귀가 조율되어 있기 때문이다. 그녀의 몸은 그냥 육체가 아니라 노래하는 몸, 나비부인의 슬픔에 잠긴 몸이다. 그런데 갑자기 스피커에 이상이 생겨서 소리가 나오지 않는다고 가정해보자. 이때 우리는 갑작스런 이질감에 놀라게 된다. 프리마돈나는 여전히 애절하고 애타는 표정을 지으면서 아리아를 부르고 있다. 하지만 그녀의 노래하는 모습은 얼마나 우스꽝스럽고 흉한가. 그녀는 하마처럼 너무나 입을 크게 벌리고 있으며, 표정과 몸짓은 터무니없이 과장되어 있고, 그녀의 몸매는 부풀은 찐빵처럼 너무나 비대하며, 핑커튼(Pinkerton)이 반한 나비부인이기에는 너무나 나이가 들고 추해 보인다. 오페라와 음악의 맥락에서 벗어나는 순간에 프리마돈나의 몸은 우스꽝스런 육체로 빈곤해지는 것이다. 더구나 갑자기 비디오의 화면이 정지해 있다고 가정해보라. 특히 눈을 막 깜빡이는 순간의 표정으로 얼굴이 정지해있다고 가정해 보라. 고야(Francisco José de Goya)가 스페인 내전을 주제로 그린 인물들의 캐리커처처럼 기괴하고 희화적인 모습을 보게 될 것이다. 물론 이런 급격한 단절적 변화는 실제 공연의 현장에서는 발생하지 않는다. 오케스트라의 반주가 중단된다면 놀란 프리마돈나도 노래를 멈출 것이며, 또 아무 일도 없었다는 듯이 무반주로 노래를 계속한다면 관객들은 그녀의 용기와 성실함에 더욱 경탄하게 될 것이다. 오페라홀의 관객들은 오페라의 맥락 안에서 오케스트라 및 성악가들과 호흡을 같이 하고 있기 때문에, 비디오의 시청자들처럼 제3자적 검열의 시선으로 프리마돈나를 바라보지 않는 것이다.

의미로 조율된 시선은 몸을 육체로 지각하지 않으며, 고독하고 공허한 개인처럼 중립적으로 타인을 바라보지도 않는다. 의미로 가득한 세계에 함께 뿌리를 내리고 의미의 자양분을 함께 흡수하면서 세계의 바람과 햇볕에 함께 부대끼며 기쁨과 슬픔을 같이 한다. 그러한 의미의 스펙트럼에 비친 사람들은 아름답거나 추한 외모의 소유자가 아니라 착하거나 악하고 친절하거나 불친절하고 기쁘거나 슬픈 이웃들로 경험이 된다. 풍속과 습관, 일상, 감정의 자장과 더불어서 함께 소통하는 것이다. 의미의 진공 속에서 중립적으로 이들을 바라보는 사람이 있다면 그것은 낯선 외부인일 따름이다. 낯선 외부인은 함께 기뻐하거나 슬퍼하지 않는다. 그의 객관적이며 중립적인 시선은 미덕이 아니라 소외와 의미 결여의 부산물에 지나지 않으며, 친근한 이웃들의 시선이 감정과 정서의 깊이를 공유하는 시선이라면 그의 시선은 타인의 표면만을 스치고 지나간다. 그렇다고 이 이방인이 낯선 외국어를 처음 접하는 학동처럼 계속 넋을 잃고 당황해하는 상태로 머무르지는 않는다. 인류학자들이 그러하듯이 처음 발을 들여놓은 미지의 마을을 읽고 이해하기 위한 나름의 방법을 물색하기 시작하는 것이다. 마을의 의미를 제대로 읽어내기 위해서는 거기에 거주하면서 마을 사람들과 친해지고 그들의 낯선 습속과 풍물이 형성된 배경에도 관심을 기울여야 한다. 그리고 제대로 이해하기 위해서는 관찰의 대상인 마을 사람들과도 어느 정도 동화되어야만 한다. 동화되지 않으면 그들의 정서와 감정을 이해하지 못하며 문화의 표면에 머무르기 때문이다. 그래서 인류학자들은 냉정한 객관적 시선을 포기함으로써만 마을의 이해에 이르게 된다. 그런데 인류학자와 달리 낯선 우리의 이방인은 대도시의 인파에 휩쓸린 사람들처럼 그냥 마을을 스쳐지나가면서 마냥 호기심 어린 시선으로 그들을 구경한다고 하자. 그에게는 모든 것이 구경거리에 지나지 않게 될 것이다. 그러면서 그의 기준을 가지고서 마을의 외관을 판단하게 된다. 마을 사람들이 너무나 키가 작다거나 얼굴이 너무나 검다거나 옷맵시가 형편이 없다거나 등등.

지도나 나침반도 없이 낯선 바다를 항해하는 배를 상상할 수 없듯이 완벽하게 의미가 상실된 세계는 상상할 수가 없다. 미지의 바다라면 경도와 위도의 선분을 촘촘하게 그어서 바다를 세밀하게 구획하고 좌표를 파악해야 한다. 여기서 경도와 위도의 선분은 중립적이며 객관적이다. 삼천포의 시인 박재삼이라면 삼천포 바다를 그러한 중립적 시선으로 바라보지 못한다. 바라보기만 해도 바다는 다정하고 가슴 벅찬 이야기를 웅얼거리면서 그에게 의미심장하게 다가오기 때문이다. 이러한 친밀한 의미를 공유하지 못하는 사람들은 경도와 위도로 구획된 표준 지도에 의존하여야 한다. 생활세계의 의미가 영으로 소멸하는 지점에서 표준 지도라는 새로운 제도적 의미가 탄생하는 것이다. 진공관처럼 생활세계의 의미가 비워져나가야만 지도가 작성될 수 있다. 이처럼 표준 지도의 삼천포와 박재삼의 삼천포는 서로 배타적인 관계에 있는 것이다. 표준 지도의 작성하는 과정에서 시인의 삼천포 경험이 기입된다면 지도는 지도로서의 기능을 잃게 된다. 마찬가지로 시인이 삼천포를 지도의 중립적인 언어로 묘사한다면 시는 더 이상 시가 아니게 된다. 양자가 서로 배타적인 까닭을 짐작하기는 어렵지 않다. 삼천포를 다루는 시인의 시에 주체의 경험이 필수적 조건이라면 지도가 작성되기 위한 필수적 전제는 인간 주체의 부재이어야 한다. 경도와 위도로 지도 위에 좌표가 찍힌 삼천포는 인간 주체가 볼 수 있는 섬이 아니다. 그것은 인간의 생활세계가 아니라 기하학적 논리의 질서에 속해 있다. 인간 주체의 눈으로 그 거대한 바다를 볼 수가 없기 때문에 자와 선분으로 바다를 구획하는 것이다. 다양한 생활세계의 의미가 불가능하기 때문에 하나의 획일적 의미를 바다에 강요하는 것이다.

검열사회는 생활세계의 의미가 상실된 사회, 보다 정확하게 말하면 다양했던 의미가 일원화되고 획일화 된 사회이다. 또 인간 주체의 생활세계에 조율되어 있었던 풍요로운 의미가 상실되면서 하나의 획일적 제도의 지배로 편입된 사회이다. 인간 주체의 시선이라기보다는 카메라 렌즈를 통해 피사체로 보고 보여지는 시선들이 마치 거미줄처럼 얽힌 사회이다. 앞서 언급했던 마을사람들은 서로의 표정과 감정, 개인사를 자유롭게 읽을 수 있지만 그렇지 못한 이방인은 아름다운 몸매의 관점에서 마을 사람들을 바라보게 된다. 한자를 읽지 못하는 외국인들이 한시 붓글씨를 신기한 그림으로 바라보듯이 말이다. 그리고 항해 지도를 작성하기 위해서 바다를 경도와 위도로 잘게 구획하듯이 우리도 아름다운 육체를 더욱 확실하게 검열하기 위해서 육체를 가슴, 팔, 다리, 엉덩이 등으로 파편화시켜 놓았다. 그럼으로써 뱃사람들이 바다를 정복하듯이 우리도 육체를 정복할 수 있게 되는 것이다. 성형수술, 화장 등이 그러한 정복의 테크닉임은 두말할 나위가 없다.

다시 빅토리아 베컴의 망신살이 뻗친 사진으로 돌아가기로 하자. 사진 기자들이나 파파라치들이 사진을 찍어 신문이나 인터넷에 유포시킴으로써 맨눈으로 쉽게 드러나지 않던 그녀의 육체의 흠결을 드러냈었다. 그리고 독자들도 그러한 카메라의 논리의 연장선에서 그녀의 이미지를 자유롭게 확대하거나 축소하고, 검열하고 해부하며 해체하는 행위에 임할 수 있었다. 앞서 우리는 검열사회에 살고 있는 것이다. 여기서 다음과 같은 질문이 제기될 수가 있다. 과연 우리의 그러한 시선이 불온하고 부도덕한 시선, 파괴적이며 관음증적인 일탈의 시선일까? 필자는 그렇게 생각하지 않는다. 이 질문은 주위에서 만나고 인사하며 교제하는 타자들이 아니라 대중매체에 범람하는 스타들의 사진 이미지에 대한 것임을 염두에 두고서 대답하기로 하자.

그렇다면 그녀의 사진은 물론이고 포쉬로서 빅토리아 베컴 자체가 하나의 유명한 허구, 대중문화적 현상이지 않은가. 우리의 관음증적 시선을 유혹하고 유도하지 않으면 혹은 그러한 유혹에 우리가 굴복하지 않으면 그러한 허구가 공룡처럼 거대한 패션 아이콘으로 비대해지지 않는다. 따라서 그녀의 이미지가 허구가 아니라 진짜 빅토리아 베컴이라는 듯이 바라보는 순진한 감상의 시선은 그의 의도와는 전혀 무관하게 공모자의 시선이 되어버린다. 가령 렘브란트(Rembrandt)나 르느아르(Pierre Auguste Renoir)의 초상화나 나체화를 감상하듯이 스타들의 사진을 바라볼 수 없는 이유가 여기에 있다. 감상하면서 자기도 모르게 획일화된 아름다운 몸매의 기준과 표준화된 의미에 익숙해지고 길들여지는 것이다. 그렇다면 대상을 확대하기도 하고 축소하기도 하면서 파편화하고 해체하는 시선이 훨씬 더 바람직한 것일까? 사이렌의 유혹에 저항하기 위해서 귀를 손으로 막았던 율리시즈처럼 우리도 이미지의 유혹에 대해 그런 식으로 스스로를 방어하는 것일까? 이것이 이미지를 전복적이며 해체적으로 읽은 독법일까? 물론 필자는 그렇게 생각하지 않는다. 스타의 이미지를 분석하고 해부하는 시선도 어디까지나 획일적인 아름다움의 기준을 빌려서 이루어지기 때문이다. 우리의 따가운 검열의 시선에 빅토리아 베컴이 망신살이 뻗쳤다면 그것은 그녀가 아름다움의 표준에 미달하였기 때문이다. 또 감가삼각의 법칙처럼 처음 연예계에 등장했을 때에 비해 나이가 그녀의 젊은 매력이 계속 감소하고 있기 때문이다. 이를테면 우리는 더욱 더 엄격한 기준을 그녀에게 들이대면서 더욱 더 아름다워지기를, 혹은 그렇지 못하면 화려한 연예계에서 은퇴하기를 강요하고 있는 셈이다. 그들의 이른바 엄격한 해석의 시선이 순진한 시선보다 획일적 아름다움의 기준을 향해 한 발자국 더 앞으로 다가서 있는 것이다. 감상의 시선이 뭔가를 몰라서 순신하게 속는 바보 양의 시선이라면 뭔가를 알고 있는 해석의 시선은 그러한 지식으로 인해서 더욱 더 깊숙이 지식의 수렁에 빠지는, 자기 꾀에 속아 넘어가는 똑똑한 여우의 시선이다. 대중매체나 인터넷에 떠도는 스타들의 이미지를 접하는 독자는 순진한 바보나 똑똑한 바보의 하나로 전락하게 되는 것이다.

그러나 대안이 없지는 않다. 순진한 바보나 똑똑한 바보의 운명은 세계 상실의 후유증이며 검열사회의 당연한 결과이다. 대상을 바라보는 주체의 시선이 의식하든 의식하지 못하든 획일적 아름다움의 코드에 따라서 이루어지는

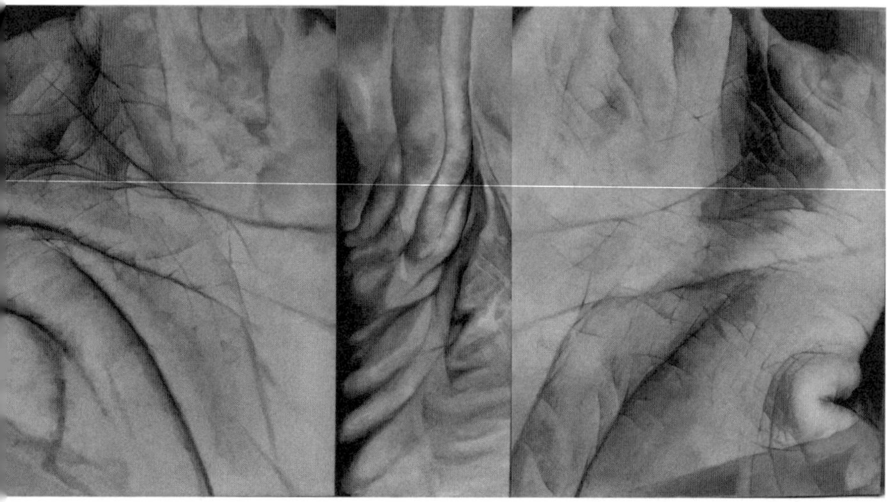

임 림 〈낯선 세계〉

것이다. 잘 길들여진 훈련견처럼 우리는 코드의 명령에 복종하면서 대상을 바라보게 된다. 그렇다면 그러한 코드에서 벗어난 시선, 탈코드화된 해독이 가능하지 않을까. 규격화된 일방적 의미의 독주를 견제하고 일탈시키는 새로운 의미의 기입이 가능하지 않을까. 관점을 조금만 바꿔 바라보면 빅토리아의 확대 사진에서 몸의 새로운 의미를 발견할 수도 있지 않을까. 가령 현미경으로 확대된 얼굴의 표면이 화산의 분화구처럼 보인다고 해도, 우리가 모두 부드러운 우윳빛 피부를 가지고 있어야 한다는 미용 코드의 명령을 거부하는 순간, 거기에서 새로운 아름다움의 지평이 열리지 않을까. 그것이 예술가의 시선이 아닐까. 손바닥과 발바닥의 확대된 사진을 이용해서 그린 젊은 화가 임림의 작품 〈낯선 세계〉를 보자. 얼핏 보면 손바닥은 깊거나 얕게 베인 칼자국으로

천 갈래 만 갈래 균열되어 있는 듯이 보이며, 발바닥은 겹쳐진 주름이나 지렁이 떼처럼 보이기도 한다. 그러나 다시 바라보면 거기에서 어떤 형용할 수 없는 아름다움의 형상이 웅얼거리면서 뭔가 속삭이기 시작하지 않은가. 땅을 밟으면서 발바닥에 스며든 대지의 지문이, 붙잡히면서 사물들이 손바닥에 남긴 사물의 흔적들이 맑은 핏빛으로 선연하게 살아나지 않은가. 물론 그들의 형상이나 의미를 집어서 말할 수는 없다. 편리하게 하나의 코드나 일관된 의미로 수렴되지 않기 때문에 해석은 고스란히 독자 개인의 몫으로 남는다. 말하자면 독자도 예술가의 눈으로 손바닥과 발바닥을 바라보아야만 하는 것이다. 그러면서 세계를 새롭게 바라보는 눈이 열리기 시작하고, 획일적 미용 코드의 독재로부터 점차 풀려나게 된다. 그러면서 하나의 기준을 서로의 몸에 들이대면서 서로를 검열하고 견제하는 감시의 시선으로부터 점차 우리가 자유로워질 수 있지 않을까.

몸과 사진

7장

근대적 사진과 탈근대적 사진

탈근대주의가 유행하던 시절에 자주 인구에 회자되던 "재현의 위기"니 "실재의 상실"과 같은 어구들은 이제 상투적이고 진부한 레토릭이 되었다. 보드리야르(Jean Baudrillard)의 주장처럼 실재가 이미 상실된 사회, 복본과 원본의 구별이 애당초 불가능할 뿐 아니라 전자가 후자보다 더욱 실감 나는 "스펙터클의 사회"에서 실재와 관련해서 재현을 운운하는 논의는 시대착오적으로 들리기 십상이다. 잃어버린 실재의 낙원으로 복귀하거나, 그것의 파편이나 흔적으로 전체를 재구성하고 복원할 수 있는 길은 어디에도 없는 것이다. 이러한 와중에 실재의 상실은 어느덧 하나의 세계관, 하나의 윤리적 태도로 자리를 잡게 되었다. 〈인간 과학중심의 담론에 있어서의 구조와 기호와 놀이〉(Structure, Sign, and Play in the Discourse of the Human Sciences)라는 유명한 글에서 데리다(Jacques Derrida)는 근원이 상실되었다고 해서 죄의식에 잠길 필요가 없다고 주장하였다. "슬픔과 향수, 거부 및 죄의식에 가득한 루소의 시선"이 아니라 "근원도 진리도 없는… 세계의 유희를 유쾌하게 긍정하는 니체의 시선"[1]으로 세계를 바라봐야 한다는 것이다. 탈근대적 맥락에서 현대 사회

가 기호의 무한한 유희를 긍정하는 니체적인 세계임은 두말할 나위가 없다. 이것은 무엇보다도 반본질주의와 구성주의(*constructionism*)의 입장을 견지하는 비판적 담론의 영역에서 두드러진다. 여기서 기호는 지시대상을 직간접적으로 가리키거나 암시하면서 현실이나 실재를 드러내는 수직적 지향이 아니라 다른 기호들을 향해 끊임없이 미끄러지면서 서로를 참조하는 수평적 지향을 갖는다. 자연은 없다. 문화만이 있을 따름이다. 마찬가지로 여자는 없다. 남자와 차이의 손길로 빚어지는 여성 이미지와 담론이 있을 따름이다. 여자는 실재의 범주가 아닌 역사적으로 구성된 문화적 범주에 속하며, 직관되는 존재가 아니라 읽고 해석되어야 하는 기호가 된다. 역사적 · 문화적으로 덧입혀진 이미지와 담론의 더께를 벗겨내면 실재로서 여자가 드러나리라고 가정하지도 말아야 한다. 이미지의 근저에 실체가 있다는 가정이 성립되지 않는 것이다. 이미지의 이미지의 이미지의 연쇄로 이어지는 기호의 무한 퇴행이 있을 따름이다. 재현 불가능성은 단지 언어의 영역으로 한정되지 않는다. 실재의 조각이나 실재의 보증으로 일컬어졌던 사진적 재현도 더 이상 예외가 아니다.

실재를 재현하는 사진의 능력에 대한 탈근대적 의구심은 1970년대부터 시작되었다.[2] 물론 여성의 이미지와 관련해서 그러한 의구심은 페미니즘의 전개와 발전에도 무시할 수 없는 변화를 가져왔다. 과거의 사진작가들이 가부장적 제도에 의해서 체계적으로 억압되었던 여성의 욕망을 드러내면서 "여성의 긍정적인 이미지"를 재현하기 위해 최대한의 노력을 기울였다면, 탈근대주의

---

1 Jacques Derrida, "Structure, Sign, and Play in the Discourse of the Human Sciences" in *Writing and Difference*, Chicago: U of Chicago P, 1978, p.292.

2 Andy Grundberg, "The Crisis of the Real" in *The Photography Reader*, ed. Liz Wells, London: Routledge, 2003, p.169.

계열의 사진작가들은 여성의 재현 가능성 자체를 신뢰하지 않았을 뿐 아니라 드러내야 할 여성의 실상이 있다는 리얼리즘적 가정을 아예 폐기해버렸다. 이제 "여성의 이미지"라는 표현은 어불성설은 아니라 하더라도 오해의 소지가 많기 때문에 극히 조심스럽게 사용되어야 마땅하였다. 존재하지 않음에도 불구하고 재현의 대상으로서 여성이라는 범주를 당연시하는 자연주의적 오류의 혐의가 물씬 풍기기 때문이었다.[3] 여성의 이미지라는 어구는 여성 자체가 이미지라는 어절로 대치되어야 했다. 그러면서—앞으로 본문에서 필자가 상설하게 되겠지만—신디 셔먼(Cindy Sherman)의 사진의 경우처럼 이제 사진적 재현의 대상은 여성이 아니라 여성 이미지 일반, 이미지에 대한 이미지, 혹은 여성에 대한 해석의 해석으로 탈바꿈하게 되었다. 물론 이러한 변화는 사진을 읽어내는 방식에도 반영되었다. 비평가들은 재현의 대상을 도외시하고 재현되는 방식에, 한편으로 이미지가 암호화되는 방식과 다른 한편으로 그러한 이미지가 해독되는 방식에 논의의 초점을 맞추었다. 이데올로기적으로 구성된 여성의 이미지를 해체하는 작업이 비평가의 주된 작업이며 덕목이 되었던 것이다. 중요한 것은 재현의 대상으로서 여성이 아니라 해석과 해제의 과정으로서, 사진 비평도 문학 텍스트 비평과 마찬가지로 의심의 해석학의 일부로 통합되고 말았다. 여기서 발생하는 문제는 문자 텍스트와 상이한 사진 매체의 고유성의 상실이다. 사진 비평은 그렇지 않아도 위기에 처했던 재현성에 확인사격을 가

3 Jessica Evans, "Photography." *Feminist Visual Culture*, eds. Fiona Carson and Claire Pajaczkowska, New York: Routledge, 2001, pp.108~110. 참고로, 인종적으로 억압을 받았던 흑인을 재현하는 문제도 여성의 재현과 비슷한 변화를 겪었다. 처음에는 백인에 의해 규정된 열등한 이미지를 바로잡고 진정한 흑인을 제기하기 위해서 긍정적인 흑인의 모습이 강조되었는데, 1970년대 후반 이후로 흑인이란 존재하지 않는다는 인식이 확산되면서 재현의 불가능성이 강조되었다.

하고 실재의 실종을 기정사실로 만들어 놓은 셈이다. 여기서 우리는 기호의 무한한 유희를 긍정하는 니체적인 시선으로 사진을 읽어야 하는 것일까? 우리에게 선택의 여지 있다면 필자는 슬픔과 향수, 죄의식에 절은 루소(Jean Jacques Rousseau)적인 시선을 가지고 이미지로부터 실재의 흔적과 역사를 읽어내야 한다고 생각한다. 가부장적 이데올로기의 손길로 빚어진 여성의 이미지가 해체되어야 한다는 탈근대적 주장은 충분한 정당성을 가진다. 그렇다고 이미지가 촉발하는 여성의 역사적 실재를 향한 지향성의 시선을 놓아도 된다는 결론이 유도되지는 않는다. 이미지에는 언어적 의미로 환원되지 않는 물질성이 내장되어 있기 때문이다. 또 기호의 독해에는 의미화작용뿐만 아니라 지시화 작용도 수반되며, 특히 이미지 기표에서 지시화 작용의 역할이 최대화되어야 하기 때문이다.

현대 사진 예술과 비평의 중요한 특징의 하나는 과거에 사진의 본질로 간주되었던 현실 재현 능력을 의심하고 부정하는 거부의 자세이다. 19세기 초반에 사진을 처음 접했던 당시의 독자들은 은판사진법의 발명가였던 다게르(Louis Jacques Daguerre)가 적절히 표현하였듯이 "자연의 이미지의 자발적인 재생산"으로서 사진의 면모에 압도되었다. 화가의 의도나 상상력을 거치면서 자연으로부터 점차 멀어지는 회화와 달리, 모래 위에 찍힌 발자국처럼 빛이 대상을 지나가면서 남겨 놓은 흔적으로서 사진은 실재의 보증을 받은 듯이 보였던 것이다. 회화나 문학이 자연의 번역이거나 간접 인용에 불과하다면 사진은 자연의 직접 인용에 가깝다. 그래서 사진이 발명되었던 초기의 독자들은 한없이 경탄하는 한편 인간이 신(자연)의 영역을 찬탈했다는 신성모독의 두려움에 사로잡히기도 하였다. 사진 애호와 사진 혐오라는 상반된 감정이 교차하였던 것이다. 하지만 탈근대주의 이론이 사진의 영역으로도 확대 적용되었던 1970년대 이후로 자연의 직접 인용으로서 사진에 대한 찬탄과 두려움은 점차 자취를 감추기 시작한다. 사진은 자연의 기록이 아니라 자연의 해석이나 간접인용으로, 미메시스라기보다는 다이지니스(*diegesis*)라는 관점이 지배적이 되었다. 이제 사진은 자연대상의 세계보다는 기호와 텍스트의 세계에 가깝게 된다. 이러한 이론적 변화는 사진의 스타일에도 반영되면서 사진 작업의 방식에도 현저한 변화를 가져왔다. 예컨대 근대사진은 현실을 여과하지 않고서 판을 뜨듯이 고스란히 재현해서 인화지에 담으려고 하였다. 그래서 카르티에-브레송(H. Cartier-Bresson)과 같은 사진작가들은 가장 현실적인 현실의 속성을 실감나게 담아내기 위해서 "결정적 순간", 극적인 순간의 포착을 추구하였다. 하지만 현대사진은 현실의 본질이 극적으로 드러나는 정확한 순간을 포착해야 한다는 기존의 관념과 결별하면서 출발하였다.[4] 가장 현실의 본질에 가까운 결정적 순간이란 존재하지 않는다. 또 빛이 지나가면서 인화지에 대상의 자국을 남긴다는 점이 십분 인정된다고 하더라도 사진작가가 대상을 선택하고 구도를 잡는 과정에 개입되는 해석과 문화라는 이데올로기적 매개가 충분히 고려되어야 했다. 화가나 시인과 마찬가지로 사진작가도 세계를 해석하며 질서를 부여하는 작업에 임하는 것이다. 따라서 사진의 이미지가 현실의 진짜 대상은 아니라는, 어쩌면 너무나 당연한 사실이 새삼스럽게 강조되기 시작하였다. 이

4 근대사진과 현대사진의 구분에 대해서는 한정식, 《현대사진을 보는 눈》, 눈빛, 2003, 197~219쪽을 참고하기 바람.

제 사진작가에게 중요한 책무는 현실의 재현이 아니라 이미지와 현실 사이에 벌어진 틈새를 더욱 넓게 벌리고 그 인위성을 드러내어 보여주는 비판적 작업으로 바뀌었다. 르네 마그리트(René Magritte)의 유명한 담배 파이프 그림처럼 "파이프는 파이프가 아니다"(Ceci n'est pas une pipe). 카메라에 찍힌 영상 이미지가 자연대상이 아니라는 부정적 지식, 이미지의 자의식이 현대사진의 새로운 패러다임으로 등장한 것이다. 여기서 이미지는 지시대상의 세계를 보여주면서 스스로의 존재를 감추는 창이 아니라 자신의 이미지성을 반추하는 자기반영적 거울과 마찬가지이다. 신디 셔먼이 대표적인 작가의 하나로 손꼽히는 구성사진(*invention photo*, 혹은 *constructed photo*)도 그러한 사진적 자의식의 산물이라 할 수 있다. 구성사진에서는 자연으로서 대상이 아예 해체되어버리거나 문화적 구성의 자격으로서 제시가 된다. 카메라에 담기는 대상이 사진작가에 의해서 인습적 · 의도적으로 조작되고 연출된 다분히 인위적인 대상일 뿐 아니라 그러한 인위성이 은폐되기는커녕 사진의 전면에 나타나도록 더욱 강조된다. 혹시라도 순진한 독자들이 이미지를 자연 대상과 착각하지 않도록 사진이 치밀하게 반사실적으로 "구성"되는 것이다.

그러나 현대사진이 야훼를 이미지로 만드는 것을 금했던 유대인들처럼 카메라로 재현할 수 없는 실재의 무게나 깊이에 대한 외경심에서 재현을 거부하였다고 생각해서는 안 된다. 자연과 문화, 원본과 복제의 구분을 해체하였던 보드리야르와 마찬가지로 현대사진은 현실과 이미지의 근본적인 차이를 인정하지 않는다. 현실 자체가 이미 이미지로 구성되어 있다고 간주되는 것이다. 그래서 이미지의 배후에서 실재를 찾으려했던 근대사진의 영웅적 노력은 무의미할 수밖에 없으며, 차라리 이미지의 매력에 현혹되지 않는 비판적이며 유보적인 태도가 사진작가를 비롯한 독자의 미덕으로서 권장이 된다. 이 점에서 다음에 인용되는 빌렘 플루서(Vilém Flusser)의 말은 현대사진의 특징을 전형적으로 드러내고 있다.

> 우리 주위의 기술적 이미지들은 우리의 "실재"를 마술적으로 재구성하고 있다… 본질적으로 이것은 기억상실의 사례이다. 인간은 자기네들이 세계를 이해하기 위해서 이미지를 제작하였다는 사실을 망각하고 있다. 그리고 이미지를 해독하는 방법을 까마득히 잊었기 때문에 그들의 삶 자체가 이미지에 종속되고 있다. 인간의 상상력이 환각으로 바뀐 것이다.[5]

플루서에 따르면 인간과 사진의 관계는 철저하게 주객이 전도된 관계이다. 세계의 주인으로서 세계를 능동적으로 이해하기 위해서 사진술을 발명했음에도 불구하고, 불행하게도 인간은 사진의 노예가 되고 말았다. 더구나 물신주의적으로 사진을 숭배하는 나머지 한때 자신이 사진의 주인이었다는 당연한 사실마저 망각하고 말았다. 이러한 물신주의적 위험으로부터 벗어날 수 있는 유일한 길은 사진의 독법을 습득하는 것이다. 사진을 읽고 해독할 수 있는 코드의 상실에서 비롯되었던 물신주의와 소외의 증상은 코드의 회복으로써 치유될 수 있다는 것이다. 사진을 통한 세계의 이해보다도 더욱 긴급한 사안은 사진의 메커니즘과 수사법의 이해를 통해서 사진=실재라는 환상에 농락당하지 않는 일이다. 플루서의 유명한 비유를 빌리면 사진은 실계를 축소해서 정

5 Vilém Flusser, *Towards a Philosophy of Photography*, London: Beaktion Books, 1983, p.10.

확하게 보여주는 "지도"가 아니라 신문의 편집과 흡사한 이데올로기적 "스크린"이며 조작된 기호이다. 말하자면 현대사진은 대상의 세계가 아니라 의미와 의사소통의 세계에 속해 있으며, "보여주기"(*showing*)의 실물증명(*demonstration*)보다는 "말하기"(*telling*)를 통한 설득의 모델에 훨씬 가까운 것이다. 근대사진과 달리 현대사진에서는 사진도 언어로 간주되는 것이다. 그래서 언어=사진을 대상=사진으로 받아들이는 순진한 태도, 해석의 여과가 없이 사진을 세계의 증언으로 채택하는 무비판적인 태도는 용납할 수가 없게 된다. 사진의 독자는 자연화(*naturalization*)의 이데올로기를 최대한 경계해야 하는 것이다.

그런데 사진을 언어로 취급하면서 해석을 강조하는 현대사진은 영상매체의 본질적인 비언어성과 관련해서 매우 역설적인 위치에 놓인다. 한편으로 마그리트의 그림처럼 사진의 파이프 이미지는 물론 진짜 파이프가 아니다. 그럼에도 《카메라 루시다》(*Camera Lucida*)에서 롤랑 바르트(Roland Barthes)가 지적하였듯이 사진의 "파이프는 언제나 파이프이다. 고집스러울 정도로 완고하게 파이프이다".[6] 또 이해(*conception*)의 대상인 언어와 달리 사진의 이미지는 지각(*perception*)의 대상이다. 가령, 파이프라는 문자 기표는 그러한 언어를 습득한 사람에게만 파이프로서 이해가 되게 마련이다. 입력된 코드가 해독되지 않으면 파이프는 더 이상 파이프가 아니게 되는 것이다. 그러한 이유로 인해서 해독되는 순간에 문자나 소리가 가진 기표의 물질성은 완전하게 탕진되어 버린다. 기표의 물질성이 기의로, 암호화된 수수께끼 메시지가 투명한 메시지

---

6 Roland Barthes, *Camera Lucida: Reflections on Photography*, tr. Richard Howard, New York: Hill and Wang, 1981, p.5.

내용으로 대체되는 것이다. 그래서 독자들도 상이한 지향성을 가지고 텍스트에 접근하게 된다. 문자 독자에게 중요한 것은, 지시대상과 무관하게 언어 체계 내에서 기표와 기의의 상호작용을 통해서 생산되는 의미화작용이다. 하지만 이미지 기호의 독자는 기표와 기의의 관계가 아니라 기표와 지시대상이라는 기호 외적인 맥락에서 이미지의 해독 작업에 착수하게 된다. 대상의 정체를 묻는 지시화 작용이 사진의 독해에 필수적으로 전제되는 것이다. 그렇다고 대상의 정체가 확인된다고 해서 의미까지도 분명해진다고 생각해서는 안 된다. 오히려 지시된 대상의 현존성이 분명하면 할수록 의미는 더욱 더 알 수 없는 수수께끼가 되어버릴 수 있다. 인간의 손길이 아직 닿지 않은 이름 없는 자연 대상과 마찬가지로 사진 메시지를 해독할 수 있는 체계나 기호가 부재하기 때문이다. 인간과 무관하게 무조건적으로 사물이 현존한다는 사실에—현대사진의 논의에서 자칫 간과되기 쉬운—바르트가 말하는 "코드 없는 메시지"로서 사진 고유의 특징이 있는 것이다. 여기서 문자와 이미지의 독해의 차이에 대해 잠시 언급할 필요가 있다. 원칙적으로 문자 기표는 다른 기표들과 끊임없이 통실적으로 교환되면서 엄청난 의미의 나발을 생산할 수 있다. 그래서 기표의 미끄러짐을 고정시키는 정박점이 제동을 걸어주지 않으면 무한한 기표의 홍수, 설루증(舌漏症)을 야기하게 된다. 탈근대적 해석의 과잉도 실재의 상실에서 야기된 일종의 설루증이라 할 수 있을 것이다. 하지만 사진 기표의 독해는 설루증과는 정반대 극단인 설색증(舌塞症)을 초래할 수 있다. 문화의 손길이 철저하게 배제된 상태에서 혼자 자족하는 사물의 완고한 현존 앞에서 해석의 주체는 혀가 굳어서 말을 할 수 없게 되기도 한다. 대상을 목격하기는 하지만 과연 무엇을 바라보는지 모르는 개념 없는 직관의 충격이 주체에게 외상

(*trauma*)을 유발할 수 있다. 여기서 외상의 가능성은 문자 기표가 아니라 사진 기표에만 내재한다는 점이 지적되어야 한다. 실재로부터의 단절이나 상징화를 통해 성립하는 언어의 장에서 외상의 가능성이 이미 배제되어 있다면, 아직 지시대상으로부터 단절되지 않은 사진은 외상의 가능성에 노출되어 있다. 물론 모든 사진이 독자에게 외상을 가한다는 이야기는 아니다. 카메라에 담기는 대상도 작가의 손길을 타면서 상징화되고 다양한 코드로 입력이 되면서 잠재적인 실재의 충격이 완화되기 때문이다. 사진은 카메라의 파인더에 우발적으로 잡힌 대상이 아니라 사진작가가 기록할 만한 가치가 있다고 판단한 특정 사건과 대상으로, 그러한 "선택이 투명하게, 그러면서도 이해할 수 있게 성취된 정도",[7] 혹은 본질적으로 의미에 저항적인 이미지를 성공적으로 의미화시키는 정도에 따라서 사진의 성패가 결정이 되기도 한다. 단순히 "지각"으로 머무를 수 있는 응시 행위를 "이해"와 지식, 더 나아가 이데올로기적인 설득으로 변형시키는 작용도 그러한 의미화작용에서 비롯된다고 할 수 있다. 바르트는 이와 같이 문화적으로 약호화된 사진의 측면을 스투디움(*studium*)이라고 명명하였다. 이때 독자는 코드를 해독하고 사진의 물질성을 투명한 의미로 환원시킴으로써 비로소 이미지의 이해에 도달한다. 여기서 이해의 대상 이미지는 실재라기보다는 해석된 실재이며, 원본이라기보다는 시뮬라크라에 가깝다. 그러나 사진작가가 모든 이미지 기표를 완벽하게 의미화시킬 수 있다고 가정하면 안 된다. 전혀 의도하지 않았던 대상이나 우발적인 사건 하나가 카메라의 프레임에 포착될 수 있으며, 예기치 않았던 순간에 스며든 빛의 명암이 이

7 John Berger, *Understanding a Photograph: Selected Essays*, London: Pelican, 1972, p.179.

미지의 성격을 완전히 바꿀 수도 있다. 또 사진을 바라보는 독자의 시선은 이미지 기표에서 코드를 성공적으로 해독하는 대신에 사진의 자그마한 한 요소, 해독되지 않는 시각적 잡음에 갑자기 붙잡힐 수도 있다. 그리고는 소화되지 않고 목에 걸린 가시처럼 해석 행위가 중단되면서 해석의 주체에게 "상처"를 입힐 수 있다. 그러한 상처를 바르트는 풍큠(*punctum*)으로 명명하였다. 풍큠이라는 시각적 잡음은 "찌름, 반점, 작은 구멍으로… 나[주체]를 찌르는 사건", "상처를 입히는"[8] 사건이다. 트로마의 그리스어 어원이 "상처"라는 점에서 풍큠은 곧 외상적인 사건이라 할 수 있다. 여기서 상처의 의미에 대해서 잠시 생각할 필요가 있다. 외부에서 다가올 수 있는 물리적 자극으로부터 자신을 온전하게 보호하기 위해 방어 기제의 하나로서 유기체는 피부 조직을 발달시키지만, 때로 갑작스런 외부의 충격이 피부조직의 방어막을 일시에 허물어버리기도 한다. 그 결과 외부 대상이 유기체의 내부로 침입하거나 아니면 출혈이나 탈장처럼 유기체의 내부가 밖으로 튀어나오면서 내부와 외부의 경계가 해체되고 주체를 죽음의 위험으로까지 몰아넣을 수 있다. 정신분석학적인 의미에서의 외상도 자기방어의 메커니즘이 실패하면서 주체의 경계가 무너지는 데서 발생한다. 심리적 경계의 바깥에 머물러 있어야 할 외부가 폭력적으로 주체의 내부를 침범한 것이다. 하지만 가공하지 않은 조야한 현실이 아니라 "연출된 현실"을 카메라에 담아서 보여주는 구성사진에서는 풍큠이 발생할 가능성이 이미 제작의 과정에서 배제되어 있다고 할 수 있다. 작가의 의도에 의해서 의미화되거나 길들여지지 않은 이미지, 그러면서 지시대상의 현존이 의

8 Barthes, *Camera Lucida*, 27, 41.

심할 여지없이 분명한 이미지만이 "외상적 이미지"이기 때문이다. 중요한 것은 대상의 의미가 아니라 그것의 현존성, 수잔 손탁의 표현을 빌리면 예수가 십자가에서 순교했다는 소식이 아니라 그의 손에 박힌 대못의 증거이다.[9] "사건이 실제로 일어났다는 확실성의 보증이 전제되지 않으면 트라우마가 발생하지 않는 것이다."[10]

하지만 포스트모더니스트들의 주장처럼 사진에 찍힌 대상이 자연적 대상인지 아니면 조작이나 해석의 결과인지의 여부를 확인할 길이 없다. 가장 사실적으로 보이는 사진이 현실의 한 조각에서 취해진 것이 아니라 사실적 수사법으로 빚어진 현실효과에 불과할 수 있으며, 또 작가의 의도가 개입되지 않았다고 믿었기 때문에 풍큠을 야기했던 사진의 한 부분이 실제로는 치밀하게 계산된 의도의 산물일 수도 있다. 하지만 사실을 확인하기 위해서 사진 촬영의 현장으로 소급해 올라갈 필요는 없다. 풍큠의 발생과 관련에서 정작 중요한 것은 사진 찍기의 과정에서 조작되지 않았다는 실재의 보증이라기보다는 사진을 바라보는 독자의 믿음이기 때문이다.[11] 풍큠은 카메라의 셔터를 누르는 촬영의 순간이 아니라 독해의 과정에서 이미지가 실재의 재현이라는 믿음이 개입되면서 발생하는 현상이다. 그러한 믿음으로 인해서 독해는 기표와 기의의 관계를 묻는 의미화작용의 층위가 아니라 기표와 지시대상의 관계가 부

9 Susan Sontag, *On Photography*, New York; Picador, 1973, 154.

10 Roland Barthes, *The Responsibility of Forms*, tr. Richard Howard, Berkeley: U of California P, 1985, p.19.

11 결정적 순간을 강조했던 앙리 카르티에 브레송은 사진작가들은 절대로 사진을 수정해서는 안 되며, 어떤 식으로든 피사체에 영향을 미쳐서도 안 된다고 주장하였다. 그리고 그 점을 보증하기 위해서 사진에 검정 테두리를 두르도록 권고하였다. 하지만 네거티브를 인화하는 과정에서 검정 테두리도 쉽게 조작될 수 있었다.

각되는 지시화 작용의 층위에서 진행이 되는 것이다. 사진을 읽는 독자가 실재의 보증을 긍정적으로 단정하기 때문에 실재의 충격에 휩싸일 수 있는 것이다. 따라서 현대사진의 중요한 특징으로 일컬어지는 재현의 위기는, 물론 구성사진의 경우가 말해주듯이 부분적으로 사진생산의 문제임에 틀림이 없지만, 보다 중요하게는 독해의 문제와 관련되어 있다. 실재의 보증이 이미 부정적으로 단정되어 있기 때문에 사진은 지각되는 대신에 이해되며, 설색증적 충격의 가능성이 설루증적 해석의 언어로 완화되어 버린다. 페미니즘적인 맥락에서 여자는 존재하지 않는 것이 아니다. 단지 존재하지 않는다고 믿어지는 것이다. 우리는 셔먼의 사진과 관련해서 이러한 문제를 논의하게 될 것이다.

1970년대 이후로 신디 셔먼만큼 대중적인 인기와 비평적인 찬사를 한꺼번에 누리는 여성 사진작가도 드물 것이다. 1997년에 대중잡지인 〈롤링 스톤즈〉(*Rolling Stones*)에 인기 정상의 가수 마돈나(Madonna)와 어깨를 나란히 하고 찍은 사진이 세재된 것이 그녀의 대중적 유명세를 단적으로 말해준다면, 로라 멀비(Laura Mulvey)는 그녀를 "단순히 사진작가가 아니라 사진을 재료로 이용해서 작업하는 예술가"[12]로서 높이 평가하였다. 뿐만 아니라 아서 단토(Arthur Danto)나 로잘린드 크라우스(Rosalind Krauss), 노만 브라이슨(Norman Bryson)과 같이 저명한 이론가들이 달려들어서 그녀의 사진의 가치와 의미, 예술성을 해명하는 작업을 시도하였다. 그녀의 사진 작업은 무엇보다도 실재의 재현의 문제와 관련해서 탈근대주의, 해체주의, 페미니즘적 진영의 비평가

12 Laura Mulvey, *Fetishism and Curiosity*, Bloomington: Indiana UP, 1996, p.65.

들로부터 엄청난 주목을 받았다. 앞으로 필자가 논의하게 될《무제 영화 스틸》(*Untitled Film Stills*)에서 셔먼은 종래 사실주의적 전통에 입각해 있던 여성의 재현을 탈근대적인 해석의 층위, 다시 말해 여성의 재현이 아니라 여성 부재의 재현, 혹은 재현에 대한 재현이라는 새로운 문제틀로 바꿔놓았다. 예컨대 캐롤리 셔니만(Carolee Schneemann), 메리 에델슨(Mary Beth Edelson)과 같이 1960년대와 70년대에 왕성하게 활동했던 사진작가들은 진정한 여성의 모습을 사진으로 재현함으로써 남성적 시선에 의해 왜곡된 이미지를 교정하려고 노력하였다. 하지만 그러한 시도는 당시 세를 모으기 시작했던 비본질주의적이며 구성주의적 시각에서 보면 마땅치 않은 것이었다. 가부장적인 제도와 문화의 상징계에 의해 억압되거나 훼손되기 이전의 자연으로서 여성의 본질이나 실재를 가정한다는 이유에서였다. 그러던 차에 여성 이미지의 재현 자체를 의문시할 뿐 아니라 해석학적 유희의 대상으로 만드는 신디 셔먼의 출현은 "70년대 페미니즘 예술 스타일에 대한 반격"[13]으로서 환영되었다. 중요한 것은 여성의 현실이나 실재를 복원하고 재구성하는 작업이 아니라 아예 여성이라는 범주 자체를 해체하는 작업이었다. 진짜 여성—물론 진짜 여성을 가정하지도 않았지만—을 논하기 이전에 여성에 대한 재현과 담론의 질서를 먼저 해체하는 작업, 여성이 상상되고 사유되며 언어화되는 의미화 과정을 비판적으로 심문하는 작업이 급선무였다. 여기서 실재나 현실에 대한 논의는 문화와 제도가 빚어낸 현실효과, 실재의 환영으로서 시뮬라크라에 대한 논의로 대치된다.

---

13 Mira Schor, "Backlash and Appropriation" in *The Power of Feminist Art: The American Movement of the 1970s, History and Impact*, eds. Norma Broude and Mary Garrard, New York: Harry N. Abrams, Inc., 1994, p.255.

이제 여성이라는 기표가 논의되는 담론의 장이 완전히 뒤바뀐 것이다. 지시대상으로서 여성은 여성이라는 기표와 기의의 의미화 과정에게 자리를 양보하고, 재현해야 할 원본의 상실과 실종이 새로운 사진 작업의 과제로 등장하게 되었다. 여성의 있음이 아니라 여성의 없음이 사진 작업의 소재와 주제로 새로이 부상한 것이다. 셔먼이 비평가들에게 환영을 받았던 중요한 이유는 과거에 가정되었던 여성이 없음을 일련의 구성사진들이 증명하였기 때문이었다. 셔먼에게 여성의 이미지는 원본 여성이 없는 이미지, 혹은 지시대상이 없이 발생하는 기표와 기의의 의미화 작용의 결과에 불과하다.

셔먼의 사진의 가장 두드러진 특징의 하나는 일인칭소설과 마찬가지로 재현 대상과 재현 주체의 경계가 해체되어 있다는 것이다. 그녀의 사진에는 한 여자 모델이 온갖 다양한 의상을 걸치고 온갖 다양한 포즈를 취하면서 온갖 다양한 장소에 등장한다. 여행 가방을 꾸리다가 그만 복받치는 슬픔에 울음을 터뜨리는 모습, 목욕한 다음에 거울에 자신의 얼굴을 비춰보는 모습, 하얀 셔츠 하나만 달랑 걸치고 침대에 누워서 긴 다리를 선정적으로 내밀고 있는 모습, 산뜻한 정장 차림인데 출입문에 몸을 기내고 시름에 잠겨 있는 모습, 의자에 깊숙이 앉아서 담배를 피우는 심각한 모습 등 한 여자의—단토(Arthur Danto)의 표현을 빌리면 "위기에 처한 여자"[14]의—다양한 실존적 풍경들이 재현되어 있다. 그런데 흥미롭게도 이들 사진에 담긴 피사체는 다른 사람이 아닌 작가인 셔먼 자신으로, 그녀는 자신을 대상으로 한 사진을 찍기 위해서 다양한 모습과 역할을 치밀하게 연출하였던 것이다. 카메라의 존재를 의식하기는커

14 Arthur Danto, *Cindy Sherman*, New York: Rizzoli, 1990, p.14.

녕 꿈꾸듯이 자신의 실존적 상황에 푹 파묻혀서 있었던 듯이 보였던 여자, 그래서 여과되지 않은 현실의 한 토막처럼 실감나게 보였던 여자의 모습이 사실은 연출과 조작으로 이루어진 허구의 산물이었다. 달리 말해서, 몸도 가누지 못할 정도로 극심하게 슬픔에 잠긴 여자는 슬픔에 잠긴 여자가 아니다. 효과를 노리고서 거짓 눈물을 흘리는 여자처럼 단지 슬픔을 연출할 따름이다. 여기에 슬픈 여자는 없다. 마찬가지 이유로 이 사진 연작에는 아예 여자가 없다. 여자에 대한 진실한 사건이나 이야기도 없다. 슬프지 않으면서도 거짓으로 슬픔을 연기하는 사람이 있을 수 있다면 정작 여자가 아니면서도 거짓으로 여자의 역할을 연기하는 사람도 있을 수 있다.[15] 여자 대신에 여자의 역할과 가면극이 있을 뿐, 여자는 실재가 아니라 상징이며 기호이다. 여자 이미지가 여자처럼 보이는 것은 원본으로서 여자 실재의 증명에 의해서가 아니라 실재와 무관하게 의상과 포즈, 소품, 화장의 결합이 거두는 일련의 효과들, 거짓 수사법의 보장에 의해서이다. 이때 여성의 구성에 개입되어 있는 수사법의 매개는 은폐되는 것이 아니라 셔먼이 카메라 앞에서 연출하는 전통적 여성의 스테레오타입으로 인해서 더욱 두드러지게 부각된다. 셔먼은 스테레오타입과 신화의 가면극을 연출함으로써 자연스러운 생물학적 범주인 듯 보이는 여성이 알고 보면 문화적 허구라는 사실을 폭로하는 것이다. 이 점에서 그녀의 사진 작업은 전형적으로 해체비평적이다. 여성의 이미지가 스스로를 해체하도록 교묘하게 이미지를 구성해서 독자에게 제시하는 것이다. 그녀의 사진은 스테레오타입적 여성의 재현이면서 동시에 그것에 대한 비판이라는 이중적 작업으

15 참고로 셔먼의 작업과 정반대로, 자신이 남자이지만 여자의 역할을 연출하는 사진을 찍은 사진작가로 야슈마사 모리무라(Yasumasa Morimura)가 있다.

로서, 재현의 이름으로 재현의 유효성이 부정되고 여성의 이름으로 여성의 실재가 부정된다. 이러한 일련의 특징에 비춰볼 때, 셔먼이 탈근대주의를 옹호하는 페미니즘적 비평가들의 관심을 사로잡았던 이유가 분명해진다. 그녀의 사진은 사진에 대한 사진, 메타사진이다. 메타비평을 지향하는 탈근대주의 계열의 비평가들이 그녀의 작업에서 그들의 이론적 실천의 또 다른 사례를 발견하였던 것이다.

셔먼의 사진을 해명하는 대부분의 비평들은 원본이 없는 이미지의 의미화 작용, 현실이 부재한 가운데 발생하는 현실효과에 초점을 맞추었다. 일례로 그녀의 사진을 설명하는 전형적인 방법의 하나는, 1950년대에 유행했던 영화에서 당시의 관객에게 인상적이었던 여주인공의 모습이나 포즈와 비교 대조시키면서 접근하는 것이다. 대부분의 사진이 영화의 한 장면을 연상시키기 때문이었는데, 사실 셔먼이 《무제 영화 스틸》을 제작한 의도의 하나도 자신도 소피아 로렌(Sophia Loren)이나 안나 매그나니(Anna Magnani)와 같은 여배우를 비롯해서 핀업걸, 파파라치에 쫓기는 유명인사의 역할을 연출하려는 것이 있다. 그렇다고 그녀가 특정한 영화의 특정한 장면을 의도적으로 연출하였냐고 생각해서는 안 된다. 사진이 영화 한 장면의 모방으로 제한되지 않도록 일부러 애매모호한 요소를 강화하였기 때문이다. 개별적 사진에 제목도 없이 다만 구별의 목적을 위해서 무작위적인 숫자만 붙인 것도 애매모호성의 효과를 극대화시키기 위해서였다고 한다. 그럼에도 흥미로운 사실은, 그녀의 사진을 분석하는 대부분의 담론이 영화의 특정 장면이나 특정 인물과 연관을 지어서 설명을 시도한다는 것이다. 그래서 영화를 통해서 "[셔먼] 사진의 모든 미세한 사항까지 설명될 수 있다. 블라우스의 단추, 이미지의 편집, 카메라의 깊이까지 모두 영화로부터 빌려온 것이다"라는 주장이 제기되기도 하였다.[16] 여기서 필자가 지적하고 싶은 것은 영화를 참조함으로써 이미지 기표를 설명하려는 경향이다. 과거에 사진의 의미와 가치를 현실의 결정적인 사건에서 유추하려는 경향이 지배적이었다면, 이제 셔먼의 사진에서는 영화의 이미지가 아예 결정적 사건이 되어버렸다. 현실이 영화로, 지시대상이 이미지로 대치된 것이다. 따라서 사진을 제대로 이해하기 위해서는 현실에 대한 지식이 아니라 1950년대 영화에 대한 지식이 전제되어야만 한다. 만약 영화에 대한 선행 지식이 없는 독자가 있다면 영화적 재현을 현실의 재현으로 착각할 수도 있을 것이다. 바로 이 점에 셔먼이 비평가들에 의해 즐겨 논의되는 이유의 또 하나가 있다. 비평가들의 영화에 대한 지식은 그렇지 못한 독자에 대해 절대적으로 우월한 지적 입지를 부여함을 물론이고 이들의 이론적 실천의 정당성까지도 동시에 보장해주는 것이다. 사진 이미지를 현실의 한 조각으로 오인하는 독자의 독단적 잠을 흔들어 깨워서 계몽해야 하는 역할이 비평가의 몫으로 주어지는 것이다. 이러한 이유로 사진 기표의 지시화 작용은 최소로 억제되는 반면 그것의 의미화 작용은 최대화되어 한다. 만약 사진에 지시화 작용이 내재하더라도 지시되는 대상은 현실이나 실재가 아니라 영화의 장면으로서 해석이 되어야 한다.

구체적인 논의를 위해서 《무제 영화 스틸》의 하나인 〈작품 3〉을 예로 들기로 하자.[17]

---

16 Rosalind Krauss, "Cindy Sherman Untitled" in *Cindy Sherman 1975~1993*, New York: Rizzoli, 1993, p.17에서 재인용.

17 작품을 보려면 아래 링크를 참조.
http://www.moma.org/images/collection/FullSizes/50003061.jpg

이 사진에는 행주치마를 입고서 설거지를 하다가 배가 아픈 듯이 오른 손으로 하복부를 매만지고 있는 여자가 등장한다. 하지만 얼굴이 고통의 표정이 아니라 뭔가 생각에 잠긴 듯한 표정을 띠고 있는 사실로 미루어서 복통은 아닌 것 같기도 하다. 어쩌면 갑작스럽게 들려온 바깥의 소음에 잠시 설거지 동작을 멈추고 유리창 밖을 쳐다보고 있는지도 모른다. 하지만 탈근대적 비평가들에게 이런 식의 사진 읽기는 너무나 사실주의적인 독법, 사진에 전제된 문화적 코드를 터무니없이 무시한 독법으로 간주된다. 이것은 전형적인 요부(*femme fatale*)의 모습을 의도적으로 연출한 사진이기 때문이다.

> 그녀가 주름장식이 달린 행주치마와 야한 티셔츠를 입고 있다. 젖은 입술의 그녀는 왼쪽 어깨 너머로 누군가—보이지는 않지만 분명 남자일 것이다—를 유혹하려는 듯이 바라보고 있다. 그녀는 카운터에 왼손을 받치는 자세를 취함으로써 왼쪽 어깨가 도발적으로 들어 올려지도록, 그리고 가슴의 윤곽도 선명하게 드러나도록 만들었다. 그녀는 남자의 애간장을 녹이는 "요부"처럼 사진 찍히도록 자신을 연출하고 있는 것이다. 그렇지만 그녀 주위의 일상적 잡동사니들[세제, 빈 주스병, 열린 소금통, 싱크대]의 존재가 그녀가 요부임을 인정하지 않는다. 그녀가 단지 평범한 "주부"임을 증언하는 것이다.[18]

위의 인용문은 전형적인 요부 이미지(진짜 요부가 아니다)의 사진적 재현에 대한 전형적으로 탈근대적인 독법의 하나이다. 저자인 캬야 실버만(Kaja Silverman)은 그러한 해석이 자의적이라는 만약의 비판에 대처하기 위해서

18 Kaja Silverman, *The Threshold of the Visible World*, New York: Routledge, 1996, p.210.

"[독자가] 도저히 회피할 수 없도록 사진에 내재되어 있는 일련의 의미"[19]를 드러냈을 따름이라며 독법의 정당성을 주장하였다. 여기서 필자가 그의 해석의 정당성을 의심하거나 심문하려는 것은 아니다. 필자의 관심은 해석의 옳고 그름이 아니라 해석이 진행되면서 현실(혹은 지시대상)이 삭제되거나 기호에 의해 대체되는 방식과, 순진한 독자의 독해를 가정하면서 다른 한편으로 그것을 해체하는 방식에 있다. 바르트의 용어로 실버만의 독해는 철저하게 스투디움적이다. 그는 사진에 내재되어 있다고 가정된 작가의 의도를 재구성하면서, 작가가 입력했다고 가정된 코드를 해독하면서 사진 텍스트를 읽는다. 그래서 "코드가 없는 메시지"로 정의되었던 사진은 코드가 있는 상징적 메시지와 구별할 수 없게 되어버린다. 사진이라기보다는 데리다적 의미에서의 "일반 텍스트"에 가까운 것이다. 무엇보다도 사진의 이미지는 우연히 카메라에 담긴 현실의 대상이 아니라 요부 코드에 의해서 구성된 기호학적 텍스트이다. 행주치마와 주스병, 어깨의 자세를 비롯해서 사진의 모든 구성 요소는 작가에 의도에 의해서 의미가 부여되고 상징화된, 지시대상이 지워져나간 기표들이다. 주스병이나 세제와 같은 소품이 일상성의 기표라면 행주치마의 주름장식은 요부적 여성성의 기표가 된다. 이때 주스병은 단지 일상성을 표현하는 수단에 지나지 않는다. 말하자면 주스병은 주스병이 아니다. 이것이 바로 기호의 자의성을 드러내는 텍스트 특유의 자의식이다. 거울의 방처럼 기호는 외부의 대상을 가리키는 것이 아니라 기호를 반영한다. 여기서 실버만은 기호의 자의성을 드러내기 위해서 치밀하게 사진의 상황을 조작한 셔먼의 전략에 경의를 표

19 앞의 책, p.220.

한다. 요부와 평범한 주부라는 서로 상반되는 코드를 대립적으로 병치시킴으로써 자신의 요부 연출이 독자에 의해서 진짜 요부로 오인되지 않도록 낯설게 만들었다는 것이다. 이때 중요한 것은 동일성이 아닌 차이와 균열의 효과이다. 한편으로 사진의 여자는 독자가 생각하는 그런 여자가 아니다. 또 다른 한편으로 그녀는 자기가 상상하는 그런 여자가 아니다. 여기서 그녀가 누구인가 하는 질문, 부르디외가 지적했던 사진이 유발하는 가장 보편적인 질문의 형식은 셔먼의 사진에 대한 적절한 접근이 아니다. 그녀의 사진에서는 자기동일성 자체가 의문시될 뿐 아니라 차이의 효과로서 설명되기 때문이다.

그러나 과연 〈작품 3〉에는 풍쿰이 부재하는 것일까? 세제를 비롯해서 티셔츠와 머리모양에 이르는 모든 세부들이 실버만이 말하는 문화적 코드로 환원될 수 있는 기호들일까? 또 이 사진이 과연 영화나 대중잡지에 자주 재현되는 전형적인 요부의 포즈를 연상케 하는 것일까? 요부 코드에 대한 선행지식이 없는 순진한 독자가 사진 속의 여인을 진짜 야한 여자로 보았다면 터무니없이 그릇된 오인으로서 비난을 받아야 할까? 영화나 잡지, 핀업의 이미지가 아니라 실제 현실의 여자와 관련해서 셔먼의 사진을 읽으면 안 되는 것일까? 사진의 대상의 지시성이 의미화 작용으로 완벽하게 다스려질 수 있는 것일까? 바르트는 사진은 코드가 없는 메시지라고 주장하였다. 또 코드나 의도에 의해서 통제되지 않은 사진의 세부, 우연하게 카메라에 붙잡힌 실재의 편린만이 독자에게 외상을 가할 수 있다고 주장하였다. 그런데 그러한 세부마저도 기호의 체계 내에서 서로가 서로를 참조하는 자기반영성으로 수렴될 수 있는 것일까? 달리 말해서 실버만은 코드를 발견하기 위한 일념에서 아직 의미화되지 않은 채 사진에 남아있는 영상 잡음들을 간과하지 않았을까? 그래서 해체비평가들이 종종 그러하듯이 꼼꼼하게 버티면서 텍스트를 힘겹게 읽으려던 나머지 너무나 분명한 기표의 잡음을 놓치지 않았을까? 이 기호학적 통찰 속의 사실주의적 맹점은 혹시 실재의 침입으로부터 자신을 방어하려는 비평가의 무의식의 반영이 아닐까? 말하자면 지시대상에 대한 과잉방어 자체가—화상을 입은 아이는 불이라는 말에도 소스라치게 놀라서 움츠러들듯이—하나의 강박증적 증상이 아닐까? 또 그러한 과잉방어와 과잉반응은 실재로서 남자와 여자에 대한 것이 아닐까? 그래서 성과 관련된 실재의 잠재적 충격이 기호학적 차이와 차연으로 완화되는 것이 아닐까? 참고로 《무제 영화 스틸》에 대한 한 남성 비평가의 반응을 간단히 인용하기로 한다. "나에게 이들 사진은 감상적으로, 즐겁게, 때로는 충격적으로 에로틱하였다. 약간 불안한 듯한 금발의 여인의 모든 표정을 사랑하게 되었다."[20] 이 글의 저자의 반응은 실버만이 경계하였던 최악의 독서의 단적인 예라 할 수 있을 것이다. 그는 사진의 이미지가 진짜 여자라도 된다는 듯이 성적인 반응을 보이는데, 그러면서 사진은 실물이 아니라는 너무나 당연한 사실을 물신주의적으로 무시하고 있다. 요부 여자 이미지를 해체하고 이미지의 자기반영성을 강조하는 탈근대적 사진의 메시지가 그에게 전달되지 않은 것이다. 페미니즘 관점에서 보면, 사진의 코드와 정반대로 여성이 성적 대상으로 격하되고, 남성 눈의 생식기가 여성 이미지 생식기를 범하는 불행한 결과가 초래된다. 사진의 방어 메커니즘, 혹은 남성의 관음증을 길들이려 했던 사진의 시도가 실패한 것이다. "가슴에 딱 달라붙는 젖은 티셔츠가 … 엉덩이나 젖꼭지처럼"[21] 너무나 도발적이었는지도 모른다. 그러나 실

20 Peter Schjeldhal, "The Oracle of Images" in *Cindy Sherman*, New York: Whitney Museum of American Art, 1987, p.7.

버만은 셔먼의 사진이 이와 같이 상상적 강간을 유발할 수 있는 가능성에는 전혀 생각이 미치지 않았던 듯이 보인다. 그래서 셔먼을 페미니즘적 사진의 탁월한 전범으로 호평할 수가 있었을 게다. 하지만 모든 페미니스트 비평가들은 셔먼의 작품이 남성의 관음증적 응시를 차단하였다는 실버만의 평가에 동의하지 않음은 물론이다. 일례로 쇼(Mira Schor)는 그녀의 작품이 남근중심주의를 해체하는 것이 아니라 오히려 부추긴다고 주장하였다.[22] 여기서 필자가 이와 같이 상반된 평가나 해석을 소개하는 이유는 간단하다. 문자 텍스트와 달리 사진은 본질적으로 코드가 없는 메시지이기 때문에 그것의 모든 세부가 코드로 환원될 수 없다는 것이다. 의미화 작용으로 통제되지 않은 피사체의 완고한 물질성이 사진에 여전히 간직되어 있기 때문에 독해의 과정에서도 그러한 물질성의 흔적이 지시화 작용을 촉발하는 것이다. 또 실버만의 주장처럼 〈작품 3〉이 요부 이미지 해체적인 의도로 빚어졌다면, 앞서 인용되었던 성적 반응은 그러한 의도가 통제하지 못했던 세부에 의해 자극되었다는 점에서 어느 정도 풍쿰적인 요소를 간직하고 있다고 할 수 있다. 또 〈작품 3〉은 주인공 여자의 현실이나 욕망의 재현과 무관하게 문화적 코드로서의 요부 이미지를 해체하는 탈근대적 작품이 아니라, 평범한 일상의 주부임에도 불구하고 성적인 환상에 사로잡힌 여자의 사실적 재현으로 읽힐 수도 있다. 어떤 인터뷰에

21 Mira Schor, "Backlash and Appropriation" in *The Power of Feminist Art: The American Movement of the 1970s, History and Impact*, eds. Norma Broude and Mary Garrard, New York: Harry N. Abrams, Inc., 1994, p.255.

22 Michelle Meagher, "Would the Real Cindy Sherman Please Stand Up? Encounters between Cindy Sherman and Feminist Art Theory" in *Women: A Cultural Review 13/1*, 2002, 22에서 재인용. 그러나 정작 셔먼은 자신의 작품이 페미니즘적이라는 주장에 전혀 동의하지 않았다고 한다.

서 셔먼 자신이 야한 요부에 대해서 강한 선망과 강한 혐오의 양가적 감정을 지니고 있었다고 고백한 바 있다. 셔먼 스스로도 통제할 수 없는 상반된 충동의 공존, 혹시 이것이 실버만이 제로섬게임처럼 두 코드의 상호작용을 통해 해체시킴으로써 회피하고 싶었던 실재의 한 편린이 아닐까? 아무튼 이처럼 사진 기표는 무수하게 많은 심리적 · 사회적 · 현실적인 지시대상을 환기시킬 수가 있다. 그러한 환기 작용의 덕분에 독자는 우연하게 접한 평범한 사진 한 장이 계기가 되어서 까마득히 잊혀진 진실과 조우할 수도 있는 것이다.

서론에서 언급하였듯이 현대사진은 실재의 상실을 반드시 회복해야 하는 잠정적 상실로서 슬퍼하는 것이 아니라 오히려 행복한 상실로서 반기고 환영한다. 재현의 대상인 현실 자체가 이미 거대한 기호이자 이미지이며 스펙터클이라면 현실의 배후에 숨겨진 실재를 가정하는 것은 부질없는 일이 되어버린다. 셔먼의 사진과 관련해서 말하자면 여자는 없다. 있는 것은 이미지, 원본이 없는 영화 이미지의 모방으로서 여성 이미지이다. 더구나 남성중심주의적 사회에서 여자는 관음증적으로 소비되는 핀업걸, 요부, 여배우 등의 성적 이미지 기호일 따름이다. 이러한 기호학적 세계에서 현대의 페미니스트 사진작가들은 무엇을 할 수가 있는가? 실재의 영토를 포기한 이들에게는 남성중심적 이미지를 비판하고 해체하는 성상파괴의 작업, 여자의 본질로서 오인되는 전통적 여성 이미지를 탈신비화하는 작업만이 유일한 대안으로 남아있는 듯이 보인다. 사진은 지시대상이 아니라 문화적 이미지 코드와 비판적으로 관계하는 것이다. 이러한 이유로 인해서 현대사진의 독해는, 사진 기표에서 실재의 흔적을 추적했던 근대사진과 정반대로 사진에 입력된 일련의 문화적 코드를 해독하는 작업이 되어버렸다. 세계가 거대한 기호의 덩어리이고 독자도 그것의 한 구성 요소에 불과하다면 결국 기호는—사진작가를 빌려서—스스로를 암호화한 다음에—독자를 빌려서—스스로를 해독하는 무한한 순환, 기호의 자기 반영적 유희를 즐기는 셈이 된다. 더구나 기호의 자의성을 해체한다고 해서 실재가 도래하지 않는다면 탈신비화는 신비화의 또 다른 얼굴에 지나지 않는다. 이것이 탈근대적인 페미니스트 사진비평이 안고 있는 근본적인 문제이다. 실버만 식의 사진비평은 여성의 탈신비화라는 명제하에 먼저 여성이 신비화되었던 문화 텍스트의 목록을 독자들에게 잔뜩 소개한다. 그럼으로써 독자 자신도 그러한 문화 텍스트의 하나였다는 사실을 깨닫도록 한다. 하지만 출구가 있는 것일까? 자연의 탈자연화, 실재의 탈실재화를 꾀하는 비평은 독자를 기호의 자기반영적 거울의 방에 유폐시킨다는 점에서 그 "의도"와 정반대로 "효과"에 있어서 철저하게 이데올로기적이 되어버린다. 더 이상 신비화될 실재가 부재할 때 탈신비화의 이름으로 행해지는 독서는 무섭도록 이데올로기적이 된다. 여자가 있다는 명제가 이데올로기적이라면 반대의 명제도 마찬가지로 이데올로기적이다. 지시화 작용을 포기한 의미화 작업의 독해만큼, 풍쿰을 희생하는 대가로 얻어지는 스투디움의 독해만큼 이데올로기적인 독해가 있을 수 있을까? 서적이나 회화와 같이 작가의 의도를 거치면서 이데올로기적으로 생산되는 상징적 메시지와 달리 기계적으로 빛의 작용에 의해 생산되는 사진은 본질적으로 이데올로기에 저항적이다.[23] 이미지 기표의 완고한 지시성이

23 Vilém Flusser, *Towards a Philosophy of Photography*, p.38.

의미화 작용을 거부하는 것이다. 그렇다고 해서 필자가 사진의 이미지 기표가 지시대상을 넘어서 실재를 가리킨다고 주장하려는 것은 아니다. 실재는 본질적으로 지시될 수가 없다. 현대이론에서 혼란만을 초래하지만 그렇다고 해서 포기될 수도 없는 골칫덩어리 개념인 실재는 칸트적인 의미에서 "구성적 개념"이 아니라 "규범적 개념"이기 때문이다. 사전적인 차원에서 "여자" 기호는 의사소통에 필수불가결한 구성적 개념이지만 기호가 곧 여자가 아님은 물론이다. 그렇다면 기호가 여자와 동일시될 수 없다는 지식(확신)은 대체 어디에서 오는 것일까? 그것은 실재의 지식으로부터 온다. 그것은 상징계의 한계를 지시한다는 부정적 지식이면서 동시에 상징계의 너머를 지향하는 실재적 지식이다. 실재는 지시되는 것이 아니라 지향된다고 말해야 옳다. 사진이 의미로 소비되는 대신에 풍큼을 자극하는 이유도 실재를 향한 지향성으로 인해서이다. 현대사진이 즐겨 주장하듯이 우리가 생각하는 실재가 물론 실재는 아니다. 그렇다고 해서 실재가 괄호 안에 묶여버릴 수는 없다. 상징적인 눈이 아닌 기계적인 눈, 제3의 눈으로서 카메라가 보여주는 진리도 실재가 기호나 의미로 탕진될 수 없다는 사실이다. 예를 들어, 페미니스트들의 주장처럼 인간의 눈은 상징계적으로 조율되어 있기 때문에 남자는 여자를 성적 대상으로서 바라본다. 우리는 실재나 사물이 아니라 의미를 본다. 하지만 카메라는 인간의 눈으로 볼 수 없는 것을 보여준다. 발터 벤야민(Walter Benjamin)은 누군가 자기의 걷는 모습이 찍힌 사진을 보면 생각했던 것과는 너무나도 다른 모습에 깜짝 놀라게 된다고 지적하였다. 사회적 · 정신적 존재로서 미처 생각지 못했던 물적 존재로서 인간의 또 다른 측면을 비인간적인 제3의 눈이 드러낸 것이다. 이 물적 측면은 무엇보다도—코드화되지 않는—미세한 세부, "분명하게 존재하기는 하지만 인간의 눈으로는 보이지 세부"[24]에 있다. 가령 〈작품 3〉이 보여주는 것은 요부이거나 주부인 코드가 아니라 여자의 물적인 몸이다. 여기서 더 나아가 자세히 세부를 들여다보면 무처럼 볼품없이 둔중하고 기다란 어깨와 팔, 주름진 팔꿈치와 손목에서 여자의 몸으로도 성별화될 수 없는, 샤르트르(Jean-Paul Sartre)가 《구토》(*Nausea*)에서 묘사했던 익명적 살의 존재가 드러난다. 이 익명적 살에서 여자의 몸이 상징적으로 유추되는 것이다. 사진을 바라보는 독자도 익명적 살로부터 상징적으로 개별화되고 성별화된 존재들임은 물론이다. 사진의 세부가 독자에게 외상을 가할 수 있는 근거의 하나도 그러한 익명적 살의 현존성에서 비롯한다. 그런데 불행하게도 탈근대적 사진의 독해에서는 실재를 향한 지시화 작용을 기표와 기의의 의미화 작용으로, 지시대상을 정보와 바이트의 뭉터기로 환원시켜버렸다. 사진의 프레임이 풍쿰을 자극하는 오프프레임(*off-frame*)이 기호 내적인 인프레임(*in-frame*)이 되어버린 것이다. 흥미롭게도 현대사진에서 실재의 실종은 사진이 제도화되면서 갤러리와 박물관에 전시되고 예술로서 진가를 인정받기 시작했던 1970년대 후반부터 가속화된 듯이 보인다. 예술의 영역으로 진입하기 위해서 사진은 현실의 조각이기를 포기하고 현실에 대한 해석, 실재의 재현이 아니라 재현의 재현, 현실의 이미지가 아니라 이미지의 이미지, 메타이미지가 되어야 했다. 회화의 역사가 그러했듯이 박물관에 전시되기 위해서 사진은 무엇보다도 현실과의 직접적인 관계와 단절되면서 미학화 · 형식화의 제도적 과정을 밟아 나가게 되었다. 죽어서 화석화되거나 박제화되어 실재의 위협이 거세된 대상, 또 조

24 Walter Benjamin, "A Short History of Photography" in *Classic Essays on Photography*, ed. Alan Trachtenberg, New Haven: Leete's Island Books, 1980, p.203.

야한 자연이 아니라 미학화된 자연만이 박물관에 진열될 수 있는 것이다. 그러면서 벤야민이 사진의 민주적 가능성으로서 크게 환영했던 대중성(누구나 쉽게 사진을 찍을 수 있으며 누구나 쉽게 사진을 독해할 수가 있다)은 특권적 엘리트 집단의 전문성에 자리를 내어주기 시작하였다. 이제 사진 이미지에서 코드가 아닌 현실을 읽으려는 독자는 지나치게 순진한 독자로서 전문적 독자의 교정을 받아야 할 처지에 놓이게 되었다. 순진한 독서를 탈자연화하고 해체하면서 기호의 자기 반영성을 드러내는 작업, 현실의 흔적을 체계적으로 제거하고 문화 정보로 만드는 작업이 새로운 독서의 패러다임으로 자리를 잡은 것이다. 이 점에서 현대사진에서 실재의 상실과 재현의 위기는 전문지식을 갖추지 못한 독자(사회적으로 소외된 계층)의 자기상실 및 자기표현의 위기와 맞물려 있다고 할 수 있다. 예를 들어 부르디외(Pierre Bourdieu)의 《구별짓기》(*La Distinction*)에 의하면, 험한 노동으로 마디지고 거칠어진 노파의 손을 찍어놓은 사진을 보여주면 노동자계층은 그녀의 힘들었던 삶을 추측하면서 다양한 감정적 반응을 보인다고 한다. 사진에서 노파의 정체와 그녀가 살았던 세계에 대한 지시화 작용이 촉발되는 것이다. 하지만 상류계층 독자의 관심은 전적으로 사진의 형식적이며 미학적인 층위에 머무르게 된다.[25] 노파의 삶과 세계가 해석의 층위에서 방법론적으로 제거되어 있는 것이다. 이때 형식주의는 한편으로 엘리트집단의 문화자본이 반영된 결과이기도 하지만, 다른 한편으로는 노동자의 세계에 대한 특권적 무지와 무관심의 반영이기도 하다.[26] 노동자들

25 피에르 부르디외, 《구별짓기: 문화와 취향의 사회학》, 최종철 옮김, 새물결, 1995, 83~86쪽.
26 "순수미학의 관점에서 보면 [사실주의적 반응은] 진짜 야만주의가 된다"(부르디외, 《구별짓기》, 83쪽).

이 지시대상의 세계에 살고 있다면 엘리트집단은 상징적 담론의 세계, 지시화 작용이 의미화 작용으로 대치되는 이데올로기적인 세계에 살고 있다. 후자의 세계에서 노파의 손은 현실의 상처—풍쿰—가 아니라 감상과 해석의 대상—스투디움—일 따름이다. 노파는 존재하지 않으며, 다만 노파의 이미지에 대한 이미지, 해석에 대한 해석이 있을 따름이다. 이른바 재현의 위기니 실재의 상실을 운운하는 탈근대적 담론은 실재의 잠재적인 충격으로부터 스스로를 보호하기 위해서 노파의 삶과 현실을 지워버린 것이다. 특권적 해석의 주체에게 노파는 존재할 수가 없는 것이다.

실용적 몸에서 미학적 몸으로

8장

만들어지는 몸과 만드는 몸

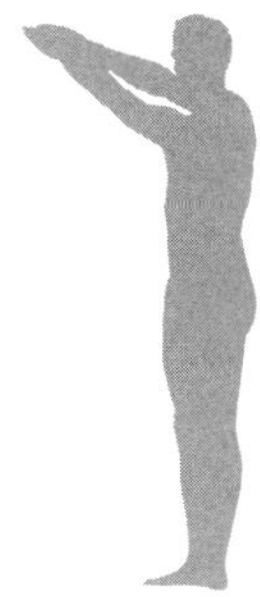

현대성의 확실한 태도는 필수적으로 금욕주의(*ascétisme*)와 연결되어 있다. 근대적이라는 것, 그것은 지나가는 시간의 흐름에 속한 자신을 있는 그대로 받아들이는 것이 아니라 자신을 땀 흘려서 절차탁마하여 완벽한 대상으로 만드는 것이다… 현대성은 인간을 고유한 존재로 해방시키는 것이 아니라, 자신을 완성해야 하는 짐을 인간의 어깨에 지우는 것이다.[1]

서 론

축구 선수 조재진의 몸매가 센세이션을 일으켰던 적이 있다. 2004년 아테네 올림픽 예선에서 인상적인 경기를 펼쳤던 그가 그 여세를 몰아 캐주얼 의류업

---

1 Foucault, “Qu’est-ce que les Lumières?” in *Dits et écrits*, IV-1, pp.570~571. 필자는 여기서 근대성으로 번역되는 modernité를 일부러 “현대성”으로 옮겨놓았다. 이 대목에서 푸코는 현대와 대비되며 현대 이전의 역사적 시기로서 modernité라는 개념을 사용하지 않았다. 푸코에게 modernité는 과거(의 전통, 가치 등)와 단절되는 현재의 한 지점이다.

광고 속의 조재진

계의 광고 모델로 등장했었다. 요즈음에도 인터넷에서 쉽게 구할 수 있는 이 사진에서 조재진은 멋진 근육질의 상반신 몸매를 유감없이 드러내어 보여주었다. 물론 축구선수가 잡지나 광고에 등장한 사실에는 낯설거나 새삼스러울 것이 없다. 차범근을 비롯해서 안정환, 박지성 등 많은 스타 선수들이 심심치 않게 광고에 모습을 드러냈었기 때문이다. 광고 효과를 극대화하기 위해서 자본은 때로 스포츠의 아우라에 의존하기도 하는 것이다. 붉은 유니폼을 입고서 축구장을 종횡무진 뛰어다니면서 땀을 빗방울처럼 흘리고, 그럼으로써 온 국민을 열광시키는 운동경기만큼 확실한 광고효과가 어디에 있을까. 이때 자본은 축구장과 선수들의 배경으로 그러나 축구공 대신에 상품을 등장시킨다. 골대를 향해 공을 몰고 가던 운동하는 몸이 이제는 소비를 종용하며 상품을 몰고 가는 것이다. 하지만 조재진의 사진에는 그러한 전형적인 운동과 자본의 관계가 전복되어 있다. 광고의 이미지에서 그가 축구선수라는 사실은 전경으로 드러나지 않는다. 복부에 왕(王)자가 시원하게 새겨진 조각 같은 몸매가 시선을 가득 채울 따름이다. 그래서 사전 지식이 없는 사람이라면 사진에서 축구선수의 면모를 읽어낼 수가 없다. 공이 없는 운동장처럼 축구의 아우라가 배제되어 있는 것이다. 그러나 그 빈자리는 계속해서 빈자리로 남아있지 않는다. 빈자리는 축구가 아니라 근육질의 몸매라는 새로운 아우라에 의해서 채워지기 때문이다. 여기에서 광고의 효과는 축구가 아니라 몸매로부터 오며, 상품의 가치를 보증하고 증명하는 것은 축구의 권위가 아니라 몸의 증거이다. 과거에 축구의 권위에 이끌려 상품을 구입했던 소비자는 이제 몸의 증거에 유혹되어서 상품을 구입하게 된다. 보드리야르의 주장처럼 몸이 가장 잘 팔리는 현대의 상품이 된 것이다. 그렇다고 이 자리에서 필자가 인기 상품으로서 몸이라는 현상을 다루기 위해 조재진의 사진을 언급했던 것은 아니다. 필자의 관심은 문화연구나 대중문화 분석적이라기보다는 철학적이다. 그의 사진은 철학적인 문제에 접근하기 위한 도입부이면서 동시에 그러한 문제의 증상으로서 의미를 갖는다. 그의 사진을 통해 드러나는 증상적 메시지는 "운동하는 몸"에서 "보이는 몸"으로의 변화, 달리 말해 몸의 "시각화" 현상이다. 운동(혹은 노동)하면서 수동적으로 만들어지는 "실용적 몸"이 현대로 접어들면서 보여주기 위해서 능동적으로 만드는 "예술적 몸"으로 바뀐 것이다. 이 글의 본론에서 필자는 실용적 몸이 예술적 몸으로 전환되는 미학화의 과정을 변증법적으로 추적하게 될 것이다. 그리고 글의 말미에서는 바람직한 몸의 윤리에 대해 질문하게 될 것이다.

우리의 몸이 물질적 대상으로서 육체(*Körper*)가 아니라 살아서 움직이며 세계와 소통하는 몸(*Leib*)이라는 사실은 새삼 증명이 필요치 않다. 예컨대 축구선수의 발은 그냥 발이 아니라 축구의 상황과 조율된 발, 축구공과 혼연일체된 발이다. 그래서 축구공이 굴러오면 우물쭈물 망설이거나 피하는 대신에 그의 발은 본능적으로 공을 잡아채서 공을 몰고 간다. 또 그의 몸은 주위의 상황에 따라서 빨리 움직이거나 느리게 움직이기도 하며, 경기가 끝나고 휴식을 취하기 시작하면 당겨진 활처럼 팽팽하게 긴장되었던 그의 몸은 점차 이완되기 시작한다. 이처럼 인간의 몸은 가속하거나 감속하고 정지하기도 하는 움직임과 더불어서 부단히 변화하는 세계의 상황에 다양하게 맞물려 있다. 처음부터 끝까지 축구선수의 몸으로 일관하며 그렇게 고정된 축구선수의 몸은 없다. 장바구니를 들고서 쇼핑하는 순간 그의 몸은 쇼핑하는 몸이며, 막 피아노를 배우기 시작했다면 피아노 앞에 앉은 그의 몸은 매우 서투르고 어색한 몸이다. 생상스(Camille Saint-Sans)의 〈동물의 사육제〉(Le Carnaval des Animaux)의 〈어린 피아니스트〉(Pianistes)처럼 아직 그의 손가락이 피아노의 건반에 충분히 적응하지 못한 탓이다. 이처럼 우리의 몸은 노동과 운동을 통해서 세계에 끊임없이 적응하고 조율되는 과정에 있다.

몸의 현상학적 연구에서 지금까지 집중적으로 탐구된 적이 없는 주제이지만, 몸이 세계에 조율되는 과정에서 노동이 갖는 중요성은 아무리 강조해도 지나치지 않는다. 노동을 통해서 우리의 몸이 특정한 형태로 구성되고 길들여지며, 마침내 습관적 몸으로 굳어지기 때문이다. 이처럼 노동이 몸에 가하는 변화에 가장 먼저 주목하였던 철학자는 아리스토텔레스였다. 예컨대 목수 A는 어떻게 해서 목수가 되는가 하는 어찌 보면 너무나 당연하고 상식적인 질문을 그는 예사롭게 보아 넘기지 않았다. 고양이가 고양이로 태어나서 고양이로 성장하듯이 A가 목수가 되는 것은 아니다. 여자에 관한 보부아르(Simone de Beauvoir)의 유명한 명제처럼 A는 목수로 태어나지 않는다. 오로지 목공일을 계속 반복함으로써 A의 몸은 점차 나무와 대패 등의 상황에 조율이 되고 마침내는 목수다운 몸, 아리스토텔레스의 용어를 빌리면 목수의 헥시스(*Hexis*: 습관화된 몸)를 갖추게 된다.[2] 축구선수의 몸도 그냥 몸이 아니라 축구경기에 알맞게 조형된 헥시스임은 물론이다. 목수가 되기 이전에 A의 몸은 아직 목공일의 목적에 적합하게 조형되지 않은 물질적 육체, 직업으로 분절되기 이전의 비정형적 몸이었다. 그러던 A의 몸은 목공일을 거듭하면서 일관된 방향과 강도의 운동을 반복하면서 일정한 형태로 굳어진다. 예컨대 우에서 좌의 방향으로 도끼질을 계속하다보면 그의 발이 아니라 손, 그것도 왼손이 아니라 오른손에 굳은살이 박인다. 여기에서 A와 나무의 관계가 일방적이 아니라 쌍방적이라는 사실에 주목할 필요가 있다. 《자본론》(*The Capital*)에서 맑스(Karl Marx)는 "노동을 통해서 외부세계를 노동으로 변화시키면서 인간의 본성도 동시에 변화하게 된다"고 주장하였다.[3] 몸의 변화와 관련해서 말하자면 자연

---

2 Aristotle, *Nicomachean Ethics. The Complex Works of Aristotle*, ed. Jonathan Barnes, Princeton: Princeton UP, 1984, pp.1103a14~1103b25. 여기에서 헥시스의 몸은 노동하면서 형성되는 사회적인 몸으로 정의될 수 있다.

3 Karl Marx, *Capital: A Critique of Political Economy*. Vol. I, Moscow: Progress Publishers, 1954, p.173.

을 탁자로 변형시키면서 목수의 몸도 동시에 변형을 겪는다. 변형되면서 자연은 그의 손에는 굳은살을 새기고 팔뚝에는 근육을 심어놓는다. 그래서 나무에 대한 목수의 관계는 능동적이면서 수동적이다. 나무에 능동적으로 힘을 가하는 그는 반작용으로서 나무로부터 수동적인 힘을 받아들여야 한다. 자연을 정복하기 위해서 자연에 의해 정복되지 않으면 안 되는 것이다.

만약 자연을 변형시키는 인간의 노동이 일방적으로 능동적이기만 하다면 인간의 몸은 직업에 따라 사회적으로 형성되지 않을 것이다. 몸이 자연에 적응하면서 운동하는 속도와 강도에 따라 일정한 형태로 조형되지도 않을 것이며, 사회적으로는 직업과 신분의 귀천에 따른 몸의 차이도 생겨나지 않는다. 중력의 지배를 받지 않는 꿈이나 환상 세계의 주인공처럼 우리는 다양한 몸을 자유롭게 선택할 수 있으며, 목수인 A도 피아니스트와 같이 부드럽고 유연한 손을 가질 수 있을지 모른다. 하지만 자연을 필요와 욕망을 충족시키기 위한 대상으로 변형시키면서 몸도 자연의 법칙에 따른 변형을 강요당한다. 손에 박이는 굳은살의 대가를 지불하지 않고서 도끼질을 계속 하지 못한다. 인구에 자주 회자되었던 박지성의 발과 강수진의 발도 그러한 헥시스의 단적인 예라 할 수 있다. 강수진은 독일 슈투트가르트 발레단의 수석 무용수가 되기까지 피나는 연습을 하면서 발가락이 옹이진 나무 마디처럼 흉하게 변형되어야 했다. 공을 차는 박지성의 발도 공에 차이면서 일정한 형태로 굳어져야 했다. 노동력을 통해 자연을 상품으로 재생산하면서 동시에 우리의 몸도 자연에 의해 소비당하는 것이다.

그렇지만 노동을 하지 않는다고 해서 우리의 몸이 자연에 의해서 소비되지 않는 것은 아니다. 19세기에 과학자들은 영원히 멈추지 않는 영구기관을 꿈꾸기도 하였지만 열역학의 제2법칙은 그것이 불가능하다는 사실을 증명하였다. 일단 생성한 자연은 필연적으로 소멸할 수밖에 없다. 쇠에 녹이 슬듯이 우리의 몸도 시간의 내리막길을 구르면서 끊임없이 마모되고 부식된다. 고무줄처럼 팽팽하고 윤기가 있었던 살도 어느새 탄력을 잃고 흐물흐물해지며 눈가에 주름이 생기며 걸음이 느려지기 시작한다. 자연을 소모했던 몸이 다시 자연에 의해 소모되는 과정은 유아기, 청소년기, 장년기, 노년기와 같은 단계를 밟으면서 점진적으로 진행된다. 우리가 젊고 탄력적인 몸매를 동일하게 소유하는 것이 아니라 나이에 따라서 다양한 몸매를 지니는 이유가 거기에 있다. 자연의 흐름에 몸이 맞물려 있기 때문에 유아에게는 유아에게 "자연스러운" 몸매가, 청소년에게는 청소년에게 "자연스러운" 몸매가 형성되는 것이다. 그래서 아리스토텔레스는 《수사학》(*Rhetoric*)에서, 호라티우스(Horace)는 《시의 기교》(*On the Arts of Poetry*)에서 작가가 등장인물을 묘사할 때 그러한 유형을 따르도록 충고하였다. "젊은이에게 노인의 성격을 부여하고 어린이에게 성인의 성격을 부여하는 잘못을 저지르지 않기 위해서 우리는 삶의 특정한 시기에 적절한 특성을 언제나 연구하여야 한다."[4]

작용과 반작용을 통해서 인간과 자연이 쌍방적으로 영향을 주고받는다는 사실은 인간이 자연의 일부라는 너무나 자명한 진리의 또 다른 증거이다. 언뜻 보기에 인간과 자연은 서로 대립적인 범주인 듯이 보이지만 다시 생각하면 그러한 대립은 이미 해소되어 있다. 인간은 초자연이 아니라 제2의 자연이며, 그는 자연의 주인임과 동시에 자연의 노예이고, 자연을 정복하기 위해서는 먼

4 Horace, "On the Art of Poetry" in *Classical Literary Criticism*, New York: Penguin Books, 1965, p.85.

저 자연에 정복당하지 않으면 안 된다. 인간 정신의 본질이라 할 수 있는 자유도 자연의 한계 내에서만 허용된다. 하이네(Heinrich Heine)의 시의 한 구절처럼 정신은 "이 몸이 새라면" 자유롭게 상상할 수 있지만, 그럼에도 그의 몸은 여전히 땅에 묶여있다. 목수는 자신을 뛰어난 피아니스트로 상상할 수 있지만 그의 손에는 굳은 살이 박혀 있다. 자연에 조율된 실용적 몸이 그의 목수됨을 증명하는 것이다.

운동하면서 만드는 몸

앞서 인용했던 《자본론》의 또 다른 대목에서 맑스는 다음과 같이 노동과 몸의 관계를 진단했던 적이 있다. "인간은 자연에 자신을 대립시키면서 자연적 질료를 자신의 삶에 필요한 형태로 동화시키기 위해 자신의 육체에 속해 있는 자연적 힘들, 즉 팔과 다리, 머리와 손을 움직인다."[5] 더불어서 그는 인간의 몸이 장기적으로 과다한 노동에 혹독하게 시달리면 소모되고 망가지며 질병에 걸린다는 사실도 잘 알고 있었다. 당시 산업사회에 만연하였던 노동력의 착취, "인간 삶의 소모"(*the waste of human life*)에 관한 방대한 자료를 수집하였던 그는 다음과 같은 기사의 내용을 인용하기도 하였다. "그들의 사지가 마모되며, 체격이 왜소해지고, 얼굴은 창백해지며, 인간성은 바위 같은 무감각한 상태에 빠진다."[6] 특히 자신의 필요와 욕망을 만족시키는 자발적 노동이 아니라

---

5 Marx, *Capital*, p.173.

6 앞의 책, p.233.

노예처럼 강제되고 착취당하는 비자발적 노동에 얽매일 때 몸의 소모는 더욱 가속화된다.

그러한 몸의 소모가 후기산업사회를 살아가는 현대인들에게도 과연 적용될 수 있을까? 산업사회에서 노동자들이 노동력을 직접 자연에 투자함으로써 자연을 변형시켜야 했다면 19세기 후반 이후로 기계화와 자동화가 급속도로 진행되면서 자동화된 시스템이 노동력을 대신하기 시작하였다. 또 자연을 상품으로 재생산하는 대가로 자연에 지불하여야 했던 인간 몸의 마모도 기계의 마모로 대체되었다. 그러면서 후기산업사회에서는 쌍방적이었던 인간과 자연의 관계에도 커다란 변화가 생기게 되었다. 자연에 굴복하지 않고서 인간은 일방적으로 자연을 정복하고, 고대 희랍이나 고대 로마시대의 귀족들이 노예에 대해서 그러했듯이 인간은 자연에 대해서 절대적인 주인의 위치로 군림할 수 있게 되었다. 이제 인간은 몸을 움직이고 땀을 흘리면서 노동할 필요가 없어지게 되었다. 인간은 생산의 주체라기보다는 욕망과 소비의 주체가 되었다. 다만 생각하고 욕망하고 소비하는 것으로 충분하다. 노동이 아니라 사유를 통해서 자신의 성제를 확인하였던 데카르트는 이미 17세기에 이러한 탈근대적 몸의 전형을 보여주었다. 후기산업사회에서 노동하는 몸의 중요성은 점차 약화되었다. 과거에 자연과 대적하면서 자연을 제압하는 과정에서 훈장처럼 노동자에게 부여되었던 근육과 힘, 속도 등의 육체적 미덕은 이제 기계의 미덕, 혹은 노예의 미덕에 지나지 않는다. 예컨대 과거에는 자연의 거리를 제압하고 단축할 수 있는 수단이 빠른 달리기였다면 자동차와 비행기의 발명은 달리기의 의미와 가치를 퇴색하게 만들었다. 마라톤 전투에서처럼 먼 곳으로 소식을 전하기 위해서 마라톤 벌판을 가로질러 뛰어갈 필요도 없다. 눈 깜짝할 사이에 전화와 인터넷이 승리의 소식을 아테네 시민들에게 알릴 수 있다. 또 포크레인이 있다면 바위를 들어올리기 위해서 헤라클레스나 역발산의 힘이 필요치 않게 된다.

따라서 인간의 의지와 욕망에 적대적인 세력으로서 자연은 더 이상 존재하지 않는다. 자연의 타자성을 기계가 완화하고 무화시켜주기 때문에 인간이 직접 몸으로 자연과 대면할 필요가 없어졌다. 그러면서 신체적 헥시스가 점진적으로 소멸하게 되었다.[7] 예컨대 도끼질을 할 필요가 없는 목수에게는 자연의 반작용으로서 그의 신체에 굳은살이 새겨지지 않는다. 자연의 반작용이 기계에 의해 완화되기 때문에 자연과의 접촉이 그의 몸에 아무런 자연의 흔적을 남기지 않는 것이다. 결과적으로 몸을 보고서 더 이상 누군가의 직업을 짐작하기 어렵게 되었다.

그렇다면 현대사회에서 인간의 몸과 노동은 어떤 새로운 위상을 갖게 되는 것일까? 자연에 대한 쌍방적 관계로부터 일방적 관계로의 변화는 몸과 노동(운동)의 의미와 가치에 새로운 적극적 차원을 부여하였다. 과거에 인간이 능동적인 창조자이면서 동시에 수동적인 피조물이어야 했다면 현대인은 자연에 의해 수동적으로 창조되는 대신에 일방적으로 자연을 창조하기만 하는 위치에 서게 되었다. 이것은 우리의 몸에 대해서도 마찬가지이다. 이제 자연은 더 이상 우리의 몸을 만들어주지 못한다. 우리가 자발적으로 우리의 몸을 창조—몸의 형성이라는 넓은 의미에서의 바디빌딩—하는 것이다. 그러면서 운동도 자기

---

7 뒤에서 다시 설명을 하겠지만 직업에 따른 신체적 헥시스가 완전히 소멸하지는 않는다. 현대에는 계층(상류, 중류, 노동자)에 형성되는 헥시스에 대해서는 부르디외(Pierre Bourdieu)의 《구별짓기》(*La Distinction*)를 참조할 수 있다. 부르디외는 아리스토텔레스의 헥시스 개념을 아비투스 이론으로 발전시켰다.

창조의 목적에 알맞게 재조정되었다. 예를 들어, 마라톤 전투에 참가했던 전사는 승리의 소식을 전하기 위한 일념에서 자연의 먼 거리를 최단 시간에 달려야 했다. 그러나 현대인은 빨리 뛰어야 하는 실용적이거나 외재적인 목적을 가지지 않는다. 빨리 달리는 것이 운동의 목적이라면 그 목적은 자동차와 비행기에 의해서 이미 오래 전에 성취되었다. 자연의 정복이나 외재적 목적의 관점에서 보면 현대의 조깅하는 사람은 무목적적으로, 또 자연이 아니라 자신을 정복하기 위해서 달린다. 과거에 자연을 대상으로 소모되었던 그의 운동이 이제는 자신을 극복하기 위한 운동으로 전환되고, 그는 자연을 변형시키기 위해서가 아니라 자신을 예술적으로 변형시키기 위해서 달린다.

근대적 의미에서 스포츠의 탄생도 자연에 대한 인간의 관계 변화와 뗄 수 없는 깊은 관련을 가지고 있다. 〈사회학적 문제로서 스포츠의 기원〉에서 엘리어스(Norbert Elias)는 여우 사냥을 예로 들어서 스포츠의 탄생을 설명하였다.[8] 노동의 단계에서 여우 사냥에 참여하는 사냥꾼들은 에너지를 최소한 소모하면서 최대한 빠른 시간에 효율적으로 여우를 생포하거나 살해하여야 한다. 하지만 여우 사냥의 목적이 지연되면서, 특히 많은 규칙과 제한을 부과하면서 제도적으로 목적의 충족이 지연되기 시작하면서 근대적 의미의 스포츠가 출현했다고 한다. 이제 사냥의 목표는 사냥감의 포획이 아니라 그것을 추적하는 과정이 된다. 사냥감의 포획이라는 외재적 목적으로부터 벗어나 추적

8 송형석, 《근대성, 몸 그리고 스포츠》, 이문출판사, 2005, 264쪽 참조. 또 루카치(George Lukacs)는 스포츠가 창을 던져 짐승을 잡아 생계를 연명했던 원시사회의 사냥으로부터 발전하였다고 주장하였다. 따라서 루카치에 따르면 최초의 스포츠는 투창이 된다. Chris Shilling, *The Body in Culture, Technology and Society* (London: Sage Publications Ltd., 2004)의 5장 “Sporting Bodies”, 특히 p.102를 참조하기 바람.

하는 활동 자체가 목적이 된 노동이 스포츠인 것이다. 근대의 사냥꾼은 사냥감을 추적하기 위해서가 아니라 자기반영적으로 "추적"을 추적하기 위해서 추적한다고 말해야 옳다. 여기에는 주인과 노예의 변증법이 적용될 수 있다. 주인을 위해 노동하는 노예는 오로지 외재적 목적을 달성하기 위한 일념에서 몸을 움직인다. 그러나 주인은 자신이 아닌 외부적인 무엇을 자신의 행동의 목적으로 설정하지 않는다. 자신의 행복과 기쁨이 행위의 유일한 목적이 되는 것이다. 그래서 노예가 목표점에 도착하기 위해 마지못해서 걷는다면 주인은 무목적적으로 걷기 위해서, 혹은 여가로서 산책을 즐기기 위해서 걷는다. 목표지향적이었던 운동의 패턴이 과정지향적으로 바뀐 것이다.

보여주는 몸, 미학적 몸

자연의 극복이라는 외재적 목적으로부터 자유로워지면서 운동은 자기반영적인 성격을 띠게 되었다.[9] 이러한 운동의 성격을 가장 잘 보여주는 이미지는 거울 앞에서 근력 운동을 하는 사람의 모습이다. 거울을 보면서 운동하는 사람에게는 외부 자연과의 관계가 최소화되는 반면 자신과의 자기반영적 관계는

9 이 지점에서 근대적 스포츠에서 탈근대적 스포츠로의 변화를 설명할 필요가 있지만, 그것은 필자의 역량을 벗어나는 일이기 때문에 송형석 편역의 〈기술을 모방하는 육체, 육체를 모방하는 기술〉(《근대성, 몸 그리고 스포츠》, 241~255쪽)을 참조하기 바란다. 그럼에도 이 글에서 근대적 스포츠와 탈근대적 스포츠의 구분이 크게 필요치 않다. 필자는 탈근대적 의미의 스포츠를 일반화된 여가스포츠의 차원에서 이해하였다. 근대적 스포츠가 제도화되고 형식화된 운동이라면 탈근대적 의미의 스포츠는 그것이 다시 생활화되고 일상화된 운동으로 필자는 이해하였다.

극대화된다. 현재의 몸매를 가늠하면서 미래의 새로운 몸매를 지향하는 그는 오직 자신의 몸과의 관련 속에서만 운동에 임하고 있기 때문이다. 그는 자화상을 그리기 위해서 거울에 비친 얼굴을 화폭에 옮기는 화가처럼 자신의 몸을 작업한다. 이때 그의 몸은 자연의 물질(*matter*)이라기보다는 정신적 · 미학적 형식(*form*)이라고 말해야 옳다. 물감과 캔버스가 그림의 형상을 완성하기 위한 수단이며 물질이라는 의미에서 그의 몸도 물질에 지나지 않는다. 캔버스에 붓질을 하기 전에 화가가 마음에 그려야 할 완성된 이미지를 간직하고 있듯이 운동하는 사람도 최종적으로 완성되어야 하는 이상적인 몸의 이미지를 마음에 가지고 있다. 현재의 자연적 몸은 그러한 이미지의 실현을 위한 변명에 지나지 않는다. 그것은 진정한 몸이라기보다는 잠정적인 몸, 진짜 몸이 도래하기 전에 짊어져야 하는 가짜 몸이나 마찬가지이다. 바로 여기에서 우리는 미학적 형식화, 자연의 예술화의 정점에 이르게 된다. 바디 빌더는 주어진 자연의 몸을 실체가 아니라 질료, 가꾸고 다듬어서 예술적으로 완성해야 하는 재료로 간주하기 때문에 그는 조각가가 돌을 바라보듯이 자신의 자연적 몸을 낯선 타자로서 경험하게 된다. 그의 본실은 주어진 자연석 소여가 아니라 내면의 이상적 신체 이미지의 편에 있다. 이제 자연은 완벽하게 정신화되어야 하는 것이다. 그리고 몸 재료를 절차탁마해서 이상적 몸으로 완성하는 순간에 예술적 형상화의 과정은 완성이 된다. 그는 자신의 몸에서 자연의 흔적이나 손길이 아니라 정신의 완벽한 자기표현, 체현된 정신을 보게 된다. 정신이 몸이 된 것이다.

정신화된 몸이 시각적이라는 사실에 주목할 필요가 있다. 《문명화 과정》에서 노르베르트 엘리아스가 지적하였듯이 문명화의 과정은 시각지향적이며,

시각화의 정도에 비례해서 자연으로부터의 단절은 더욱 심화된다. 촉각이나 후각, 미각과 같은 감각이 대상과 근접해서 이루어지는 근거리 감각이라면 시각은 대상과의 거리가 전제되어야 하는 원거리 감각으로, 내 몸을 바라보는 나는 노동의 경우처럼 나의 몸과 가까이 밀착되어 있지 않다. 이러한 거리로 인해서 나는 몸으로부터 독립되어서 몸을 나와 무관한 타자처럼 자유롭게 대상화하고, 또 미적 작업의 대상으로 삼을 수가 있다. 거울 앞의 시선은 내가 나의 몸의 구속으로부터 벗어난 시선, 탈신체화된 시선이다. 몸이 자연적 소여로서 나에게 주어있지만 마치 그렇지 않은 듯이, 마치 타자가 나를 바라보듯이 나의 몸을 바라보는 것이다. 때문에 이러한 타자화된 시선은 근본적으로 불안한 시선이며, 예기치 않은 심각한 문제를 야기할 수도 있다. 문제의 근원은 주체와 타자의 시선이 불균형에서 비롯한다. 예컨대 주체는 자신의 몸을 체현된 정신(예술작품)으로 경험할 수 있겠지만 타자는 그의 몸을 자연적 물질(완성되지 않은 거친 재료)로 간주할 수 있다. 타자는 나의 몸에서 정신의 자유로운 표현을 읽지 못할 수 있다. 정신과 동일시되었던 나의 몸이 타자의 시선에는 물질과 동일시된 대상으로 보일 수 있는 것이다. 여기에서 주체와 타자, 혹은 정신과 마음 사이의 갈등과 긴장이 나타나게 된다. 주관적으로 내가 자연적 몸을 부정함으로써 정신의 극대화를 지향하였다면 타자는 나의 정신을 부정함으로써 물질의 극대화를 지향할 수 있다. 자연으로부터 분리함으로써 탈신체화를 성취한 나를 타자가 다시 자연의 법칙에 속박시키고 탈정신화시킬 수 있다.[10] 이때 실제로 타자가 나의 앞에서 나의 몸을 바라보고 있는지 아

10 필자는 이 글에서 탈신체화, 재신체화, 정신화, 탈정신화 등의 개념을 사용하였다. 주체가 정체성을 구성하는 방식을 변증법적으로 설명하기 위한 목적에서였다. 《정신현상학》(*Phenom-*

닌지의 여부는 중요하지 않다. 타자의 존재나 부재와 무관하게 거울 앞에 선 나는 나 자신을 그러한 타자의 시선으로 바라보고 있기 때문이다.

몸의 예술적 형상화의 과정은 어떻게 타자가 주체의 몸을 아름다운 몸(체화된 정신)으로 경험할 수 있는가 하는 질문으로 집중된다. 타자가 그의 몸을 예술 작품처럼 조형된 아름다운 몸으로 바라보아야 하는 것이다. 앞서 언급했듯이 몸을 만드는 사람은 마음에 내재하는 이상적 몸 이미지에 자신의 몸을 일치시키기 위해서 운동을 한다. 그리고 마침내 전자가 후자와 완벽하게 일치하는 순간 몸은 육체라기보다는 체화된 정신이 된다. 그렇다면 인간에게는 두 개의 몸이 있다고 할 수 있다. 하나가 자연에 구속된 몸이라면 또 하나는 예술적으로 완성된 작품으로서의 몸이며, 한편으로 로고스로서 이상적 몸 이미지가 있다면, 또 다른 한편으로는 현실에 오염된 실제적 몸이 있다. 후자의 몸은 자연의 세력에 노출되고 소모되는 몸, 세월의 상흔처럼 주름살이 새겨지고 혹처럼 뱃살이 불어나는 몸, 빛이 어둠에 오염되듯이 죽음에 침노된 몸이다. 이때 이상적 몸 이미지와 자신을 동일시하는 현대인은 자신의 몸에서 그러한 자연의 세력들을 발본색원하여 철저히 추방하지 않으면 안 된다. 거울에 비친 머리에 삐쭉 돋아난 흰머리 한 오라기도 그대로 방치해두면 위험하다. 그것이 빌미가 되어 어느 한 순간 로고스의 몸이 자연의 몸으로 퇴행할 수도 있기 때문이다. 더구나 타자가 나의 몸에서 그러한 자연의 흔적을 발견하는 순간 나

---

enology of the Spirit)의 헤겔(Hegel)에 따르면 스토아 철학자들은 육체를 업신여기면서 자신을 정신과 동일시하였다. 정신의 함량을 최대화함으로써 자신의 육체적 상황으로부터 자유로워지고자 했다. 그렇지만 헤겔이 탈신체화나 재신체화와 같은 용어를 사용하였던 것은 아니다. 송형석에 의하면 독일의 스포츠사회학자 베테(K. H. Bette)가 탈근대적 스포츠의 특징을 요약하기 위해서 탈신체화(*Entöroerlichung*)라는 용어를 사용하였다고 한다. 송형석, 《근대성, 몸 그리고 스포츠》, 114쪽 참조.

의 전 존재는 한꺼번에 탈정신화될 수도 있다. 그러한 위험으로부터 대비하기 위해서라도 나의 몸은 완벽하게 탈신체화되어야 한다. 몸이 살아서 걸어다니는 정신이 되어야 하는 것이다.

그러나 탈신체화의 과정은 재신체화의 과정과 서로 떼놓을 수 없다. 자연에 대적하면서 노동으로 자연을 정복하고 그러면서 자연에 의해 단련된 몸을 가졌던 근대인에 비하면 현대인에게 노동은 퇴화된 흔적근처럼 보일 정도로 몸의 역할이 축소되었다. 육체의 노동이 우리의 삶에서 불필요하고 부수적인 것이 되었기 때문이다. 그러나 일부 포스트휴머니스트들이 주장하듯이 인간의 몸이 유통기간이 지난 상품처럼 폐기처리되지는 않는다. 현대로 접어들면서 근대적 몸은 사라지는 대신에 지향성의 변화를 겪게 되었다. 앞서 언급했듯이 외부지향적이었던 몸이 자기반영적으로 바뀐 것이다. 이제 운동의 목적은 자연의 정복이 아니라 운동하는 몸의 완성이라는 내재적 목적을 지닌다. 그러면서 그는 과거에 노예처럼 의존했던 자연으로부터 자유로운 주인의 위치에 서게 된다. 그러나 자연으로부터의 완벽한 단절이란 있을 수 없다. 인간은 자연의 소여로 주어진 육체를 버리는 것이 아니라 그것을 예술적으로 재가공, 재창조해야 하는 것이다. 따라서 탈신체화와 재신체화의 과정이 동전의 양면처럼 서로 맞물려 있다. 과거의 노동하던 몸으로부터 탈신체화되는 동시에 미적 몸으로 다시 재신체화되어야 한다. 실용적이었던 몸이 탈실용화되고 미학적 몸으로 재신체화되는 것이다.

현대사회와 몸매 만들기

탈신체화되었던 몸이 미학적으로 재신체화되는 과정은 사회적으로는 생활세계의 심미화와 같은 궤도에 있다. 과거에 계급과 전통에 묶여있었던 인간이 탈계급화되고 탈전통화되면서 이제 스스로가 주체로서 자신의 운명을 자유롭게 개척할 수 있게 되었다. 계급 사회에서 나의 언행은 계급적 차이의 주인 기표에 의해 지배되었으며, 옷차림이나 걸음걸이 등도 계급적 헥시스를 반영하였다. 원시인들이 자연의 노예였다면 계급사회의 구성원들은 사회의 노예였던 셈이다. 내가 자유로운 주체로 태어나기 위해서는 사회적 코드에 먼저 구속되지 않으면 안 되었다. 이러한 성향은 계급이 철폐된 이후 민주주의사회에서도 한동안 지속되었다. 계급이 사라진 빈자리에 다양한 계층들이 출현하고, 개인들은 자신이 속한 계층이나 공동체와 동일시하면서 자신의 신체를 경험하기 시작하였다. 부르주아에게는 부르주아에 걸맞은 비대한 몸, 노동자에게는 노동자에 걸맞은 근육질의 몸, 상류층에게는 상류층에게 걸맞은 호리호리한 몸 등의 다양한 유형이 있었다. 계급사회가 철폐되기는 했지만 인간은 여전히—제2의 자연으로서—사회적 규범에 구속되어 있었으며, 직업에 의해 만들어지는 다양한 몸이 존재하였다. 사무실에서 일하는 화이트칼라가 창백한 얼굴을 하고 있었다면 밖에서 일하는 블루칼라는 검게 그을린 얼굴을 하고 있었다. 하지만 현대(유럽의 경우에는 20세기 중반, 우리나라의 경우에는 20세기 후반)로 접어들면서 인간은 제2의 자연인 사회적 구속으로부터도 점차 벗어나기 시작하였다. 이제 블루칼라도 화이트칼라와 동일한 조건에서 일을 한다. 노동자도 손으로 삽질을 하는 대신에 포크레인의 버튼을 간단히 누르기만 하면 된다. 결과적으로 블루칼라와 화이트칼라라는 사회적 · 직업적 차이가 신체의 차이로 각인되지 않게 되었다. 그러면서 사회적 구별의 메커니즘에서 벗어난 몸이 개인 주체의 소관으로 온전히 귀속되었다. 사회가 집합적으로 만들었던 몸이 이제 개인이 홀로서 고독하게, 그러나 예술적으로 만들어야 하는 몸으로 위상이 바뀌고, 개인은 사회에게 빼앗겼던 몸을 회수해서 자신의 고유한 몸으로 주장할 수 있게 되었다. 어찌 보면 맑스가 꿈꾸었던 이상적인 사회, 사회의 주체들이 노동자이면서 동시에 예술가인 사회가 도래하였다. 직업과 신분의 귀천과 무관하게 개인은 자신의 몸을 예술작품으로 형상화할 수 있게 된 것이다. 조각가라면 조각에 마땅한 바위를 찾아서 산천을 헤매야 하겠지만 몸의 예술가에게는 예술의 재료가 이미 자신의 일부로서 주어져 있다. 그는 예술가이면서 동시에 예술작품이고, 창조자이면서 동시에 자기의 피조물로, 아리스토텔레스(Aristoteles)와 스피노자(Spinoza)의 신처럼 오로지 자기 자신만을 음미할 수 있다.

탈신체화되었던 몸이 재신체화되면서 인간이 자연과 사회의 구속으로부터 벗어나는 실례들은 이루 헤아릴 수 없이 많다. 서두에서 언급했던 조재진의 몸은 빙산의 일각에 지나지 않는다. 당연한 일상의 일부가 된 성형수술을 사례로 언급하는 것은 시대에 뒤떨어진 일처럼 보일 지경이다. 하리수의 경우가 단적으로 말해주듯이 성차라는 자연적 · 해부학적 차이도 탈신체화되면서 새로운 성으로 재신체화된 것이다. 아름다움을 향한 의지로 자신의 몸을 두드리고 단련하고 새롭게 조형함으로써 인간은 명실상부하게 자신의 창조자가 되었다. 지금으로부터 2~30년 전에 푸코(Michel Foucault)는 다음과 같은 질문을 던졌던 적이 있었다. "모든 개인의 삶이 예술작품이 될 수 없는 것일까? 램프나 집이 예술작품이 될 수 있다면, 왜 우리 삶이 예술작품이 될 수 없겠는가?"[11] 푸코는 이러한 질문을 던지면서 각자가 자신의 삶을 창조하는 "존재의 미학"(*une esthétique de l'existence*)을 제시하려고 노력하였다. 그렇지만 우리는 미래의 과제가 아니라 현실의 지평에서 이미 그러한 존재의 미학을 향유하고 있지 않은가?

하지만 필자가 지나치게 낙관적으로 예술적 몸의 출현을 전망하였는지 모른다. 무엇보다도 탈신체화되었던 몸의 재신체화가 약속이라도 한 듯이 획일적인 방향으로 이루어지고 있는 현실을 부정할 수 없기 때문이다. 예를 들어, 조재진은 한편으로 자신의 몸을 절차탁마해서 하나의 예술작품으로 만들었지만 다른 한편 그의 몸은 개성적인 예술이라기보다는 표절에 가까운 듯이 보인다. 영화나 잡지에서 쉽게 볼 수 있는 표준적인 몸매의 디자인에 따라서 그의 몸매가 만들어지기 때문이다. 그의 몸은 그의 개인적 창조의 결실이 아니라 정형화된 패턴의 복제에 지나지 않으며, 만약 그가 몸의 예술가라면 진정한 의미의 예술가가 아니라 원본을 기계적으로 복제하는 표절자와 흡사하다. 이것은 하리수의 경우에도 마찬가지이다. 그는 자신의 성을 두드리고 단련해서 고유한 새로운 성으로—제3, 제4의 성으로—자신을 완성했던 것이 아니다. 다만 그는 기존 여성의 신체적 틀에 어김없이 꼭 들어맞도록 자신의 몸을 변형시켰을 따름이다. 이 두 사례에서 우리는 새로운 몸의 창조가 아니라 획일적인 몸의 반복적 재생산을 목격하고 있다. 과거에 나찌들이 아리안족의 이상적

11 Foucault, "A propos de la généalogie: un aperçu du travail en cours" in *Dits et écrits: IV-1: 1983~1988*, Paris: Gallimard, 2001, p.617.

체형에 따라서 모든 몸들을 일원적으로 통일하고 그러한 기준에 일치하는 정도에 따라서 몸들을 위계화하려고 했듯이 말이다. 아름다움의 경험을 논의했던 《판단력 비판》(*Critique of Judgement*)에서 칸트(Immanuel Kant)는 인간의 아름다운 외모에는 아름다움이라는 미학적 범주를 적용하지 않았다. 미스코리아 선발대회에 출전한 후보들은 미리 정해진 미의 기준에 얼마나 가까이 접근하는가의 정도에 따라서 등수가 매겨지게 되는데, 칸트는 이러한 식의 아름다운 외모는 아름다움이 아니라 "호감"(*Angenehm*)의 관점에서 접근하였다.[12] 아름다움의 경험에는 대상에 대한 주체의 자유롭고 자발적인 판단, 자유로운 상상력의 활동이 필수적이다. 그래야만 다른 타자가 아닌 주체의 고유한 미적 경험이라고 말할 수 있기 때문이다. 때문에 미스코리아 심사처럼 정해진 기준표의 요구에 따라서 이루어지는 판단은 주체 자신의 판단이라기보다는 기준표의 판단이라고 해야 옳다. 그러한 판단의 주체는 진정한 의미에서 주체가 아니다. 그는 기준표-주인의 명령에 굴복하고 복종하면서 후보들의 매력을 판단하는 하인에 지나지 않는다. 이것은 후보자의 경우도 마찬가지이다. 그녀는 자신의 자발적이고 자유로운 명령(로고스)에 따라서 몸을 완성하는 것이 아니라 기준표라는 목적에 가까워지도록 자신을 몸매를 만들어야 한다. 그러면서 그녀는 자기를 창조하는 현대의 미학적 인간의 이상으로부터 멀어지게 된다. 과거에 인간이 노예처럼 외적 자연에 구속되고 자신의 몸을 희생하는 대가로 삶의 필요를 충족시킬 수 있었듯이 미스코리아 후보도 제2의 자연으로서 사회적 강제에 자신의 몸을 내어주어야 하기 때문이다. 그녀는 자기 몸의 주인

---

12 Immanuel Kant, *The Critique of Judgement*, tr. James Creed Meredith, Oxford: Oxford UP, 1956, pp.44~45.

이기를 포기하고 사회적 기준의 노예가 됨으로써 미스코리아의 획일적 몸매를 달성할 수 있다. 몸매 만들기는 몸의 예술화가 아니라 몸의 종속화이며, 자유로운 자기창조가 아니라 강요된 노예적 노동의 또 다른 형태라 할 수 있다.

재신체화가 획일화되는 순간 몸 예술의 유토피아는 강요된 몸 노동의 디스토피아로 변질되어 버린다. 몸 예술의 본질은 주체의 자발적인 자기창조에 있다. 그는 타율적인 목적을 성취하기 위해서가 아니라 자신의 고유한 이념을 완성하기 위해서 자율적인 몸 만들기의 작업에 임해야 한다. 그러한 과정에서 예술가가 그러하듯이 그는 자연의 구속으로부터 벗어나면서 자신의 자유를 객관적으로 증명할 수 있다. 하지만 자칫하면 몸의 예술화는 앞서 설명했던 사회적 미의 독재에 예속될 뿐 아니라 예기치 않게 탈자연화되었던 몸의 재자연화로 퇴행할 수도 있다. 다시 조재진의 근육질 몸매를 생각해 보기로 하자. 이 광고에는 사회적으로 합의된 이상적 미의 기준만이 반영되어 있는 것은 아니다. 여기에는 자연적 시간의 흐름에 마모되지 않은 생물학적으로 젊은 몸, 미래의 죽음을 상상할 수 없을 정도로 강건한 몸, 더구나 성적으로 매력적인 남성적 몸이 극도로 전경화되어 있다. 몸매 만들기의 노력도 그러한 사언적 소여의 극대화와 무관치 않음은 물론이다. 구태여 진화생물학자들의 저서를 읽어보지 않더라도 젊음과 성적 매력이라는 신체적 특징—제2차 성징—은 종의 자기 보전을 위해서 필요한 자연의 강제이다. 개체의 생명 보전을 넘어서 종의 생명을 보전하기 위해서 자연은 개체의 몸에 맹목적인 성적 본능을 각인시켜 놓아야 했다. 리처드 도킨스(Richard Dawkins)가 《이기적 유전자》(*The Selfish Gene*)에서 주장하였듯이 종의 보전이라는 목적론적 관점에서 보면 생식과 양육의 소임을 완수한 개체의 삶은 더 이상 존재할 필요나 이유가 없게 된다. 개체의 삶은 번식이라는 목적으로 완전히 탕진되어 버리는 것이다. 개체는 다만 맹목적인 번식 충동에 사로잡혀 있을 뿐, 자기 삶의 미학화를 위한 자유의 여지를 남겨놓지 않는다. 그런데 탈신체화되었던 몸의 재신체화는 오로지 젊음과 성적 매력의 강조라는 종의 자기번식의 일방적 요청에 따라서 이루어지고 있지 않은가. 생성과 소멸이라는 자연적 순환에 맞물려 있던 시대, 탈신체화되기 이전의 시대에 인간은 나이에 따른 다양한 이상적 몸 이미지를 가지고 있었다. 청년에게는 청년에 알맞은 몸, 노년에게는 노년에 알맞은 몸이 있었다. 그러나 탈신체화의 과정을 거치면서 인간의 몸은 그러한 자연의

〈데일리 메일〉(*Daily Mail*)에 실린 마돈나

구속으로부터 어느 정도 자유를 확보하게 되었다. 노년이라고 해서 반드시 일반적인 노년의 몸 이미지에 따라서 자신의 몸을 만들어나갈 필요가 없게 되었다. 그는 노년이라는 생물학적 범주가 아니라 자신의 취미나 직업, 관심, 라이프스타일을 반영하면서 새로운 몸을 미학적으로 지향할 수 있다.

최근에 유행하는 몸매 만들기의 현실은 어떠한가? 탈신체화되면서 사라졌던 다양한 자연적 몸이 재신체화의 과정을 거치면서 오로지 하나의 자연적 몸(젊고 성적인 몸)으로 귀환하였다. 억압되었던 자연의 다양성이 귀환하면서 배타적인 번식(혹은 발정기)의 자연으로 단일화되고, 인간은 과거의 어느 때보다 더욱 성적 매력이라는 자연의 맹목적 요구에 무조건적으로 굴복하게 되었다.[13] 이때 매력적인 몸매를 지향하는 개인은 자기 개인의 욕망을 실현하는 것

---

13 약 1년 전에 영국 〈데일리 메일〉(*Daily Mail*)신문이 마돈나의 사진을 게재함으로써 파문을 일으킨 적이 있었다. 뉴욕의 한 체육관에서 운동을 마치고 나오는 그녀의 모습을 카메라에 담았던 것인데, 특히 쭈글쭈글 주름진 손이 클로즈업되면서 아직까지 섹스 심벌로서 마돈나를 생각하고 있었던 사람들이 새삼 그녀가 그러한 손의 주인공이라는 사실에 놀라움을 금치 못했다. 그러나 정작 놀라운 사실은 사람은 누구나 나이가 들면서 노쇠한다는 너무나 당연한 사실에 독자들이 호들갑을 떨면서 놀랐다는 사실이다. 여기에서 아름다운 몸에 대한 탈근대적 증상이 단적으로 드러난다. 성적인 몸=젊은 몸=아름다운 몸이라는 등식이 문화적 무의식으로 우리에게 각인되어 있는 것이다. 이러한 대중문화적 코드에 따르면 세월의 흐름에도 늙지 않는 젊은 몸이 진정한 아름다운 몸이 된다. 따라서 요절했던 제임스 딘이나 마릴린 먼로와 같은 배우만이 탈근대적 아름다움의 신화로 등극할 수 있다. 나이가 배제되어야만 아름다울 수 있으며, 아름다움의 왕국은 젊음의 왕국이어야 한다.

물론, 여기에 첨부된 강수진의 발이나 박지성의 발은 마돈나의 손과는 전혀 다른 의미의 층위에 속해 있다. 언뜻 보기에 괴물처럼 흉측한 두 사람의 발을 독자는 결코 시각적 아름다움이나 젊음의 관점에서 바라보지 않는다. 두 사람의 발은 세계와 몸의 상호작용으로 빚어진 헥시스적 몸의 전형으로 간주되기 때문이다. 말하자면 역사가 배어있기 때문에 "아름다운"(혹은 감동적인) 몸이다. 하지만 역설적이게도 마돈나의 손에는 역사가 배어있기 때문에 아름답지 않다고 평가된다. 심미적 · 성적 관점은 몸의 역사를 용납하지 못하는 것이다. 아름다움은 바라보는 주체의 관점에 의존한다고 할 수 있다. 조명에 따라서 대상이 바뀌듯이 시선의 지향성에 따라서 마돈나—예컨대—의 몸도 아름답게 아니면 추하게 보일 수 있다. 젊은 시선에는 젊은 성적인 몸만이 아름답게 보이게 마련이다. 그렇다면 나이든 주체들의 시선은 어디에

이 아니라 종의 번식이라는 자연의 목적에 익명적으로 기여하는 것이 된다. 몸매 만들기가 모두 주체의 자유로운 표현이지는 않다. 때로 인간은 개체가 자신을 종적으로 유지하려는 맹목적인 성적 성향으로부터 분리되어야만 참된 자유를 이룰 수가 있다. 탈신체화되었던 몸의 재신체화도 그러한 자유의 실현이라는 관점에서 기획되어야 한다. 자신의 몸에 대한 배려가 자기 소외가 아니라 예술적인 자기표현으로 나타나야 하는 것이다. 미적 사회는 하나의 이상적 몸의 배타적이며 특권적인 독재가 아니라 다양한 몸의 축제이어야 한다.

있을까. 그들은 자신의 고유한 시선을 가지고 있는 것일까? 아니면 나이와 무관하게 영원히 젊은 시선에 사로잡혀 있을까? 본문에서 언급했던 아리스토텔레스와 호라티우스의 시작법에 의하면 젊은이는 젊은이답게 노인은 노인답게 묘사되어야 했다. 그래야 젊은이는 자신의 젊은 모습을, 노인은 자신의 나이든 모습을 문학적 재현에서 발견하고 기뻐하기 때문이었다. 말하자면 노인에게 고유한 아름다움이 인정되었다. 하지만 현대에는 불행하게도 나이 든 사람들의 아름다움이 존재하지 않는 듯이 보인다.

이념에서 사소한 몸의 차이로

9장

〈어느 날 고궁을 나오면서〉(1965)에서 김수영은 "왜 나는 조그마한 일에만 분개하는가"고 한탄하였다. 큰일에는 후환이 무서워서 뒷짐을 지고서 수수방관하다가, 참견하지 않아도 되는 사소한 일에는 기를 쓰고서 목청을 높이는 자신의 처지가 서글펐던 것이다. 그래서 다음과 같이 자신을 향해 자문해야만 했다. "한번 정정당당하게/붙잡혀간 소설가를 위해서/언론의 자유를 요구하고 월남파병에 반대하는/자유를 이행하지 못하고/십 원을 받으러 세 번씩 네 번씩/찾아오는 야경꾼들만 증오하고 있는가." 4·19세대였던 김수영은, 5·16혁명을 등에 업고 권좌에 오른 박정희 대통령이 언론의 자유를 억압하고 월남파병을 강행하는 현실이 매우 못마땅했을 것이다. 그래서 대의명분을 위해 생명의 위험을 무릅쓰고서라도 당당하게 나서서 권력을 비판해야 한다고 생각하였다. 하지만 정작 그가 했던 일은 대의명분과는 너무도 거리가 멀었다. 권력자에 대해 쌓였던 불만을 그는 야경꾼에게, 자신보다 힘이 없는 말단 공무원에게 퍼붓는, 한강에서 뺨 맞고 남대문에서 화풀이를 하는, 전형적인 소시민 근성에 젖어있는 자신을 발견했던 것이다. 그래서 시의 말미를 "바람아

먼지야 풀아 나는 얼마큼 적으냐"라는 장탄식으로 매듭지어야 했다.

소시민 근성이 먼지나 풀과 같은 미시적 항렬에 있다면 대인 근성은 국가나 인류의 운명과 같은 거시적 항렬에 속해 있다. 김수영의 시에서 전자는 설렁탕집, 후자는 왕궁으로 대변된다. 그런데 세계의 지평에서 갑자기 왕궁이 사라져버린다면 어떻게 될까. 목숨을 걸고서 싸워야 했던 저 탐욕의 왕궁이 고색창연하게 이끼가 낀 고궁으로서 역사의 뒤안길로 사라져버린다면, 후환이 두려워서 마른 침을 삼켜야 했던 벙어리 입에서 재갈이 풀린다면… 1965년으로부터 40여 년이 지난 현재에는 과거에 날아가는 새도 떨게 만들었던 대공분실이나 정보부가 더 이상 존재하지 않는다. 민주주의와 자유는 싸워서 쟁취해야 하는 저 높은 고지가 아니라 너무나 당연한 우리의 일상의 평지가 되어버렸다. 우리의 세계에는 이제 바라보기만 해도 코를 베어가는 거대한 권력의 오벨리스크도 존재하지 않는다. 싸워야 할 힘센 적이 더 이상 없는 것이다. 이때 과연 "바람아 먼지야 풀아 나는 얼마큼 적으냐"라는 김수영의 탄식이 있을 수 있을까. "적다"라는 말은 지극히 상대적이다. 다윗은 거인 골리앗을 앞에 두고서 자신을 난쟁이처럼 여겼을 것이다. 만약 골리앗과 같은 거인이 없었다면 다윗은 자신이 작다는 생각을 꿈에도 해보지도 못했을 것이다. 힘겹게 넘어야 할 산이나 힘센 적이 없으면 우리는 자신의 작음과 사소함을 실감할 기회가 없는 것이다. 있는 것은 고만고만한 도토리 키 재기일 따름이다. 혹은 스스로를 밤송이라고 자유롭게 착각해도 좋은—착각을 교정해 줄 밤송이가 없기 때문에—도토리가 있을 따름이다.

그러나 〈어느 날 고궁을 나오면서〉의 행간에서 짐작할 수 있겠지만 소시민과 소인은, 의미의 손실이 없이 서로 대체되어도 좋은 동의어가 아니다. 특히 소시민 의식이나 소인배 근성과 같은 수식어가 더해지면 양자 사이 의미의 골은 더욱 깊어진다. 가령 김수영만큼 극심한 소시민의식에 시달렸던 인물도 찾아보기 어려울 것이다. 그는 현기증이 날 정도로 거대하고 당당한 권력 앞에서 자신이 풀이나 먼지보다 사소하며 무력하다고 통절하였다. 해야 할 일의 키가 마천루처럼 높아질수록 그는 자신의 작음에 편집증적으로 시달려야 했다. 목표가 크면 클수록 자신은 먼지처럼 사소해지는 것이다. 소시민 의식은 상대적 왜소함의 자각, 절대 앞의 무력감이라 할 수 있다. 하지만 시민 모두가 예외 없이 키가 작은 소인의 나라에서는 그러한 소시민의식이 있을 수가 없다. 〈백설공주〉(Snow White)에서 일곱 난장이가 소형 집에서 편안하고 안락하게 살듯이 소인들은 사소함을 정상적인 우주의 질서로 여기게 된다. 여기서는 행복과 미덕의 이상도 작다. 작아야만 행복하고 덕스러우며 진실하고 아름답고 대견스러운 것이다. 큰 것은 위험하고 부담스러운 데다가 행여 피에 굶주린 신처럼 개인의 희생을 요구할지도 모르기 때문에 몸서리를 치면서 뒷걸음을 친다. 더구나 소인의 왕국에 출현한 거인은 백해무익한 소시민적 열등감과 사괴감의 어둔 그림자를 소인들의 의식에 드리울 수 있다. 작은 행복과 작은 미덕에 방해가 되는 것이다.

이미 19세기의 후반에 니체는 《차라투스트라는 이렇게 말하였다》에서 그러한 소인의 출현을 예상하였다. 그리고 소인병의 원인까지도 진단하고 있었다. 역설적으로 들리겠지만 부정적 감정인 체념과 긍정적 감정인 자족감이 그 원인이라는 것이다. 이 두 징후는 쌍생아처럼 서로 뗄 수 없는 상호의존의 관계, 교묘한 타협과 절충의 관계에 있다. 현재의 자신에게 만족하기 위해서는 노력해도 쉽사리 성취하기 어려운 목표는 포기되어야 한다. 태산을 오르려 시도하기 전에 너무나 높아서 오를 수 없다고 판단하고 미리 포기하는 분별의 지혜가 전제되어야 한다. 어려움이 불가능으로 간주됨으로써 체념이 미덕으로 장려될 수 있는 것이다. 아이가 과자를 집어서 입으로 가져가듯이 손만 뻗으면 금방 닿을 수 있는 근거리의 목표들이 행복의 필수 조건이 되고, 그러면서 주위에 행복할 이유와 조건들이 잡초처럼 무성하게 깔리게 된다. 원거리에 있는 목표들을 포기하기만 하면 근거리의 행복이 무더기로 발등에 떨어지는 것이다. 행복은 당연하게도 지극히 개인적이 된다. 의식주, 건강, 여가, 돈, 로맨스 등등. 예컨대 소인에게는 트리스탄과 이졸데, 혹은 춘향과 이 도령처럼 목숨과 운명의 판돈을 걸어야 하는 뜨거운 사랑은 너무나 부담스럽다. 자칫 화상을 입을 수 있는 비극적 사랑이 아니라 쿨한 로맨스와 해피엔딩이 소인의 미덕이 되는 것이다. 무엇보다도 이들에게 영웅이나 대의명분은 입에 담아서는 안 되는 금지어이다. 태산을 정복하는 등정가들의 소식도 언론에 보도되지 말아야 한다. 혹시라도 자신이 거인의 꿈을 접고 소인으로 전락했다는 사실이 심기를 불편하게 만들 수 있기 때문이다. 〈어느 날 고궁을 나오면서〉의 화자와 같은 소시민이라면 대의명분 앞에서 경외감과 무력감을 동시에 느낀다. 그리고 목에 걸린 가시처럼 고통스런 진실을 소시민의식으로 평생 부둥켜안고서 살아야 한다. 하지만 소인들은 달면 삼키고 쓰면 뱉는 지혜를 제2의 천성처럼 몸에 익혔다. 목에 걸리기 전에 재빨리 뱉어내고는 토악물이라도 된다는 듯이 혐오스럽게 쳐다보는 것이다.

프랜시스 후쿠야마(Francis Fukuyama)가 《역사의 종말》(*The End of History and the Last Man*)에서 주장했던 맥락에서 소인의 왕국에서 이미 역사는 종말을 고해버렸다. 헤겔적인 의미에서 역사가 자유라는 궁극적 목표를 향한 목적론적 진행과정이라면 자유와 평등이 완벽하게 실현된 민주주의 사회에서는 더 이상 해결해야 할 문제, 목숨을 걸고 투쟁해야 할 대의명분도 없다. 세속에서의 임무를 완수하고 십자가에 달렸던 예수는 마지막 숨을 거두면서 "다 이루었다"고 말하였다. 만약 그러한 예수의 임종을 훼방하면서 다 이루지 않았다고 언성을 높인다면 신성모독이 될 것이다. 소인의 왕국에서 아직 성취되지 않은 자유나 민주주의, 역사의 미완성을 들먹이는 언행은 일종의 신성모독에 해당한다. "숨 죽여 흐느끼며 / 네[민주주의] 이름을 남 몰래" 써야 하는 "타는 목마름"(김지하의 〈타는 목마름으로〉)은 이미 구시대의 유물, 과거완료가 되어버렸다. 현재는 실현된 자유와 평등이 영원히 향유되는 진행형이어야 한다. 피의 대가를 치르면서 이뤄야 했던 역사적 과업이 축제의 분위기로 전환되는 것이다. 더 이상 할 일이 없다면 이제 즐기기만 하면 된다. 그래서 정치도 쾌락이 되어버렸다.

의사소통의 과정에서도 눈에 띄는 변화가 일어난다. 역사가 이미 완성되고 해야 할 과업이 없다면 우리가 더 이상 무슨 말을 하겠는가. 들쭉날쭉한 차이가 있기는 하지만 언어는 행동과 궤도를 같이 한다. 행동이 목표 지향적이라면 언어도 목적의식으로 삼투되게 마련이다. 나무를 심기 위해 미리 삽으로 땅을 파야 하듯이 행동이 나아갈 길에 언어가 미리 포석을 깔아주는 것이다. 이때 언어는 행동을 위한 수단이다. 그러나 더 이상 지향해야 할 역사의 목표가 사라지면 언어에서도 초점과 근육이 사라지게 된다. 언어의 성격도 장식적으로 바뀌게 된다. 언어가 행동이 없는 행동, 쾌락의 사소한 몸짓을 빛내주는 장식용 꽃이 되는 것이다. 이때 "무엇을" 말해야 하는가 하는 문제는 중요하지 않다. 무엇은 이미 성취되어 일상에서 가구나 가전제품처럼 향유되며 소비되고 있기 때문이다. 중요한 것은 "어떻게"이다. 어떻게 말을 해야 하는가? 거대 담론의 명분이 희석된 현재에는 메시지의 내용보다 발화자의 어감, 목소리, 표정, 억양이 훨씬 커다란 무게를 갖는다. 계몽되어야 할 사람처럼 학습자적 겸손함을 잃지 않았던 소시민은 상대의 억양이나 어감의 배후에서 발화 내용의 보물을 캐내고 싶어 안달하였다. 듣기에 낯설거나 거슬린 어감이나 사투리에도 크게 개의치 않았다. 하지만 이미 계몽되었으며 더 이상 배울 것이 없다고 생각하는 소인에게는 발화행위가 의사소통의 목적이 된다. 기의의 질서가 비워져 나간 자리에 기표의 현존이 들어선 것이다. 그리고 그러한 발화행위는 안마처럼 쾌락의 경제에 이바지하여야 한다. 무의미하지만 기분 좋은 교태의 몸짓처럼 메시지가 마사지가 되어버린 것이다. 말할 내용이 부재할 때 언어의 심미성만이 한없이 강조되게 마련이다. 언어는 발화자들에게 정보를 제공하는 것이 아니라 기분을 좋게 하거나 나쁘게 만든다. 가령 우리는 말의 내용이 아니라 말투에 화가 나는 것이다. 강도가 거세지면 마사지가 폭력으로 바뀌기 때문이다.

말의 강도가 거세지면서 메시지가 언어폭력으로 바뀌는 사실만큼 현대의 의사소통의 진면목을 보여주는 것도 없을 것이다. 동시에 그것은 현대 정치의 성격을 단적으로 보여주기도 한다. 전달되어야 할 메시지의 내용이 중요하면 중요할수록 발화행위의 다른 표현 요소들은 부차적으로 된다. 빛의 노크에 어둠이 물러나듯이 신경에 거슬리고 자극적인 사투리나 어투, 투박한 표현 등이 메시지의 당위성 앞에서 해소되고 망각되는 것이다. 물론 그 정반대의 상황이 우리의 현실이다. 사상의 날갯짓으로 가볍고 투명해야 할 언어가 그 날개를 잃은 지금 언어는 납덩어리처럼 무거워졌다. 말하자면 정신이 물질로, 소리가 혀로, 가벼운 펜이 무거운 칼이나 망치로 바뀐 것이다. 상대의 투박하거나 강경한 어조나 표현이 망치처럼 우리를 때리기도 하고 칼처럼 찔러서 피 흘리는 상처를 만들기도 한다. 그러면서 의사소통은 편 가르기와 인신공격에 다름 아니게 된다. 한편으로는 들이시 기분 좋은 상대가 있다. 거대담론이 사라진 시대에 그가 말하고자 하는 메시지의 무엇은 중요하지 않기 때문에, 다만 친숙한 어조와 말투로 우리를 달래고 위로하며 애무해주면 된다. 같은 편끼리 아첨의 언어를 서로 주고받는 것이다. 다른 한편으로는 보기만 해도 기분이 나쁜 타자들이 있다. 이때 언어는 망치와 칼이 되어서 상대편에게 상해를 가해야 한다. 공격해야 하는 명분이나 이유의 물음은 제기되지 않아야 한다. 가만히 멈춰서 생각해보면 각별히 공격해야 할 이유가 발견되지 않는 데다가, 공격의 예봉이 사유로 무뎌지기 때문이다. 유태인을 박해하고 집단 살해하였던 나치즘도 그러하였다. 따져보면 독일인 자신들과 마찬가지로 유태인 이웃들도 소심하고 선량하며 평범하였다. 하지만 그 놈들의 코가, 그 놈들의 옷차림이, 그 놈들의 억양이 기분 나쁘게 만들었던 것이다. 논리적으로 꼭 집어서 설명할 수 없지만 그들에게는 기분 나쁜 무엇이 있다고 가정되었다. 냉정하게 생각을 하면 근거가 없기 때문에 그러한 가정은 안개처럼 단박에 사라지게 마련이었다. 하지만 바로 그러한 가정이 당시 독일인들의 불행을 달래주었기 때문에 그들은 불행할수록 더욱 반유태주의에 편집증적으로 집착하였다. 미워하고 증오할 타자가 있다는 사실, 긍정적으로 행복의 있음이 아니라 부정적으로 타자의 행복의 없음이 엄청난 감정적 충일감을 안겨주었던 것이다. 여기서 논리의 인과는 완전히 전복이 된다. 상대가 악해서 욕을 하는 것이 아니라 욕을 하다보니까 상대가 추악해 보이는 것이다. 더불어서 자기합리화의 기제도 작동하기 시작한다. 혹시라도 실수로 선한 상대에게 욕을 했다면 악한 사람은 바로 나 자신이었다는 비난을 감수해야 하기 때문에, 그가 선하더라도 나의 행복을 위해서 그는 악한 사람이 되지 않으면 안 된다. 어떤 일이 일어나더라도 내 행복의 잠이 방해 받지 말아야 하는 것이다.

한때 '역사의 종말'이 유행가의 후렴처럼 인구에 회자되기도 했지만 역사는 시작과 끝이 분명한 사건이 아니라 해석이며 서사이다. 역사의 종말이라는 플롯도 역사에 대한 하나의 해석임에 의심의 여지가 없다. 그리고 종말이라는 묵시론적인 과장법보다는 역사에 대한 무관심이라는 표현이 더욱 더 사태의 본질에 가까운지 모른다. 무관심은 구태여 절박하게 관심을 기울이지 않더라도 삶의 일상에 주름이 가지 않는 사람들의 특권이기도 하다. 관심의 눈을 질끈 감아도 좋은 정치적 · 경제적 · 사회적 · 심리적 여유가 보장되어 있는 것이다. 예컨대 빈곤으로부터의 탈피는 군사개발독재시절에 이미 완료되었으며, 386세대가 "타는 목마름"으로 외쳤던 민주주의와 자유는 1992년에 문민정부가 들어서면서, 특히 2003년에 참여정부가 들어서면서 완전하게 실현된 것으로 간주된다. 그래서 역사의 거대 담론은 막을 내리고, 이제는 우레와 같은 박수갈채와 커튼콜을 즐기면 된다. 이른바 풍요로운 민주주의 사회가 도래한 것이다. 더 이상 해결해야 할 정치적 사안이 부재하는 세계에서 정치는 경제가 된다. 정치라면 그것은 사소한 쾌락의 정치이다. 이때 과거에 불끈 쥐었던 두 주먹은 풀리면서 오냐 오냐 경제를 쓰다듬고 소비에 전념하는 마이더스의 손이 된다. 여기서 경제는 1960년대 70년대식으로 절대적 빈곤으로부터 탈피를 의미하는 것으로 오해하지 말아야 한다. 절대적 빈곤은 이미 해결된 문제, 곰팡이 나는 과거의 유산이기 때문이다. 아물지 않은 상처처럼 풍요의 등 뒤에 엄연히 존재하는 빈곤은 예외적 현상으로 치부되거나, 아니면 애써 외면되어야 한다. 그래야만 역사와 정치에 대한 무관심의 특권을 유지할 수 있기 때문이다.

386세대의 몰락만큼 역사와 정치에 대한 무관심을 단적으로 증명하는 사건도 없을 것이다. 한때 386세대는 역사의 댐에 뚫렸던 구멍을 온몸으로 막았던 투사들이었다. 손만 뻗으면 덩굴 채 굴러오는 행복과 풍요, 안락을 포기하고서 민주주의와 자유, 평등과 정의를 위해서 투쟁하던 그들이었다. 그들이 참여정부와 더불어 완벽하게 몰락해버렸다. 애물(愛物)이었던 386세대가 애물단지로 전락해버린 것이다. 이제 미완의 평등이나 정의를 입에 담는 사람들은 구시대의 망령이나 시대에 뒤쳐진 역사의 지각생 정도로 평가절하 되었다. 특히 대통령을 비롯한 정치인들의 언행에서 386세대적 정서가 문득 배어나오는 경우에 사람들은 그 공허한 과장된 몸짓에 역겨워하거나 그 저의를 의심하며 도리질 치게 되었다. 무엇보다도 그 촌스러움이 견딜 수가 없는 것이다. 세상 물정을 모르고 도심의 한복판에서 대의명분을 설교하는 듯한 촌스러움, 나라의 운명을 자신의 두 어깨에 걸머지고 있다는 듯이 지나치게 심각하고 경직된 자세, 80년대와 90년대의 핏자국을 손에서 지우지 못한 데다가 아직도 사그라지지 않은 저 날선 눈빛. 말하자면 386세대는 잊고 싶은 과거, 아직 계몽되지 못한 현재의 후미진 구석을 자꾸 생각나게 만드는 것이다. 어쩌면 386세대는 역사의 물줄기를 돌려놓고는 흔적도 없이 지평에서 사라져야 옳았는지 모른다. 퇴장하는 구차한 뒷모습도 보여주지 않아야 했는지 모른다. 여기에 이른바 세대차의 기제가 작용하고 있다. 손에 괭이가 박히도록 열심히 일한 아버지의 덕분에 공부해서 출세한 아들이 한 가족을 이루어 남부럽지 않게 살게 되면 그 아버지의 괭이 박힌 손을 부끄러워하기도 한다. 촌스러운 말투에는 얼굴이 붉어지기도 한다. 자꾸만 자신의 출신 성분이 드러나기 때문이다. 풍요로운 사회의 타고난 선민이 아니라 신분 상승한 노동자 계층이라는 사실이 새삼 눈에 밟히는 것이다. 또 아직도 국내여행은 물론이고 외식 한 번 제대로 하지 못하는 부모님이 행여 생각이 나면 자신의 잦은 해외여행과 골프가 왠지 죄스럽게 느껴지기도 한다. 살아 계시는 부모님의 존재가 쾌락에 방해가 되는 것이다. 이때는 차라리 부모를 잃은 친구들의 처지가 부럽게 느껴지기까지 한다.

어쩌면 386세대의 몫은 "사라지는 매개자"의 운명이었는지 모른다. "가야 할 때가 언제인가를 분명히 알고 가는 이의 뒷모습은 얼마나 아름다운가"(이형기의 〈낙화〉). 전쟁터에서 장렬히 산화한 영웅들처럼 민주화를 이뤄놓고서 흔적도 없이 무대에서 사라졌어야 했는지 모른다. 죽어서 곁에 없어야만 영웅은 영웅으로서 대접을 받는 법이다. 곁에 있으면 우리의 행복에 어둡고 불길한 채무의식의 그림자를 던지기 때문이다. 우리의 행복이 그에게 빚을 지고 있다는 고약한 부담감에서 벗어날 수 없는 것이다. 이때 부담감에서 벗어날 수 있는 방법이 전혀 없는 것은 아니다. 예수는 "오른손이 한 일을 왼손이 모르게 하라"는 윤리관을 남겨 놓았다. 도움을 주려거든 몰래 어둠 속에 숨어서 도와주라는 것이다. 그렇다면 아직 살아 숨쉬는 386세대가 진짜 영웅이기 위해서는 어디까지나 익명으로 머물러 있어야 한다. 민주화라는 역사적 과업은 달성되었지만 그 과업을 위해 투쟁했던 사람들의 존재는 알려지지 말아야 하는 것이다. 행위자가 행위의 결과로부터 독립되어야 하며, 행위는 있지만 행위자는 거명되지 않아야 한다. 그렇다면 신분이 알려진 영웅은 진짜 영웅이 아니라는 말이 된다. 아니 영웅의 호칭과 명예를 얻기 위해서 거짓 선행을 했던 위선자라는 비난을 피하기 어렵게 된다. 예수는 외식(外飾)하는 서기관과 바리새인을 독사의 자식들이라고 비난하였다. 똑같은 논리가 386세대에게도 적용될 수가 있다. 사라지거나 망각되지 않았던, 특히 스스로를 386세대라 일컫는 386세대는 진정한 의미에서 386세대가 아니거나 386세대의 배반자라 할 수 있다. 이와 같은 변증법적인 논리의 효과는 참으로 놀랍도록 민주화의 수혜자들에게 효율적이다. 뱀이 허물을 벗듯이 무거운 채무의식의 짐이 단박에 벗겨지는 것이다. 피와 땀으로 민주화를 일구었던 386세대에게 아무런 빚진 느낌이 없이 가뿐한 마음으로 민주화의 결과를 향유할 수 있기 때문이다.

따라서 386세대에게 가해지는 비난과 비판의 본질은 채무 청산에 있다. 노무현 대통령에 대한 범국민적 반감의 정서도 이것과 무관하지 않다. 노대통령을 향해 장대비처럼 쏟아졌던 언론의 집중 포화는 예외 없이 그의 말투를 책잡았다. 그가 내세웠던 정책의 내용은 언제나 뒷전이었다. 혼자서 개혁을 하고 있는 듯이 강경하고 선동적인 어조, 80년대처럼 아직도 개혁이 절실하다는 위기의식이 언론의 귀에 거슬렸으며, 자유와 정의가 완성되었기 때문에 이제 경제를 챙겨야 한다고 생각했던 사람들의 심기를 불편하게 만들었다. 그러면서 "과연 자유와 정의가 진정으로 성취되었는가? 민주주의가 온전하게 실현되었는가?" 하고 묻는 근본적인 질문들은 고개를 들지 못하게 되었다. 자유와 정의는 하나의 이념이기 때문에 현실에서 완벽하게 실현될 수가 없다. 이상과 현실 사이에는 뛰어넘을 수 없는 심연이 언제나 버티고 있는 것이다. 민주화는 미완의 프로젝트로서 영원한 진행형으로 남을 수밖에 없다. 경제적으로도 그러하다. 화려한 최첨단 고층빌딩의 응달에는 소외되고 굶주린 사람들이 얼마나 많은가. 달리 말해서 386세대가 해야 할 일, 감당해야 할 책무는 아직 끝나지 않았으며 자유의 역사는 아직 완결되지 않았다. 여기에 대해서 반론의 여지가 있을 수 없다. 이상과는 너무도 거리가 먼 현실의 상처에 시선을 돌리기만 하면 금방 알 수가 있다. 하지만 386세대가 가리키는 현실의 부위로 시선과 관심을 기울이는 것은 안전하지 않다. 막연하게 완성되었다고 단정하고 있었던 역사가 갑자기 하마처럼, 심연처럼 입을 벌리고서 희생과 헌신을 요구하기 때문이다. 이때 그 어두운 심연과 희생의 요구로부터 벗어나기 위한 방어의 전략으로서 우리는 386세대를 무시하고 공격하며 혐오하는 법을 배웠다. 특히 대의명분과 거대담론을 마땅히 반박할 길이 없기 때문에 우리는 386세대의 얼굴에 먼저 침을 뱉는 법을 배웠다. 그리고 침 묻은 얼굴을 보면서 더욱 전투적으로 강렬한 혐오감을 느끼게 되었다. 주장하는 내용이 아니라 표현의 방식, 어조와 말투가 못 견디게 혐오감을 유발하는 것이다. 과거에 유태인들이 악하기 때문에 독일인들이 그들을 박해하고 살해했던 것은 아니었다. 자신들과 다른 얼굴 모양이나 냄새에 우선 비위가 상했던 것이다. 비위를 상하는 사람이라면 당연히 사탄처럼 악한 사람이어야 했다. 큰 차이가 부재하기 때문에 사소한 차이에 목숨을 걸어야만 했다.

왜 우리는 사소한 차이에 집착하는 것일까? 다시 역사의 종말의 관점에 서면, 오래 전에 다니엘 벨(Daniel Bell)은 《이데올로기의 종말》(*The End of Ideology on the Exhaustion of Political Ideas in the Fifties*)을 선언하였으며, 자본주의가 대립각을 세우면서 자신을 규정하게 만들어주었던 소비에트의 공산주의도 16년 전에 마지막 숨을 거두었다. 이제 자본주의는 더 이상 대립항을 갖고 있지 않다. 민주주의도 대립적 짝패를 갖고 있지 않으며, 기껏해야 중동의 근본주의자들이 간헐적으로 세계의 평화를 위협할 따름이다. 과거에는 이념적으로 불구대천의 원수처럼 보였던 좌익과 우익, 보수와 진보의 대립도 이제는 가벼운 말장난처럼 공허하게 들릴 따름이다. 무섭고 두려운 적(敵)이 없을 뿐 아니라 생각만 해도 등이 오싹한 대항 이데올로기가 없는 세상에서 모두가 발을 뻗고 편히 잘 수 있는 듯이 보인다. 하지만 깊고 달콤한 잠은 노동으로 파김치가 되거나 이념의 등쌀에 시달리며 고단해진 몸에게 찾아오는 축복이다. 아무 일도 일어나지 않으며 할 일이 없는 무료한 세상에서는 잠도 일상의 게으름이나 권태와 구별하기 어려워진다. 이때 서정주의 〈봄〉의 화자처럼 우리는 "하늘이여. 피가 잘 돌아 … 아무 병도 없으면/가시네야, 슬픈 일 좀, 슬픈 일 좀 있어야 하겠다"라며 제법 비극적인 갈망에 젖어들기도 한다. 커다란 차이가 세상을 쥐어흔들어 놓지 않으면 우리는 애교점처럼 사소한 차이를 가지고 일상에 가벼운 자극을 가하고 싶어하는 것이다. 남자와 여자의 관계와 마찬가지로 차이가 없으면 세상은 너무나 무색무취 무미건조해지고 만다. 뭔가 차이가 있다는 사실은 유행의 변화처럼 권태의 잠을 일깨우는 기분 좋은 자극이 된다. 당연한 말이지만 유행의 생명은 차이에 있다. 중요한 것은 치마 길이의 길거나 짧음이 아니다. 어제의 치마와 길이가 다른 것으로 충분하다. 차이가 있어야만 확실하게 지각되기 때문이다. 자칫하면 권태로 하품하기 쉬운 소비자를 적당한 자극으로 간질여주면서 일상의 쾌락에 기여하는 것이다. 그래서 주식으로 차액을 챙기듯이 주체는 타자와의 차이를 통해서 쾌락에 마음껏 탐닉할 수 있다.

차이는 주체의 정체성을 확인하는 데에도 일조한다. 자본주의의 대립항으로서 공산주의가 대비되지 않으면 자본주의는 옹알이처럼 정체불명으로 혼미해지게 마련이다. 주체가 동일자로서 확실하게 정립되기 위해서는 무엇보다도 타자의 도움이 필요한 것이다. 나와 다른 타자가 나와 대비되지 않으면 나의 동일성을 확인한 방법이 없기 때문이다. 이때 나의 정체를 확인하기 위해서는 단지 누군가를 미워하는 것만으로도 충분하다. 오뉴월의 엿가락처럼 나른하고 질펀하게 일상의 권태에 잠겨 있던 원심적 주체는 미워할 타자가 일상의 지평에 출현하는 순간에 파르르 긴장하면서 구심적으로 자기의 동일성을 새삼 확인하게 된다. 갑자기 살아갈 이유와 명분이 생기면서 자아의 괄약근이 수축되는 것이다. 만약 타자가 지나치게 행복하다면 어느 영화의 제목처럼 "질투는 나의 힘"이 된다. 또 타자가 헐벗고 굶주리며 불행하다면 무시와 경멸이 나의 힘이 된다. 물론 누군가를 미워한다는 것이 주체에게 스트레스를 부과한다는 것은 의심할 여지없는 사실이다. 하지만 타자에 대한 미움이나 질투, 경멸, 혐오감은 자칫하면 실종될 수 있는 자기 정체성을 다시 회복시켜주기 때문에 기분 좋은 스트레스, 유스트레스(*eustress*)이다. 니체는 노예의 윤리로, 또 《니체와 철학》(*Nietzsche et la philosophie*)에서 들뢰즈(Gilles Deleuze)는

"반동적"이라는 개념으로 그러한 대타적 메커니즘을 정식화시킨 적이 있다. 이를테면 이런 식이다. 미워해야 할 나쁜 타자가 없으면 나는 아무 것도 아니다. 분절되지 않은 소리처럼 선하지도 악하지도 훌륭하지도 비열하지도 않다. 하지만 미워할 타자가 등장하는 순간에 나는 악한 타자에 대립하면서 의롭게 대결하는 존재, 따라서 선한 주체로서 정립이 된다. 여기서 나의 선함이 독립적이거나 자율적이지 않다. 그림자처럼 타자의 가정된 사악함에 의존하는 것이다. 아무튼 이러한 반동적 논리는 희생양처럼 타자의 차이를 요구하게 된다. 사안에 대해 아무런 의견이 없어서 멋쩍어 하던 사람이라면 평소에 미워하는 상대의 안을 비난하는 순간에 원래부터 자기도 반대 안을 가지고 있었다는 기분 좋은 자기기만에 빠질 수 있다. 단지 반대했을 따름인데 처음에는 없었던 생각이 제우스의 머리에서 떠오르는 아테나처럼 기적적으로 나의 머리에서 탄생하는 것이다. 부재했던 자아가 갑자기 존재하게 되는 놀라운 변화가 일어나는 것이다. 물론 여기서 자아의 탄생은 물론 자기기만적이다. 그래서 자기의 고유한 의견을 갖지 못한 그는 상대에 대해 메시지의 차원에서 대항할 수노 없다. 단지 상대의 목소리와 표정, 태도 등 사소한 차이가 기분 나쁠 따름이다. 당연히 하버마스(Jürgen Habermas)적 의미에서 투명한 의사소통은 불가능하다. 그럼에도 기분 나쁜 주체는 자신이 미움 때문에 이유 없이 상대를 선제공격했던 것이 아니라 정당하게 상대를 논박했다는, 그래서 투명한 의사소통과 사회의 민주화에 기여했다는 행복한 자기기만에 빠질 수가 있다. 누군가를 미워한다는 것은 아무래도 남는 장사인 것이다.

그러나 사소한 차이의 정치와 윤리는 치명적이다. 사소한 차이는 인신공격이나 인종차별, 지역차별과 같은 궤도에 맞물려 있기 때문이다. 무엇보다도 사소한 차이는 구체적인 타자를 대상으로 겨냥하고 있다는 점에서 그러하다. 사정거리 안으로 들어온 적을 화살과 총으로 명중해서 사살하고 싶어하는 것이다. 이 점에서 거대한 이념적 차이와 극명한 대조를 보인다. 가령 이념적으로 대립하는 자본주의나 사회주의는 피와 살이 있는 구체적 타자, 다시 말해서 소타자가 아니다. 경제적 사상의 체계나 제도로서 대타자, 일반화된 타자가 서로 대립하는 추상적 구도에 놓여 있기 때문이다. 여기서 대타자는 두 눈을 부릅뜨고서 보려 해도 보이지 않으며, 손오공처럼 아무리 팔을 늘려도 손에 잡히지 않는다. 구체적 대상이 아니기 때문에 대타자는 총으로 쏠 수도 없으며 칼로 벨 수도 없다. 개념의 안경을 쓰지 않으면 맨눈으로 가시권에 잡히지 않는 것이다. 그래서 아무리 밉고 싫어도 스트레스를 풀며 분풀이를 할 수 있는 대상이 없다. 하지만 직관적으로 보고 감각적으로 만질 수 있는 방법이 전혀 없지는 않다. 추상적 대타자를 구체적 소타자로 환원시켜 놓으면 된다. 지각할 수 없는 사회주의의 개념은 아무리 노력해도 감이 잡히지 않기 때문에 장님이 코끼리 다리를 만지듯이 사회주의자를 붙잡고서 사회주의자라고 단정하는 것이다. 이념이 사람으로 대체되는 것이다. 이러한 대체의 과정이 진행되다보면 마침내는 목적과 목표, 원인(原因)과 근인(近因)의 구분, 커대한 차이와 사소한 차이의 구분마저도 희석되고 희미해져버린다. 처음에는 사회주의라는 목적과 개념적으로 대결하기 위해서 사회주의자라는 목표를 설정하고 논쟁을 벌여야 했다면 나중에는 후자가 전자로 바뀌어버린다. 그러면서 추상적 목적은 실종되고 목표물만 가시권에 남아있게 된다. 논쟁이 반감으로 바뀌고, 죄가 아니라 사람을 미워하는 반감적 논쟁의 서막이 열리기 시작하는 것이다. 하지만 이것이 변화의 종착 지점이라고 생각하면 안 된다. 이러한 과정이 더욱 심화되면 나중에는 논쟁의 먼 배경이 되어주었던 이념 자체가 세계의 지평에서 완벽하게 자취를 감춰버린다. 이제 눈에 가시였던 사회주의자는 더 이상 사회주의의 대변인이 아니라, 그냥 보기만 해도 기분 나쁜 놈이 되어버린다. 그의 사회주의적 역할이 싫은 것이 아니라 그냥 그 사람 자체, 표정과 옷차림, 말투가 본능적으로 싫은 것이다. 진보와 보수를 둘러싼 논쟁도 이러한 사소한 차이의 연장선에 있다고 말할 수 있다. 이념의 정치가 호오의 감정적 정치, 쾌락의 정치로 변질된 것이다.

〈어느 날 고궁을 나오면서〉에서 김수영은 권력자에게 쌓였던 울분의 찌꺼기를 마치 감정의 쓰레기통이라도 된다는 듯이 야경꾼들에게 던지는 자신의 소시민의식을 한탄하였다. 좀스럽고 부끄러운 소시민의식을 가지고 있었던 그는 야경꾼에게 분을 풀고 나서도 마음이 편치를 않았다. 타자는 야경꾼이 아니라 바로 심약한 자기 자신이라는 것, 타자에게 뱉은 침은 부메랑처럼 자신에게 되돌아오리라는 것을 잘 알고 있었다. 그래서 바깥의 타자를 향해 돌을 던지기 전에 먼저 자신의 내면을 향해서 돌을 던질 준비가 되어 있었다. 그는 죄인이 아니라 죄를 미워하는 세대에 속해 있었던 것이다. 그래서 그는 소총으로 난사하듯이 타자에게 죄의 총탄을 투사(投射)하는 대신에 반성적으로 자신의 내면에 죄의식으로 투입(投入)하였다. 하지만 대타자가 실종되고 소타자만이 존재하는 사회에서 우리들은 죄인이라는 구체적 특수한 존재만을 지각한다. 그러면서 공집합처럼 타자와 공유하는 죄의식의 면적도 사라져버린다. 이때 죄인은 음극과 양극처럼 주체와 전혀 상종할 수 없는 그야말로 죽일 놈이 되어버린다. 그리고 주체는 자신의 처치 곤란한 부정적인 감정을 타자의 위장에 털어버림으로써 완벽한 마음의 자유와 평화를 얻을 수 있게 된다. 타자를 발길질함으로써 주체는 트로피처럼 행복을 두 팔에 가득 안을 수 있는 것이다. 주위에 욕할 타자가 있는 한 우리는 구원 받기 위해서 구태여 교회나 성당, 절에 갈 필요도 없다. 아니 침을 튀기면서 힘들게 욕할 필요도 없다. 장례식에서 대신 곡을 해주는 대곡(大哭)꾼처럼 대신 욕 해주는 사람들이 있지 않은가. 아침 신문을 열어보라. 악을 쓰며 욕하는 활자들의 소음과 더불어 일상이 열리는 것이다.

제 3 부

탈근대적 몸과 실재

쌩얼의 유행과 실재를 향한 열광

10장

들어가는 말

언제부턴가 "쌩얼"이 새로운 유행어로 떠오르기 시작하였다. 화장하지 않은 맨 얼굴, 자연 그대로의 얼굴 등을 의미하는 쌩얼이 인터넷 검색어에서 1위로 떠오르고, 광고나 영화, 드라마에서 모델이나 여배우들의 쌩얼이 노출되기 시작하였다. 그러면서 연예인들도 주민등록증을 보여주고 커밍아웃을 하듯이 앞 다투어 자신의 쌩얼을 홈페이지에 올려놓기도 하였다. 미인의 기준도 바뀌기 시작하였다. 과거에 아름다운 얼굴(얼짱)이나 잘 균형 잡히고 군더더기 없는 근육질의 몸(몸짱)으로 증명되었던 아름다움이 이제는 맨 얼굴(쌩얼 미인)로 대체되고 있는 실정이다.

쌩얼의 유행도 오래 지속되지는 않을 것이다. 모든 유행은 본질적으로 단명하며 변덕스럽기 때문이다. 또 과거에 각 시대를 풍미했던 여타의 유행들과 마찬가지로 쌩얼도 근본적으로 새로운 문화 현상은 아니다. 미니스커트의 길이와 마찬가지로 모든 유행은 일정한 시간적 간격을 두고 아름다움이라는 영원한 주제를 몇 개의 변주를 가지고 계속 반복하면서 인간의 욕망을 담아내며 표현하게 마련이다. 화장한 얼굴이 유행하다보면 화장의 두께와 강도가 점점 짙어지고, 그러면서 이에 대한 반작용으로 화장하지 않은 맨 얼굴이 새로운 유행으로 등장하기도 한다. 옛 사람에게 쌩얼이라는 용어는 생소하겠지만 그것이 의미하는 내용은 매우 친숙한 것이었다. 여인의 얼굴에서 화장의 가면을 걷어내고서 그 배후에 숨겨진 진짜 얼굴을 보고 싶어하는 것이다. 그렇다면 쌩얼의 유행은 한때 스쳐지나가는 단기적 유행이라기보다는 얼굴에 대한 인간의 근본적인 욕망을 반영하고 있다고 해야 옳다. 쌩얼이라는 최근의 문화현상에 대한 정밀한 분석이 필요한 이유가 여기에 있다.

얼굴과 쌩얼

쌩얼에 얽힌 사건 하나를 중심으로 이야기를 풀어나가기로 하자. 최근, 러시아 테니스선수 출신으로 모델로 활발하게 활동하고 있는 안나 쿠르니코바(Anna Kournikova)의 쌩얼 사진이 공개된 적이 있다. 훤칠한 키와 호리호리한 몸매, 예쁘장한 얼굴로 테니스 코드를 요정처럼 누비면서 세계의 테니스 팬을 사로잡았던 그녀는 나중에 모델로도 데뷔해서 더욱 많은 인기를 한몸에 그러모았다. 그러던 차에 헬스클럽에서 운동을 마치고 나오는 그녀를 파파라치의 카메라가 순간적으로 포착해서 사진을 대중들에게 유포하게 되었다. 지금까지 그녀의 아름다운 모습에 매료되었던 팬들은 화장기 없는 맨 얼굴의 적나라한 사진을 보고서 적잖이 놀랐다고 한다. 도저히 안나 쿠르니코바라고 믿어지지 않을 정도로 창백하고 거친 얼굴의 그녀는 갑작스런 파파리치의 출현에 당황한 두 눈을 내리깔고 있었다. 특히 탄력이 없이 생기를 잃은 그녀의 피부에 독자들의 시선이 집중되었다. 그리고 독자들은 그녀의 진짜 얼굴에 실망을 하게 되었다고 한다. 화장과 장신구에 은폐되어 있었던 그녀 얼굴의 진실이 백일하에 드러났던 것이다.

안나 쿠르니코바의 대한 대중의 반응은 쌩얼 유행의 한 전형을 증상적으로 보여주었다는 점에서 흥미로울 뿐 아니라 한 편의 반전 드라마를 방불케 한다. 파파라치의 카메라에 잡히기 전까지 그녀는 테니스계의 섹스 스타로서, 잘 나가는 모델로서 화려한 경력을 즐기고 있었다. 미국의 한 온라인 주간지 〈위클리〉(*Weekly*)가 세계에서 가장 유명한 섹시 무비스타 12인으로 한 명으로 그녀를 선정하도 하였다. 그런데 예기치 못했던 카메라의 습격으로 지금껏 감춰졌던 그녀의 아름다움의 신화가 허구였다는 사실이 밝혀지기 시작한다. 파파라치가 쌩얼을 폭로하였던 것이다. 그녀는 떳떳치 못한 과거를 숨기고 화려하게 성공하였던 부정한 여자와 마찬가지 처지에 놓이게 된다. 교묘한 화장으로 자신의 진짜 얼굴을 숨기고 대중을 농락하였던 것이다. 이제 비밀을 드러내려는 파파라치의 카메라와 그것을 감추려는 스타 사이에 팽팽한 줄다리기가 이 역전극의 긴장을 더욱 고조시키게 된다. 한 편에 독자의 볼 권리를 대변하는 파파라치, 다른 한편에는 자신의 사생활이나 결함을 숨기려는 스타가 대결 국면에 접어들게 된다. 자신의 가장 아름다운 얼굴만을 보여주고 싶어하는 스타와 그 반대의 모습을 들춰내려는 파파라치, 물론 대단원은 파파라치의 승리로 막을 내린다.

필자가 희화적으로 묘사한 스타와 파파라치의 반전 드라마는 진실과 거짓,

쌩얼과 화장한 얼굴이라는 두 대립축을 중심으로 전개되었다. 하지만 과연 파파라치의 카메라에 잡힌 안나 쿠르니코바의 쌩얼 사진이 그녀 얼굴의 진실이며 화보의 아름다운 사진들은 가짜 얼굴, 분장한 가면일까? 실제 나이보다 서너 살 젊게 행세하는 사람들의 거짓을 폭로하는 신분증처럼 쌩얼은 진짜 얼굴을 증명하고, 양파껍질을 벗기듯이 얼굴의 화장을 벗기면 진짜 얼굴이 드러나는 것일까? 혹시 스타와 파파라치의 역전극은 진짜 얼굴과 가짜 얼굴의 대립이 아니라, 있지도 않은 거짓 대립을 중심으로 전개되고 있는 것이 아닐까. 화장한 얼굴이 허구가 아니라 쌩얼이라는 용어 자체가 허구가 아닐까. 또 만일 양파의 비유가 유효하다면 가짜 얼굴을 벗기면 마침내 진짜 얼굴이 드러나는 대신에 또 다른 가짜 얼굴로 끊임없이 이어지지 않을까. 계속 화장의 껍질을 벗기다보면 마침내는 얼굴 자체가 거짓말처럼 해체되지 않을까. 진실은 오히려 진짜 얼굴이 없다는 사실에 있지 않을까. 그리고 진짜 얼굴이 없다는 진실을 직면하기가 너무나 끔찍하고 두려운 나머지 우리는 진짜 얼굴의 신화를 만들어내는 것이 아닐까. 그런 식으로 우리는 유쾌하지 않은 진실을 은폐하고 있지 않은가. 그리고 진실을 은폐하기 위해 희생양처럼 파파라치의 사진들을 제물로 삼고 있지 않은가.

진실은 화장한 얼굴이나 쌩얼이 아니라 진짜 얼굴에 집착하는 우리의 태도에 있다. 가면무도회처럼 화장과 성형으로 진짜 얼굴을 감추고 아름다움의 역할극을 연출하는 세상에서 혹시나 기만당하지 않기 위해 어떻게 해서라도 가면을 벗기고 싶어하는 것이다. 하지만 과연 진짜 얼굴이 있는 것일까? 파파라치가 찍은 안나 쿠르니코바의 쌩얼 사진이 거짓 없는 진짜 얼굴을 보여주는 것일까? 물론 그렇지 않다. 이른바 쌩얼 사진은 그녀의 변화하는 얼굴의 한 순간을 포착한 이미지에 지나지 않는다. 그것은 사진 찍기가 취미인 평범한 사람들에게 잘 알려진 상식이다. 똑같은 피사체도 조명과 각도, 초점에 따라서 다양한 모습으로 카메라에 담기며, 현상하는 과정에서도 많은 변화가 생기게 된다. 하나의 대상이 천양지차로 표현되는 것이다. 두말할 나위 없이 대상은 스스로의 본질을 필름에 표현하거나 현상하지 않는다. 말 없는 대상에 빛을 가해서 말하도록 강제하는 것은 카메라와 사진작가의 노력이다. 그리고 고문에 못 이겨 허위자백하는 용의자처럼 그러한 노력의 결과가 피사체의 거짓된 이미지로 나타날 수도 있다. 예컨대 고고하고 차가운 여성미로 유명한 니콜 키드먼(Nichol Kidman)의 사진은 때로는 인조인간이나 경직된 플라스틱 인형처럼 보이기도 한다. 사진작가들이 인물을 가장 그(녀)답게 표현하기 위해서 배경과 조명과 각도를 수없이 조절하면서 많은 분량의 필름을 소모해야 하는 이유가 여기에 있다. 그럼에도 가장 그(녀)다운 사진을 찍는 일은 결코 쉽지가 않다. 그것은 카메라나 사진작가만의 책임으로 국한되지는 않는다. 꼭 집어서 말할 수 있는 얼굴의 본질이 없기 때문이다.

이상의 〈거울〉의 회지처럼 거울에 비친 지신의 얼굴을 곰곰이 들여다본 적이 있는 사람들은 자신의 진짜 얼굴이 없다는 사실을, 혹은 자신의 진짜 얼굴을 찾기가 쉽지 않다는 사실을 경험적으로 잘 알고 있다. 지난밤 잠을 설쳐서 얼굴이 푸석푸석해 보이기도 하고, 다른 때보다 훨씬 우울해 보이거나 심각해 보이기도 하며, 지나치게 행복해서 우쭐해 보이기도 하고, 혹은 너무 살이 쪄 보이거나 너무나 메말라서 볼품없이 보이기도 한다. 과연 저것이 진짜 얼굴이라고 반가워서 손뼉을 치게 만드는 그런 이미지를 거울에서 만날 수 있을까. 자기 자신임에도 이방인처럼 낯설게 느껴지고는 한다. 우리는 사진으로 찍힌 자신의 모습, 특히 비디오에 담긴 자신의 모습을 보고는 깜짝 놀라는 경우가 많이 있다. 지금껏 은연중에 생각하고 있었던 자신의 심적 이미지와 일치하지 않기 때문이다. 그 어색한 표정과 그 어색한 웃음이라니! 대체 자신의 진짜 얼굴은 어디에 숨어있단 말인가. 그러나 진짜 얼굴은 없다. 혹은 변화무쌍한 얼굴들 모두가 진짜 얼굴이라고 말해야 한다. 이유를 짐작하기는 어렵지 않다. 무엇보다도 표정이 없는 얼굴은 존재하지 않기 때문이다. 얼굴은 한 순간에 고정된 하나의 이미지나 석고상이 아니라 상황과 기분, 심리의 변화에 따라서 헤라클레이토스(Heraclitus)의 강물처럼 끊임없이 움직이는 표정이다. 표정과 얼굴을 따로 떼어놓을 수가 없다. 심지어 싸늘하게 식은 시체에도 표정이 있다. 또 이른바 표정이 없는 얼굴은 표정이 없는 얼굴이 아니라 무감감하고 굳은 표정의 얼굴, 주위의 분위기나 상황과 조율되지 못한 표정이다. 가장 격심한 표정 변화는 슬픔의 눈물과 기쁨의 웃음에 있다. 큰 소리로 자지러지게 웃는 사람의 얼굴은 하회탈처럼 주름으로 일그러지면서 근육이 수축과 팽창의 운동을 거듭한다. 극심한 슬픔으로 오열하는 사람의 얼굴은 수축하면서 미세한 경련을 일으키게 된다. 웃음과 울음처럼 한 사람의 표정에 극단적인 변화가 생기면 지킬(Jekyll)과 하이드(Hyde)처럼 전혀 다른 두 사람의 얼굴처럼 보이기도 한다. 단 하나의 진짜 얼굴은 존재하지 않는 것이다.

그러나 하나의 이미지로 환원될 수 없을 정도로 다양한 표정을 지니고 있다고 해서 얼굴의 정체성이 해체되지는 않는다. 어제 우울한 표정을 지었던 친구의 얼굴이 오늘 갑자기 기쁨으로 빛난다고 해도 우리는 그의 얼굴을 지각하는 데 어려움을 겪지 않는다. 또 서로 다른 시간과 장소에서 다양한 각도와 조명으로 찍은 사진들 속에서도 동일 인물의 것들을 쉽게 추려낼 수가 있다. 표정의 끊임없는 움직임과 더불어서 흐르는 강물처럼 얼굴이 변화함에도 어떤 동일성이 깃들어 있는 것이다. 그렇지 않다면 어떻게 서로의 얼굴을 식별할 것인가. 그러한 동일성을 표정의 배후에 놓인 변치 않는 얼굴의 실체라고 말할 수 있을까. 필자는 그렇게 생각하지 않는다. 비슷한 키의 전나무를 예로 들어 설명하기로 하자. 사람과 사람 사이에 크고 작은 얼굴 모양의 차이가 있듯이 전나무와 전나무 사이에도 크고 작은 모양의 차이가 있다. 우리는 서너 사람의 얼굴의 차이를 식별하고 그들을 구별하는 데 아무런 어려움을 겪지 않는다. 그러나 전나무의 차이는 금방 눈에 들어오지를 않는다. 여우나 늑대와 같은 동물에 대해서도 마찬가지이다. 그렇다면 우주선을 타고 지구에 내려와서 생전 처음으로 지구인을 만나는 외계인이 우리 외모의 차이를 식별할 수 있을 것인가? 우리는 자신의 얼굴이 친구의 얼굴과 너무나 다르며, 얼굴 자체가 그러한 차이를 생생하게 증언하고 있다고 무심결에 가정하고 있다. 그러나 우리가 전나무를 쉽게 구별하지 못하듯이 외계인도 친구와 나의 차이를 확연하게 구별하지 못한다. 외국을 여행하는 사람들이 그러한 경험을 자주 이야기하곤 한다. 가령 서양인을 처음으로 보는 한국인의 눈에는 그들 모두가 똑같은 금발에, 똑같은 파란 눈에, 똑같은 얼굴을 하고 있는 듯이 보인다. 한국인을 처음 접하는 서양인도 그러한 경험을 한다. 한국말이 제법 귀에 익숙해질 정도로 한국에서 오래 체류한 후에야 비로소 한국인들의 차이가 눈에 선명하게 들어오기 시작한다. 이유를 설명하기는 어렵지 않다. 차이는 자연의 산물이라기보다는 문화적 필요와 생활세계의 요청에 의하여 만들어지며, 이 사람과 저 사람이 자연적으로 저절로 구별되지는 않는다. 구별의 필요가 있어야만 차이가 생산된다. 예컨대 비슷한 외모의 사람들이 모여 살고 있는 마을에서 그들이 서로의 차이를 식별하지 못한다면 그 마을은 커다란 혼란에 빠지게 될 것이다. 혼란에 빠지지 않기 위해서는 미세하고 섬세한 차이를 과장해서 크게 집어낼 수 있는 눈이 발달해야 한다. 이러한 생활의 필요로 인해서 외국인에게는 보이지 않는 티끌 같은 차이가 내국인의 눈에는 대들보처럼 크게 확대되어 보이는 것이다. 이러한 차이는 얼굴의 정체성과 불가분의 관계를 가지고 있다. 이 사람과 저 사람 사이에 차이가 생기지 않는다면 두 사람은 정체성이라 말할 만한 아무것도 가지지 못하게 된다. 이 사람은 이 사람답고 저 사람은 저 사람답게 서로의 차이가 크게 벌어져야만 정체성도 드러나기 시작한다. 달리 말해서 얼굴의 정체성은 탄생과 더불어 자연적으로 주어진 것이라기보다는 문화적 차이에 의해서 사회적으로 형성되는 것이다. 또 차이를 지각할 수 있는 능력도 사회적인 훈련과 적응의 결과라 할 수 있다. 한 유명한 시에서 워즈워스(William Wordsworth)가 나이가 들면서 자연을 바라보는 법을 배웠다고 노래하였듯이 우리도 다른 사람의 얼굴을 식별하는 법을 배워나가게 된다. 그래서 낯선 사람을 처음 만났을 때 머리카락이나 코끝, 귀볼, 구레나룻 등이 아니라 눈을 먼저 바라보며, 상대의 눈을 본 다음에야 점차 다른 얼굴 부위에도 주목하기 시작한다. 그냥 바라보는 것이 아니라 도식(*schema*)이나 기획, 혹은 청사진을 가지고 바라보는 것이다. 그리고 상대의 얼굴을 접하면서 무의식적으로 그의 특정한 이미지, 그에게 고유한 도식이 마음속에 기입되기 시작한다. 상대방이 하나의 주제(인상)로 요약되는 것이다. 가령 복동이가 쾌활한 인상이라면 팔만이는 무거운 인상을 하고 있다는 식으로 말이다. 바로 그러한 이유로 인해서 친구의 얼굴에 일어나는 수많은 미세한 변화들에도 불구하고 우리는 그를 쉽게 지각할 수 있다. 얼굴의 미세한 변화를 무시하도록 훈련을 받았던 것이다. 그래서 친구의 도식을 무너뜨릴 정도로 그의 얼굴이 크게 변형되지 않는 이상 십 년 만에 만난 경우에도 어렵지 않게 그를 알아볼 수 있다.

하나의 진짜 얼굴은 존재하지 않는다. 존재하는 것은 진짜 얼굴(자연)이라기보다는 우리의 문화적 · 사회적 도식이다. 역설적으로 들리겠지만 진짜 얼굴을 보지 않아야 우리는 다른 사람의 얼굴을 식별할 수가 있다. 생물학자들의 설명에 따르면 인간의 세포는 3개월이 지나면 약 90%가 바뀐다고 한다. 우리의 몸을 감싸고 있는 수많은 피부 세포들도 매일 죽어서 몸에서 떨어져나가면서 새롭게 생성된 세포에 의하여 대체되는 과정이 끊이지를 않는다. 이 모든 변화를 빠짐없이 바라보는 사람이 있다면 그의 눈에는 친구도 그가 알고 있던 친구로 보이지 않을 것이다. 어제 보았던 그의 세포가 오늘은 벌써 상당량이 바뀌어 있기 때문이다. 그래서 엄청난 용량을 자랑하는 컴퓨터도 사람의 얼굴을 제대로 식별하지 못한다. 단순화하는 도식의 도움 없이 모든 미세한 차이를 컴퓨터에 입력해서 얼굴을 식별해야 한다면 컴퓨터의 용량이 그야말로 무한대로 커져야 하며, 현재로서는 그러한 컴퓨터를 제작하는 일은 불가능하다. 컴퓨터는 너무나 많이 보기 때문에 실제로는 아무 것도 보지 못하는 것이다. 이 지점에서 한 가지 짚고 넘어가야 할 것이 있다. 우리가 친구를 인식하는 데 필수불가결한 도식은 상대방에 대해서 뿐만 아니라 주체 자신에게도 고스란히 적용이 된다. 우리도 자신의 얼굴을 하나의 주제를 가지고 바라본다. 또 우리가 나이 40이 넘으면 자기 얼굴에 대해서 책임을 져야 한다고 오웰(George Orwell)이 주장하였듯이 특정한 생각과 느낌, 행동을 계속하면서 우리의 얼굴은 점차 하나의 주제로 재형성되기 시작한다. 광풍처럼 한 차례 스쳐간 슬픈 일은 우리 얼굴에 아무런 흔적을 남기지 않는다. 그러나 슬픈 생각에 계속 잠겨 있으면 우리의 얼굴은 점차 우울한 얼굴로 변형되며, 마찬가지로 기쁜 감정을 계속 간직하고 있으면 명랑한 얼굴로 바뀌기 시작한다. 히포크라테스(Hippocrates)가 사람을 담즙질, 우울질, 다혈질, 점액질 등으로 분류할 수 있었던 근거도 거기에 있었다. 하나의 주제로 얼굴이 요약될 수 있는 것이다. 거울에서 자신의 얼굴을 바라보는 사람도 무심결에 그러한 주제의 관점에서 자신을 살펴보게 된다. 음악가는 음악가로서 자신의 이상적 이미지를, 화가는 화가로서 자신의 이상적 이미지를 마음에 간직하고 있다. 그리고 그러한 이상적 이미지와 일치하지 않을 때 우리는 자신을 낯설게 느끼게 된다.

쌩얼과 실재

진짜 얼굴이라 말할 수 있는 쌩얼이 없음에도 유난히 쌩얼에 집착하는 이유가 어디에 있을까? 이 글의 서두에서 필자는 유행의 변덕스런 생리와 주기를 언급하였다. 계속 짧아지던 미니스커트가 더 이상 짧아질 수 없는 지점에서 다시 길어지기 시작하듯이 화장도 가면처럼 두터워지면 반작용처럼 두께가 다시 엷어지기 시작한다. 위기에 직면한 듯이 더 이상 짧아지거나 두터워질 수 없는 지점에서 갑작스런 반전이 일어나는 것이다. 변증법의 운동처럼 유행도 자기모순을 껴안고 있는 듯이 보인다. 그래서 어찌할 수 없는 모순의 세력이 임계점으로 차오르면 반작용이 고개를 쳐들기 시작하는 것이다. 쌩얼의 유행은 이러한 변증법의 논리를 빌려서 설명되어야 한다.

처음에 화장하지 않은 자연의 생(生)얼굴이 가정될 수 있다. 선악과를 따먹기 전 에덴동산의 아담과 이브가 그러했듯이 알몸을 나무 잎사귀나 옷으로 가리지 않아도 된다. 음식도 요리하거나 가공하지 않은 자연 그대로의 생(生)과일이거나 뿌리로 충분했을 것이다. 이러한 원시적 단계에서 인간의 얼굴은 동물의 면상을 닮아있다. 거친 자연의 햇빛과 바람, 노동에 무방비로 노출된 채 자연의 손길에 휘둘리면서 얼굴이 빚어지는 것이다. 그러나 인간이 이러한 생(生)자연의 단계에 영원히 머무르지는 않는다. 인간은 동물에서 인간으로 발돋움하기 위해서 자연의 세력으로부터 분리되어 나와야 했다. 이른바 문화가 싹트기 시작하는 것이다. 생(生)고기가 불을 거쳐서 요리한 음식으로 변형되듯이 인간의 몸도 이제 문화의 손길로 다듬어지기 시작한다. 동물의 면상과 흡사했던 쌩얼에 문신과 화장, 장신구 등이 더해지면서 점차 인간의 얼굴로 변형되는 것이다. 이제 자연의 무자비한 햇볕에 얼굴이 도자기처럼 검게 구워지지 않아도 된다. 아이가 어머니의 품에서 벗어나 성년이 되듯이 자연으로부터 독립한 인간은 자연인이 아니라 문화인으로 성장한다. 화장은 자연에 대한 인간의 승리이며 승리의 월계관이고 문화의 표식이다. 자연에 저당 잡혀 있던 몸이 인간의 손으로 반환되면서 몸도 운명이 아니라 문화적 기획으로 발전하는 것이다.

얼굴은 자연의 반영이 아니라 문화의 반영이다. 생얼굴에서 미세하던 일본인과 중국인, 한국인의 차이는 커다란 문화적 차이로 침소봉대된다. 부자와 가난한 사람의 차이에 대해서도 마찬가지이다. 그러한 과정을 거치면서 인간은 자연으로부터 더욱 더 멀어지고, 이윽고 얼굴이 더 이상 화장될 수 없는 임계점에 다다르기 시작한다. 비록 자연의 품으로부터 해방되고 분리되기는 했지만 돌아온 탕아처럼 인간은 원한다면 어느 순간이라도 다시 자연의 품안에 안길 수 있어야 한다. 자연의 현존이 화장을 보증해주어야 하는 것이다. 자연으로부터 완전히 단절된 화장은 〈스타워즈〉(Star Wars)의 다스 베이더(Darth Vader)처럼 얼굴이라기보다 가면에 가까워지기 때문이다. 현대의 문화는 얼굴이 쉽게 가면과 등치될 수 있는 단계에 다다른 듯이 보인다. 화장이 얼굴의 피부 위에 머물면서 보호막처럼 얇은 더께를 피부에 입혀주는 것이라면 성형의 칼날은 피부의 안으로 뼈 속으로까지 파고들어간다. 또 화장은 간단히 지워질 수 있지만 성형의 메스는 영원히 지워지지 않는 흔적을 몸에 각인시켜 놓는다. 화장을 제거함으로써 자연으로 쉽게 회귀할 수 있는 길이 성형의 경우에는 완전히 차단되어 있는 것이다. 더구나 현재에는 인조인간이나 인간복제의 가능성이 조심스럽게 논의되고 있지 않은가. 자연으로 돌아가기에 인간은 너무나 문화화되어 있는 것이다. 문화의 막다른 골목을 우회하면 인간은 초인이 되는 대신에 인조인간이나 기계, 가면으로 전환되기가 쉽다. 이것이 문화의 내적인 모순이다. 임계점에서 문화가 더욱 세련되고 심화되는 대신에 인간이 오히려 무기적 자연의 단계로 퇴행하기 시작한다. 아름다워지기 위해서 짧아지는 미니스커트가 임계점을 넘어서면 옷이 살로 바뀌는 논리가 똑같이 문화에도 적용될 수 있다. 바로 이 순간, 자연이 철저히 마모되고 문화에 의해 완벽하게 대치된 듯한 순간에 위기감이 도래한다. 문화의 내적인 모순이 자연으로 복귀하려는 반작용을 초래하는 것이다. 자연이 닳아 증발하는 순간에 인간도 거짓말처럼 해체되는지 모른다. 말하자면 쌩얼의 유행은 인간이 자신의 화장하고 성형한 얼굴에서 다스 베이더의 가면을 연상하거나 인간 해체의 메시지를 직관하는 순간, 자연으로부터 단절됨으로써 문화화의 길을 걸었던 인간이 탈문화함으로써 잃어버린 자연을 되찾으려는 움직임이다.

그러나 쌩얼이 신화이며 환상임은 물론이다. 우리가 마음만 먹으면 언제라도 되돌아갈 수 있는 순수한 자연이 있다는 생각도 신화에 지나지 않는다. 인간의 손이 닿지 않았던 처녀지가 일단 정복되고 개간되기 시작하면 더 이상 처녀지기 아니게 된다. 문화는 자연에 덧붙여진 부록, 언제라도 쉽게 떼어내고 다시 붙일 수 있는 부록이 아니다. 문화와 기술에 노출되는 순간 자연은 문화적 자연으로 형질전환되기 때문이다. 말하자면 순수한 의미의 자연이란 원칙적으로 불가능한 환상이다. 심지어 휴식년처럼 자연을 훼손되지 않은 순수한 모습으로 보전하려는 노력도 자연의 작용이 아니라 문화적 노력이며 간섭이다. 얼굴에 대해서도 마찬가지이다. 동물의 면상에서 벗어나 일단 화장하는 단계로 접어들면서 원시적인 의미의 생(生)얼굴은 더 이상 존재하지 않는다. 얼굴은 주어진 자연의 소여가 아니라 주체의 자기표현의 장이 된다. 백지와 같은 자연의 면상에 자신이 원하는 의미를 새겨 넣기 시작하는 것이다. 얼굴은 의미이며 자기표현의 메시지이기 때문에 이제는 화장하지 않은 얼굴도 자기표현의 한 양식으로서 이해되어야 한다. 백지 신문을 발간하는 것이 저항의 한 형태가 될 수 있듯이 너무 짙은 화장에 대한 반대와 반감의 메시지가 화장하지 않은 얼굴에 기입되어 있는 것이다. 한번 얼굴에 문화적 의미가 각인되기 시작하면 그러한 의미의 망에서 벗어날 수 없다.

자연을 완전히 정복한 순간부터 인간은 어떻게든 잃어버린 자연을 되찾으려는 열망에 사로잡히기 시작한다. 과거에 자연을 문화로 길들이기 위해 문명화의 몸살을 앓았던 욕망은 더 이상 정복할 자연이 없다는 사실을 깨닫는 순간 문화를 자연화시키기 위한 정반대의 욕망으로 전환된다. "자연이 있다"로 시작한 변증법의 운동은 "문화가 있고 자연은 없다"를 거쳐서 "탈문화적 자연이 있다"라는 탈근대적 단계로 발전하는 것이다. 후자의 자연이 전근대적 단계와 동일하지 않음은 물론이다. 여기에서 자연은 진정한 의미의 자연의 발견이라기보다는 문화를 제거하면 자연이 회복되리라는 환상적이며 유토피아적인 믿음이다. 유기농이나 무공해 식품들, 미국의 프런티어 시대의 자연을 미니어처로 복원한 디즈니랜드, 사라진 고대도시의 복원, 심지어 최근 불에 타 전소된 남대문의 복원 공사 등을 그러한 예로 손꼽을 수 있다. 문화적으로 자연을 재구성할 수 있다거나 문화의 더께를 제거하면 숨어있던 자연의 본모습이 드러나리라는 소박한 믿음이 바탕에 깔려 있는 것이다. 쌩얼의 유행도 그러한 열망의 가시적인 표현의 하나이다. "쌩얼굴이 있다"에서 "화장한 얼굴이 있다"를 거쳐서 "화장을 지우면 쌩얼굴이다"라는 욕망의 논리로 비약하는 것이다. 우리의 욕망은 자연적 얼굴(실재로서 얼굴)의 없음을 견뎌내지 못하기 때문이다.

쌩얼과 성

하지만 쌩얼의 유행을 문화의 변증법으로만 파악하는 태도는 사안의 절반 밖에 설명하지 못한다. 지금까지 필자는 쌩얼이 남자에게도 보편적으로 적용되는 기준이 아니라 여자에게만 배타적으로 적용되는 기준이라는 사실을 의도적으로 무시하였다. 만약 안나 코르니코바가 여자가 아니었다면 그녀의 쌩얼 사진은 독자들의 관심을 끌지 못하였을 것이다. 쌩얼 현상에는 분명 성의 정치가 작용하고 있다. 이 점에서 문화의 변증법은 동시에 성의 변증법이 된다.

잃어버린 자연을 회복하려는 우리의 욕망은 잃어버린 여자를 회복하려는 남성적 욕망의 반영이기도 하다. 남자는 자신이 자연으로부터 너무나 멀어졌다고 느끼는 위기의 순간에 여자의 품에 안김으로써 자연을 되찾았다는 위안을 받으려고 한다. 이때 상실과 회복의 움직임은 지극히 변증법적이다. 암컷과 수컷의 성적 분할이 자연적이라면 남자와 여자라는 성적 구분은 문화적이다. 남자는 남자다워야 한다거나 여자는 여자다워야 한다는 요청은 지극히 문화적이다. 이러한 문화적 구별의 요청은 화장과 문신, 장신구, 의복의 문화에 깊숙이 스며들어 있다. 암수의 사소한 차이가 화장하는 손길을 거치면서 화성과 금성처럼 극단적으로 대립하는 남성과 여성의 차이로 확대 재생산되었던 것이다. 수컷과 암컷은 화장을 통해서 비로소 남자와 여자로 바뀌기 시작한다. 화장은 여성의 본질이라고 말해도 과언이 아닌 것이다. 문화화된 자연이 한편으로 문화, 다른 한편으로 자연으로 나뉠 수 없듯이 여자와 화장도 서로 뗄 수 없는 유기적인 관계에 있다. 화장한 여자는 화장을 한 암컷이 아니라 인간화된 여성이기 때문이다. 그렇다면 화장의 문화가 사라지면 여자의 여성성이 해체되어버리지 않을까 하는 의문이 생길 수 있다. 화장의 중매로 여자는 비로소 남자의 성적 파트너가 되기 때문이다. 이 점에서 쌩얼의 유행은 명백한 자기모순처럼 보인다. 자칫하면 남자와 여자의 구분이 해체되는 위험의 소지가 하나의 유행으로 발전하였기 때문이다. 만약 여자가 해체된다면 암컷을 여성화시킴으로써 남자가 되었던 수컷의 남성성도 동시에 사라져버린다. 탈여성화의 진실은 다름 아닌 탈남성화에 있는 것이다. 그렇다면 쌩얼은 남자와 여자의 문화적 · 사회적 대립이 점차 와해되는 유니섹스적 세태를 반영하고 있는 것일까? 그렇지 않다. 쌩얼의 유행은 무엇보다도 남성적 욕망의 모순적 중상이 적나라하게 표출되는 현장이다.

화장에 대한 남성의 반응은 지극히 모순적이었다. 화장한 여자가 더욱 여성적으로 남자의 욕망 자극하였다면 그러한 매력에 대한 남자의 반감과 두려움은 역사적으로도 뿌리 깊은 것이었다. 화장한 여자는 매력적이지만 동시에 위험하기 때문이었다. 가령 셰익스피어(Shakespeare)의 《햄릿》(*Hamlet*)에 다음과 같은 구절이 나온다.

> 여자들이 잔뜩 화장으로
> 칠갑을 한다는 것도 다 알고 있지.
> 하느님이 주신 얼굴을 제 손으로 딴 모양으로 만들어 버리지.
> 경박한 발걸음,
> 멋을 부리는 걸음걸이,
> 어리광 섞인 말투 (3막 1장)

이 유명한 햄릿의 독백은 여성에 대한 남성의 양가적 태도를 잘 반영하고 있다. 잘 알려졌듯이 이 대목에서 햄릿은 아버지의 무덤의 풀이 채 마르기도 전에 재빨리 숙부와 재혼한 어머니 거트루드(Gertrude)의 행실을 모든 여성으로 일반화시켜서 나무라고 있다. 무엇보다도 그는 어머니가 자신의 어머니일 뿐 아니라 성적 욕망을 지닌 여자라는 사실을 용납하지 못한다. 그래서 모성의 역할로 만족하는 대신에 아름답게 보이려고 화장을 하고 멋을 내는 어머니의 모습에 불만을 터뜨리는 것이다. 물론 이러한 불만은 지극히 모순적이다. 처녀 시절에 거트루드가 여성적이지 않으며 성적인 매력도 없고 수녀처럼 행동했었더라면 그녀는 햄릿의 아버지와 결혼할 수도 없었을 것이며, 햄릿도 태어날 수 없었을 것이다. 모든 여자는 여성적 화장으로 남자의 욕망을 자극해야 하는 것이다. 그러나 여자의 아름다움이 한 남자에게 독점되지 않고 공유되기 시작하면 그의 사랑은 자칫하면 질투와 증오로 변질되기 쉽다. 위험한 것은 화장 자체가 아니라 타인을 위한 화장, 한 남자의 욕망을 자극하는 아름다움이 아니라 다른 사람을 자극할지 모르는 아름다움이다. 여자는 남편을 위해 창부처럼 겉치레를 꾸며도 좋지만 다른 남자에 대해서 동정녀 마리아처럼 순결하고 정숙해야만 한다. 여자는 창부이면서 동시에 순결한 처녀이어야 하고, 햄릿의 눈에 거트루드는 어머니일 뿐 여자이어서는 안 된다. 여자는 여성(女性)이면서 무성(無性)이어야 하는 것이다. 이렇게 역사적으로 양립이 불가능했던 모순의 현장에 여자의 화장이 위치해 있다.

여자의 화장을 바라보는 남성의 모순적 욕망이 자연과 문화의 관계에 투영되면서 쌩얼이라는 새로운 드라마가 탄생한다. 가면처럼 두텁게 화장한 여인처럼 너무나 문화화 · 기계화 · 자동화 · 컴퓨터화됨으로써 생태학적 위기에 시달리는 현대에, 멸종했던 공룡처럼 위기에 처한 자연을 바라봐야 하는 현대인은 불안에 사로잡힐 수밖에 없다. 성형수술이 보편화되면서 여자도 원래의 자연스럽다고 가정된 얼굴을 상실하고 있는 듯이 보인다. 이때 쌩얼의 유행은 현대인의 불안을 잠재워주는 마약의 역할을 한다. 문명을 일구었던 남성의 눈에 여성은 언제나 자연, 찌든 문명의 때를 벗고 편히 기댈 수 있는 자연의 언덕이며 보금자리로 간주되었다. 물론 그렇게 여성을 경험하기 위해서는 자기기만이 필요하였다. 햄릿이 어머니도 여자라는 사실에 눈을 감아야 했듯이 남자들은 여자를 자연으로 바라보기 위해서 그녀의 화장은 바라보지 않아야 한다. 쌩얼도 마찬가지이다. 쌩얼의 유행에서 강조되는 얼굴은 그냥 얼굴이 아니라 자연스러운 얼굴이다. 그러면서 얼굴을 자연스럽게 보이도록 만들어주는 화장법과 화장품이 새로이 등장하기 시작하였다. 자연이 위기에 처한 현대에 여자들은 자연을 되살리기 위해서 쌩얼처럼 화장을 해야 하는 것이다. 김춘수의 〈부두에서〉의 뱃사람처럼 남자들은 "깨지지 부서지지 않은 온전한 바다[자연], 물개들과 상어떼가 놓친 그 바다[자연]"를 여자를 통해서 안아보고 싶어하기 때문이다. 여기에서 쌩얼로 회복되는 자연이 미국 서부영화나 디즈니랜드의 서부처럼 낭만화된 자연임은 물론이다.

실재에의 향수와 육체

11장

학원폭력영화를 중심으로

2001년에 개봉되어 천만의 관객을 동원했던 〈친구〉와 더불어 시작되어 〈화산고〉(2001), 〈두사부일체〉(2001), 〈품행제로〉(2002) 등을 거쳐 〈말죽거리 잔혹사〉(2004)나 〈하류인생〉(2004) 등으로 이어지는 학원폭력 영화의 유행을 어떻게 설명할 수 있을 것인가? 물론 폭력영화가 영화의 역사에 최근 새롭게 등장한 낯선 현상이라는 말은 아니다. 소설과 달리 내러티브보다는 스펙터클의 성격이 강했던 영화는 처음부터 폭력적이고 선정적인 성향에 치우쳤으며, 느와르나 갱영화, 스릴러 등은 영화 관객들이 즐기는 주된 장르의 하나였다. 그럼에도 〈친구〉나 〈말죽거리 잔혹사〉와 같은 영화는 과거 폭력영화와 다른 특징들을 지니고 있는데, 그것의 성격은 〈씨네 21〉이 "남성 노스탤지어 영화의 불안과 강박"이라는 제목으로 꾸몄던 특집에서 잘 드러난다. 이들 폭력영화는 무엇보다도 중년층 남성 관객들의 향수와 나르시시즘을 크게 자극한다. 여기서 흥미로운 것은 과거에 대한 향수의 정체, 혹은 추억의 성격에 관한 질문이다. 관객들이 과거에 경험하였던 학창시절과는 거리가 먼, 폭력과 피, 살인으로 얼룩진 영화에서 과연 어떠한 향수를 느낄 수 있을까. 한편으로 1950

년대 후반과 60년대의 서울(〈하류인생〉), 1978년의 말죽거리(현재의 양재동)(〈말죽거리 잔혹사〉), 1981년의 부산(〈친구〉)이라는 역사적 · 사회적 · 문화적 배경이 중년층의 기억과 향수를 복고풍으로 자극하리라는 것은 두말할 나위가 없다. 그럼에도 정작 그러한 배경에서 일어나는 유혈극은 대다수 관객이 겪었던 경험의 세계와는 너무나도 골이 깊어서 향수감을 불러일으킬 소지도 그만큼 감소되어야 하는 듯이 보인다. 그래서 〈씨네 21〉에서 유윤성이 지적했듯이 기억이라면 그것은 "거짓 기억"에 가깝다. 하지만 역사적 서술이나 다큐멘터리가 아닌 이상 이들 영화가 재현하는 내용이 사실과 얼마만큼 일치하는지를 묻는 것은 적절한 질문이 아닐 것이다. 중요한 점은 거짓 기억이나 환상을 통해서 왜곡되어 재구성된 과거, 말하자면 관객의 현실에서 처음부터 배제되었거나 애당초 존재한 적이 없었던 과거의 편린이 관객의 향수를 자극한다는 사실에 있다. 기묘하게도 관객은 존재하지 않았던 불가능한 경험에 대해서, 또 과거에 한 번도 소유하지 못했던 폭력적이며 남성적인 육체에 대해서 향수에 젖어든다. 더불어서 그들이 한 번도 소유하지 못했던 화끈한 육체를 영원히 상실하였다는 후회감을 느끼기도 한다. 이때 향수는 시간과 사실의 논리에 반한 후회의 성격을 동반하고 있다. 영화의 주인공처럼 험한 세상을 주먹 하나로 좌충우돌하면서 질풍노도의 십대를 보냈어야 했다는 때늦은 후회감이 중년 관객의 뇌리를 스치는 것이다. 여기서 관객은 당시에는 상상한 적도 없었지만 나중에 돌이켜보니 반드시 자신의 것이어야 했던 과거의 기회를 상실해버렸다는, "저 사나이들의 억센 팔에 안긴 / 깨지지 않고 부서지지 않는 / 온전한 바다"(김춘수의 〈부두에서〉)가 안타깝게도 자신들이 놓친 바다라는 역설적인 논리의 환상적 주체가 된다. 물론 만약 이들 중년 관객이 다시 과거로 회귀한다면 마찬가지로 똑같이 일상적이고 평온한 학창시절을 보낼 것임이 틀림이 없다. 향수는 환상 속에서만 역설적으로 존재하는 것이다. 그렇다면 중년 관객은 왜 그러한 환상을 필요로 하는 것일까? 억센 조폭의 팔에 안겼던, 그러나 관객이 놓쳤던 실재와 육체의 정체는 과연 무엇일까?

〈문명적 성도덕과 현대인의 신경병〉(Modern Sexual Morality and Modern Nervousness)에서 프로이트(Sigmund Freud)는 다음과 같이 의미심장한 논평을 한 적이 있다. "본능 억제에 찬동하지 못하는 사람은 사회와 맞서는 '범죄자'(*criminal*)나 '무법자'(*outlaw*)가 된다. 사회적 지위가 높거나 비범한 능력을 갖고 있어서 위인이나 '영웅'으로 자처할 수 있는 사람이라면 별문제지만."[1] 어떠한 현실적 위협이나 역경, 난관, 도덕적 명령에 직면해서도 쾌락을 포기하지 않고서 온몸으로 밀고나갔던 범죄자나 무법자는 영웅의 숭고한 위상을 차지한다는 것이다. 대부분의 평범한 사람들은 쾌락원칙과는 너무나 동떨어진 세계에 살고 있다. 자그마한 현실의 요구에도 쉽게 굴복하고 타인과 타협하면서 자신의 쾌락을 끊임없이 양보하는 일상에 몸을 담고 있는 것이다. 그러면서 죽음의 협박에도 절대로 쾌락을 양보하지 않았던 무사비한 범죄자의 이야기에 귀를 기울이면서 대리만족을 얻을 수는 있다. 〈나르시시즘에 관한 서론〉(On Narcissism: An Introduction)의 한 대목에서 프로이트는 "더욱이 그 자신의 나르시시즘의 일부를 포기하고 대상 사랑을 추구하고 나선 사람에게는 다른 삶의 나르시시즘이 큰 매력으로 느껴지는 것이 분명"[2]하다고 주장하

1 지그문트 프로이트, "문명적 성도덕과 현대인의 신경병", 《문명 속의 불만》, 김석희 옮김, 열린책들, 1997, 16쪽.

2 프로이트, "나르시시즘에 관한 서론", 《무의식에 관하여》, 윤희기 옮김, 열린책들, 1997, 68쪽.

였다. 평범한 사람도 비범한 타자의 외설적인 향락을 자기의 것으로 내투하거나 그와 동일시할 수 있다는 것이다.

그러나 조폭영화의 관객이 범죄자의 쾌락원칙에서 대리만족을 찾는 프로이트의 일상인들과 혼동되어서는 안 된다. 프로이트에게 나르시시즘적 쾌락은 범죄자의 현실 속에 실제로 존재하는 것으로 가정이 된다. 그래서 평범한 사람들도, 문명과 가족을 버리고 타이히섬으로 떠난 고갱(Paul Gauguin)처럼, 어느 날 눈이 뒤집히면 일상의 질서에서 일탈해서 무법천지의 세계로 뛰어들 수가 있다. 하지만 조폭영화의 관객에게 쾌락은 실정적인 무엇이 아니라 현재의 관점에서 환상적으로 재구성된 무엇이다. 이 점에서 사안의 핵심은 프로이트가 아니라 라캉(Jacques Lacan)이나 지젝(Slavoj Zizek)에 가까워진다. 관객이 상실을 후회하는 실재는 현실의 어디에도 존재하지 않는다. 조폭의 억센 팔뚝에도 "온전한 바다"는 안겨 있지 않으며, 관객이 잃었다고 가정되는 화끈한 육체는 일찍이 존재한 적이 없었다. 그럼에도 거꾸로 망원경을 보듯이 오로지 현재의 시점에서 과거를 들여다보는 행위를 통해서 실재는 환상적으로 구성되기 시작한다. 역사적으로 존재한 적이 없었던 화끈한 육체가 진짜로 있었다고 가정되는 것이다. 하지도 않았던 일에 대한 후회가 죄책감이라면 극히 정상적으로 올바르게 살아왔으면서도 바로 그 올바름의 정상성으로 인해서 구조적으로 배제되었다고 가정된 무엇이 실재에의 향수를 자극한다. 도덕적으로 길들여진 육체가 되기 위해서 체계적으로 거부되어야 했던 무도덕적이며 탈도덕적이고 화끈한 원시적 육체의 가정이 실재에의 향수를 불러일으키는 것이다. 상실하였다는 후회감이 환상적으로 구성된 실재라는 점에서 관객의 향수는 한편으로 영화의 논리에 의해서 조작되었다고 말해야 옳다. 환상의 스크린에 비치면 평범한 대상도 관객의 눈에 실재로 변형되어 비칠 정도로 영화의 실재 효과는 위력적이다. 하지만 이것으로 향수의 정체가 충분히 규명되지는 않는다. 왜 관객은 조폭의 팔에 안긴 적도 없었던 "온전한 바다"를 자신이 억울하게 놓쳤다고 가당치 않은 상상을 하며 조폭의 향락을 부러워하는 것일까? 왜 불가능한 실재가 가능했었다면서 불가능한 환상에 빠지고, 자신의 길들여진 도덕적 육체를 부끄러워하면서 화끈한 야성적 육체를 갈망하는 것일까?

사실 대부분의 폭력 영화는 프로이트가 제시한 영웅적 무법자의 환상을 여지없이 깨트린다. 〈하류인생〉의 박태웅처럼 한때 잘 나갔던 화려한 정의파 주먹도 나중에는 협잡꾼이 되거나 영락하고 지친 모습으로 평범한 일상으로 복귀한다. 학원폭력영화에서 무법자적 환상이 유지되는 것은 오로지 중고등학교라는 극히 짧고 비좁은 시공간으로 제한되어 있다. 학교라는 유토피아(?)를 벗어나는 순간 환상은 더 이상 유지될 수 없다. 예컨대 주인공들도 조폭 세계의 질서에 순응하고 현실에 적응하며 살아야 한다는 점에서 일반 사회인과 다를 바가 없게 된다. 그럼에도 여전히 하나의 중요한 차이는 남아 있다. 평범한 관객이 사무실에서 서류를 뒤적이며 펜을 굴리고 서명을 하는 일상에서 벗어나지 못한다면, 조폭에게는 주먹과 칼을 휘두르다가 피를 흘리기도 하는 일탈의 사건(육체가 죽음의 극한으로 몰리면서 육체의 육체성이 극화되는 사건)이 예외적으로 발생한다는 것이다. 맑스(Karl Marx)는 개념으로서의 개는 짖지 않는다고 말한 적이 있다. 따라서 진짜 개가 개념으로서 개의 존재를 생생히 증언해 주어야 한다는 것이다. 조폭이 영웅적 환상으로 재구성되는 이유도 마찬가지 논리의 장에 속해 있다. 결정적인 것은 조폭의 실재나 향락이 아니라 그가 흘리는 한 방울의 피, 육체의 증거이다. 개 짖는 소리가 개념에게 생명을 불어넣어주듯이 조폭의 피가 드라큘라(Dracula)처럼 관객의 창백한 일상에 활력을 불어넣어줄 수 있다. 폴 발레리(Paul Valery)의 〈잃어버린 포도주〉(Vin perdu)처럼 한 방울의 술에 온 바다가 취해서 파도로 솟구치며 탄성을 지를 수도 있다. 말하자면 칼에 벤 살에서 뚝뚝 떨어지는 피의 얼룩이 관객이 상실했다고 가정하는 실재를 구성하는—라캉적 의미에서—"소대상"으로 작용한다. 십자가에 못 박힌 예수의 숭고한 행위를 흉내 내듯이 조폭은 관객을 대신해서, 관객의 빛바랜 일상에 대속의 붉은 피를 흘려주는 것이다. 이것이 영화의 실재효과이다. 그리고 관객은 이 피의 수혈에 대한 답례로서 조폭 세계를 향수어린 눈길로 바라보게 된다.

학원폭력영화는 관객이 상실한—정확하게는 상실했다고 가정되는—실재의 환상을 제공한다. 이러한 환상을 빌려서 관객은 행복하게도, 어쩌면 공중누각에 불과한 상징적 질서를 실재의 지반에 뿌리 내리는 계기를 마련할 수 있다. 이때 관객은 극심한 존재 상실감에 시달리다가 면도칼로 팔뚝을 베고 뚝뚝 떨어지는 피의 증거에서 존재의 확신을 얻는 자해자와 닮아있다.[3] 그러나 이 글에서 필자는 피의 증거가 아니라 조폭 특유의 언어의 증거를 찾아서 관객의 실재에 대한 향수의 문제를 접근하게 될 것이다. 더불어 조폭이라는 집단의 계급적 성격에 유의하게 될 것이다. 이들 학원폭력영화의 공통점의 하나는 주인

---

3 자해자의 예는 지젝의 《그들은 자기가 하는 일을 알지 못하나이다》에서 빌려온 것이다. 더불어 이 글에서 필자가 사용하는 실재의 개념은 지젝에게서 많은 영향을 받았다. 특히 실재의 열망에 대해서는 《믿음에 대하여》(*On Belief*, pp.19~33)를 참고할 수 있다. 지젝, 《그들은 자기가 하는 일을 알지 못하나이다》, 박정수 옮김, 인간사랑, 2004, 98쪽; Slavoj Zizek. *On Belief*, New York: Routledge, 2001.

공들이 한결같이 하층계급 출신이라는 사실인데, 이 점은 실재와 관련해서 구조적으로 매우 중요한 의미를 가진다. 상징계의 진리가 실재로서 피의 증거에 의해서 뒷받침되는 논리가 언어와 계급에 대해서도 마찬가지로 적용되는 것이다. 여기서 잠시 중년 관객의 대다수가 현재 중류층에 속한다는 사실을 상기하면, 그러나 이들이 과거 학창시절에는 중하류층에 속해 있었다는 사실을 상기하면, 우리는 다음과 같이 말할 수 있다. 억울하게 상실했다고 가정된 실재와 관련해서 중류층의 진리는 하류계층에 있으며, 중류층의 점잖은 언어의 진리는 조폭의 외설스런 폭력적 언어에 있다고. 가령 〈친구〉나 〈하류인생〉과 같은 영화에서 천신만고 끝에 중류계층으로 신분상승한 조폭들은 현재의 성공과 안락에도 불구하고 과거의 피비린내 나는 시절에 대한 야릇한 향수를 가지고 있다. 신분상승을 위해서 핏빛 실재를, 혹은 부르디외(Pierre Bourdieu)의 개념을 빌리면 하류계층의 아비투스(*Habitus*)[4]를 포기하지 않으면 안 되었던 것이다. 이때 물론 과거는 환상적으로 이상화되게 마련이다. 중요한 것은, 1960~70년대 궁핍한 시절을 살았던 현재의 중류층 관객이 실재를 향한 욕망과 관련해서 현재 성공한 왕년의 조폭과 같은 자리를 차지하고 있다는 사실, 따라서 관객이 조폭과 동일시를 할 수 있는 구조에 놓여있다는 사실이다. 현재에 너무나 편안하고 너무나 안락하게 살아가는 중년층 관객은, 건강의 이유로 카페인이 제거된 커피를 마셔야 하는 커피 애호가처럼, 한편으로 현재에서 결정적인 무엇이 송두리째 빠져있다는 상실감에 젖어들기도 한다. 이때 일찍

4 피에르 부르디외, 《구별짓기: 문화와 취향의 사회학》, 최종철 옮김, 새물결, 1996, pp.636~637. 이 책의 〈실용적 몸에서 미학적 몸으로〉장에서 언급된 헥시스(*Hexis*)가 부르디외의 아비투스이다.

이 존재하지 않았던 과거를 그 결정적인 실재의 이름으로 불러들임으로써 현재에 생기를 불어넣는 방식으로 이들은 과거를 긍정하고 자기의 정체성을 회복하기 시작한다.[5] 여기서 이 글의 주제와 관련해서 간과되어서는 안 되는 것이 관객, 특히 조폭 영화의 주된 관객으로서 중년 남성의 성적 정체성이다. 그래서 앞선 논의의 연장에서 다음과 같이 주장할 수 있다. 중류계층의 진리가 하류계층에게 있듯이 남자의 진리는 여자에게 있다고. 여성 영화평론가들이 즐겨 지적하였듯이 1960~80년대의 급속한 경제적 성장은 남성공동체적 결속을 약화시켰을 뿐 아니라 남성적 정체성의 위기까지 초래하였다. 이 점에서 폭력영화의 언어적 전유물로서 성적 비속어는 한 방울의 피와 흡사한 실재의 증거가 되어준다. 사람이나 사내, 녀석이라는 비교적 점잖은 호칭 대신에 사용되는 "새끼"나 "씨발놈", 얼굴이 아니라 "쪽"과 같은 비어[6]는 잃어버린 실재로서 관객에게 하층계급 특유의 남성적 유대감을 보장해주면서 동시에 상실했다고 가정된 남성성 회복의 계기가 되어주는 것이다. 이러한 비어의 사용은 조폭들이 유일하게 소유한 육체자본으로서 실재의 위상과도 무관하지 않음은 물론이다.

---

5 물론 관객을 이렇게 환상적으로 과거를 구성하고 긍정하도록 유도함으로써 영화산업은 조폭영화를 통해 많은 관객을 동원할 수 있었다. 관객은 왕년을 운운하면서 현재의 "무른 살"을 과거의 "굳은 살"이 뒷받침해주고 있다고 생각하는 것이다.

6 여기서 폭력영화에 난무하는 성과 관련된 여성비하적인 욕설의 인용은 생략하기로 한다.

학원폭력영화가 학교의 현실을 있는 그대로 공평하게 재현하지 않음은 두말할 나위가 없다. 조성남 · 이동원의 《청소년의 하위문화와 정체성》의 구별에 따라서, 학생을 학습지향적인 순응형과 그 반대인 저항형, 그리고 중간형으로 학생을 대별할 수 있다면, 영화의 초점은 저항형에, 특히 대장격인 "반짱"이나 "학교짱"(〈친구〉에서는 "통"으로, 〈하류인생〉에서는 "떡대"로 불린다)에게 집중된다. 교사가 지목하거나 학생들의 선거에 의해 선발된 순응형의 반장은 반짱으로 불리지 않는다. 전자의 권력이 사회적 명예와 인정에 입각한, 부르디외적인 의미에서 상징자본(혹은 문화화된 근대적 몸)의 지탱이 된다면, 후자의 권력은 육체자본(문화화되지 않은 전근대적 몸)으로 보증을 받아야 한다. 사회적 인정이 회수되는 순간에 반장이 권력을 잃는다면 반짱은 더욱 힘이 센 다른 학생에게 무력으로 굴복되는 순간에 권력을 상실한다. 경제자본과 사회자본의 영향력이 지배적인 사회와 달리 학생들은 상징자본과 육체자본이라는 두 개의 축 위에서 움직이는 것이다. 폭력영화에 재현된 학원의 현장에서—대부분의 영화 관객이 과거에 속했던—중간형 학생들의 역할은 극도로 축소되어 있다. 그래서 학생들은 조만간 상징자본과 육체자본의 어느 한 극단을 선택하도록 강요되게 마련이다. 그러한 선택의 과정에서 학생 가족의 사회적 · 경제적 능력이 커다란 영향을 행사함을 물론이다. 가령 〈친구〉에서 화목한 가정에서 성장해서 항상 전교의 상위권 성적을 유지하는 상택은 친구 준석이 학교의 통임에도 불구하고 결코 주먹 세계에 가담하지 않는다. 또 〈말죽거리 잔혹사〉에서 학교 짱을 포함해서 그 패거리를 단신으로 용맹스럽게 제압했음에도 불구하고 태권도 관장의 아들인 현수는 건달의 길을 걷지 않는다. 반면 〈친구〉에서 장의사의 아들인 동수나 〈하류인생〉에서 고아로 자란 태웅에게는 건달 이외에 다른 선택의 여지가 없어 보인다. 경제자본이나 상징자본의 결핍을 보완하기 위해서 육체자본으로서 주먹의 역할이 증대하는 것이다. 그러면서 상징계적 문자로 기입되고 문화적으로 훈육되는 순응형 학생들의 강박증적 몸과는 달리 이들은 가학피학적인 몸을 길러나가게 된다. 가령 〈말죽거리 잔혹사〉에서 은주에게 첫눈에 반한 현수는 미리 우산을 준비한 다음 에 비 오는 날 우연을 가장해서 그녀에게 접근을 시도하고 그녀가 다니는 학원에 등록을 하는 등 순응형의 전형적인 언행을 보여준다. 그러나 학교의 짱인 우식은 우산을 준비하지 않는다. 대신 새벽까지 비를 맞으며 그녀를 기다리다가 은주가 나타난 순간 주먹을 날려 담벼락을 치면서 "널 위해 죽을 수도 있어!"라고 한마디 던진다. 여기서 그러한 언행의 동기가 진실한지 아닌지, 또 그 결과가 성공적인지 아닌지의 여부는 중요하지 않다. 당시 상황과 떼놓고서 들으면 신파조의 한 대목에 불과할 수도 있는 발화행위가 피와 죽음의 보장을 통해서 갑작스런 가치와 의미의 잉여를 획득한다는 사실에 주목하여야 한다. 가뭄과 흉년에 책임을 지고서 자신의 몸으로 번제를 드렸던 고대의 제사장처럼 우식은 상징계의 구멍을 언제라도 온몸으로 막을 준비가 되어 있는 것이다.

학원폭력영화에서 상징계적 질서를 대변해야 할 학교는 온전하지 않으며 걷잡을 수 없이 모순과 균열의 금이 가있다. 교장은 교장답지 않고 교사는 교사답지 않으며 학생도 학생답지 않다. 그럼에도 교장이 스승의 스승으로서 교사 위에 군림하듯이 교사는 학생의 스승으로서 학생들 위에 군림하고 있다. 그래서 아직 사회적으로 길들여지지 않은 반항형 건달의 몸은 그러한 제도적

"장"(長)의 대안으로서 "짱"으로 부상할 수 있는 빌미가 마련된다. 부정한 사회자본에 대해서 육체자본으로 맞서는 것이다. 그래서 짱에게는 교사에게 결여된 위엄의 칼날이 서 있기도 하다. 또 짱은 만약의 경우 언제라도 생과 사의 목숨을 건 싸움에 뛰어들 각오를 해야 한다는 점에서 건달의 세계는 이해와 타협의 미지근한 자본주의 윤리가 아니라 배타적 군림의 화끈한 귀족주의적 윤리에 가깝다. 그래서 극단주의적인 화끈한 건달들은 부재와 차연의 논리를 견디지 못한다. 차이의 상징계에서 문제아가 될 수밖에 없는 소지가 여기에 있다. 그들은 기표와 기의의 균열을 비롯해서 상징계의 결핍을 기질적으로 인정하지 않는 것이다. 정도의 차이가 있겠지만 중간형과 순응형의 학생들이 교장이 교장다우며 교사가 교사답다고 인정하기 때문에 학교생활에 성실하게 적응하는 것은 아니다. 중간형과 순응형의 학생은 이념으로서의 교사와 현실로서 학급의 담임교사가 명실상부하게 일치하기 때문이 아니라 다만 명색이 교사라는 이유에서 형식적으로 그에게 복종하는 시늉을 한다. 기의의 질서가 아니라 기표의 질서에, 지시대상의 세계가 아니라 기호의 세계에, 실재가 아니라 사회자본에, 실명이 아니라 허명에게 복종하는 것이다. 교사라는 기표만으로도 이미 충분하다. 반항형의 학생들은 그렇지 못하다. 언어가 생성하기 위해서 기표와 기의의 일치가 아니라 균열이 전제되어야 한다는 것, 구조적으로 상징계의 중심이 결핍이라는 것을 인정하지 못하는 것이다.[7] 이 점에서 이들은 물신주의적이다. 교사는 교사다워야 하는데, 만약 현실에서 그러한 교사가

7 〈친구〉에서 동수는 야구방망이로 학교의 유리창을 모조리 때려 부순 다음에 담임교사에게 일갈한다. "길거리에서 나 만나도 다시는 아는 척하지 마소." 〈말죽거리 잔혹사〉에서 쌍절곤으로 학교의 유리창을 때려 부순 다음에 현수도 외친다. "대한민국 학교 다 좆까라."

결여되어 있다면 구두나 가방의 물신처럼 다른 어디에선가 진정한 교사를 찾아야만 한다. 그것이 불가능하다면 자신의 몸과 주먹, 아니면 "쪽"이 그러한 물신의 역할을 대행해야 한다. 〈친구〉에서 준석의 좌우명은 "건달이 쪽팔리면 안 된다 아니가?"이다. 〈하류인생〉에서 동일고의 태웅이 단신으로 홍익고등학교의 교실에 쳐들어와 짱에게 도전장을 던지는 무모한 행위, 또 "저 새끼 하나 때문에 우리가 이렇게 짓밟혀도 되는 거야"고 외치며 홍익고의 승문이가 태웅의 허벅지에 칼을 찌르는 변칙적 행위도 모두 쪽팔리지 않기 위한 것이다. 쪽이 팔리면 그것은 죽음보다 더 참혹하고 치명적이며 그만큼 더 견디기 어렵다. 〈말죽거리 잔혹사〉에서 우식은 "쪽팔리면 학교생활 바로 좋야"라고 외친다. 쪽에는 이해관계를 둘러싼 타협이나 절충의 과정이 없기 때문에 쪽을 살릴 수가 없으면 죽음으로 변상을 해야만 한다. 죽음이 그러하듯이 쪽은 상징적 질서에서 벗어나있는 것이다.

의미로만 본다면 체면의 유사어로 간주될 수 있겠지만 그러나 쪽은 체면에 내장된 사회자본이나 상징자본의 지지대가 결여되어 있다는 점에서, 또 전적으로 육체자본에 의존한다는 점에서 체면과 정반대의 극에 위치한다. 고프만(Irving Goffman)에 의하면 체면은 타인이 주체에게 부여하는 긍정적인 사회적 가치, 그래서 주체가 타인에게 당연하게 권리를 요구할 수 있는 사회적 가치로 정의된다.[8] 체면이 타인의 인정에 의해서 유지되는 자아 이미지이기 때문에 교사는 교사로서의 체면을, 〈말죽거리 잔혹사〉에서 성준은 박장군의 아들로서의 체면을 가지고 있다. 여기서 체면은 타인의 인정에 의존해야 하는

---

8 Goffman, Erving. *Interaction Ritual: Essays on Face-to-Face Behavior*, New York: Pantheon Books, 1967, p.5.

바로 그 조건으로 인해서 철저하게 사회적인 질서의 장에 포섭되어 있다. 하지만 〈친구〉의 준석이나 동수의 쪽은 그러한 상징계적 질서로 환원되지 않는다. 건달의 쪽은 상징계의 저편에 있는 죽음의 담보로부터 후광을 입는다. 이 점에서 동수의 죽음은 너무나 당연한 논리적 귀결이라 할 수 있다. 죽음의 가능성에 직면하지 않으면 육체자본이 생기지 않기 때문이다. 어리석게 투자된 경제자본이 금전적 손실을 초래한다면 잘못 투자된 육체자본은 육체의 소멸, 죽음을 가져온다. 그러한 육체 소멸의 가능성은 경제자본이나 사회자본의 결여를 상쇄하고도 남을 만큼의 엄청난 잉여를 보장한다.[9] 그래서 결정적인 순간에 죽음의 판돈을 건 피비린내 나는 대결이 행해지곤 한다. 〈말죽거리 잔혹사〉에서 다음의 대사를 보라.

> "야, 개새끼 차종원. 누가 남의 반에 들어오라고 했어?"
> "아구창을 확 씨발놈이."
> "욕하지 마라. 그러다가 맞는다."
> "뭐 맞는다? 한판 쪼개 볼래. 피 토하게 싸워볼래?"
> "한 번 싸워보자. 나중에."

이러한 우식의 도전이 계기가 되어 벌어진 싸움에서 차종원은 부당한 방법으로 우식을 때려눕히고 학교 짱으로서 위상을 굳힌다. 중요한 것은 싸움의

---

9 그러한 잉여는 상징계적 질서에 편입될 수 있는 계기가 되기도 한다. 〈친구〉에서 고등학교를 졸업한 준석이 상택에게 했던 말이 그렇다. "배운 게 깡패질밖에 없다. 죽이고 싶은 놈이 있으면 내가 죽여줄게. 그러면 대가로 개인택시라도 한 대 뽑아줘라. 아무리 생각해도 니밖에 없다. 약속해라."

규칙이나 정당성이 아니라 상대방을 죽음의 위험과 협박으로 제압하는 것으로 보인다. 게임의 규칙에 따라서 진행되는 권투나 레슬링과 달리 건달의 대결 구도에서 육체자본은 상징적 질서의 지배를 받지 않는다. 이 점에서 〈친구〉의 준석이 자신을 상곤과 같은 양아치의 무리로부터 차별화하려는 시도는 당위성을 잃는다고 할 수 있다.[10]

위에서 인용된 대사에서 검토되어야 하는 것은 육체자본과 언어의 관계이다. 죽음의 보증 위에서 성립하는 언어는 표준어의 코드로 발화될 수 없다. 언어가 차이의 체계임은 두말할 나위가 없다. 기표의 연쇄에서 뿐 아니라 기호와 지시대상의 관계에서도 그러하다. 언어는 언어 내적인 차이를 통해 성립되지만 동시에 화행적으로 화자의 사회적 차이와 위계까지도 반영하면서 현실에 구속력을 행사한다. 한편으로 교사나 선생과 같이 비교적 중립적인 어휘가 있다면 다른 한편으로 스승과 같은 존칭어나 꼰대와 같은 비어가 있다. 전자가 순응형의 언어인 반면에 후자는 물론 저항형의 언어이다. 여기서 순응형의 언어 코드는 차이를 드러내며 강조하는 상징계의 축으로 기울어 있다는 사실이 강조되어야 할 것이다. 〈친구〉의 국어교사처럼 스승답지 않음에도 불구하고 선생님으로 불려야 하는 이유는 그가 차지하고 있는 사회자본과 계급적 차별의 필요성 에서 비롯한다. 교사와 학생이, 동물과 인간, 남녀노소가 엄격하게 구분되어야 하는 것이다. 그리고 순응형의 화자에게 그러한 변별적 언어 사용은 그의 정체성을 형성하는 중요한 계기로 작용한다. 교사를 꼰대가 아니라 선생님으로 호칭하는 화자는 교장과 교사와 학생의 사회적 위계를 내면화

10 〈친구〉에서 준석과 동수가 몸을 담고 있는 조직은 토목공사의 입찰에 폭력적으로 개입하며, 〈하류인생〉에서도 조폭은 정치와 경제에 깊숙이 연루되어 있다.

함으로써 미래에 그러한 체계 내에서의 신분 상승을 암암리에 기약하고 있는 셈이다. 그냥 말을 하는 것이 아니라 차별적 언어행위를 통해서 사회자본의 증식을 꾀하는 것이다. 이때 언어도 학위처럼 자본이 된다. 신분상승을 지향하는 하류계층의 화자가 있다면 그는 현재의 사투리나 어법을 과잉 교정[11]함으로써 중상류층의 신분을 언어적으로 미리 앞당겨서 선취하려고 한다. "죽다"라는 의미를 전달하는 경우에도 청자의 상황에 조율하면서 "서거하다"나 "유명을 달리하다" 등의 표현으로 자유롭게 코드를 전환하면서 의사를 전달하는 방법을 배우게 된다. 그러면서 자연스럽게 화자의 몸도 그러한 상징계적 질서로 각인되게 마련이다. 사회가 계급적 차이의 체계이듯이 언어와 몸도 차이의 체계이며 그 역도 마찬가지로 참이다. 그런데 위 인용된 대사에서 눈여겨봐야 하는 것은 적어도 언어적인 차원에서는 그러한 차이의 체계가 해체되거나 전복되어 있다는 사실이다. 차종원은 개의 새끼가 아니라 사람의 새끼이며 아구창이 아니라 입으로 불려야 함에도 불구하고 개와 사람의 차이가 의도적으로 묵살되면서 사람도 동물의 차원으로 하향 평준화된다.

---

11 "우리나라의 사회계층 중에서 하중류계층에 속하는 사람이 고유어나 한자어와 공존하는 외래어를 가장 많이 사용한다. 이러한 요인은 하중류에 속하는 사람이 다른 계층에 비하여 상대방이 자신을 실제보다 높은 사회계층에 속하는 사람으로 인식해주길 바라는 욕구, 언어습관 등에서 찾아볼 수 있을 것이다." 이주행, "한국 사회계층별 언어특성에 관한 연구", 〈사회언어학〉 7-1, 1999, 64. 계급별 욕설의 사용과 관련해서 "미친", "빌어먹을 놈", "처먹다", "지랄하다" 등과 같은 비속어를 사용하는 비율은 상류계층 8.3%, 상중류계층 16.7%, 중중류계층 25.0%, 하중류계층 33.3%, 상하류계층 50.0%, 중하류계층 75.0%, 하하류계층 83.3%라는 통계 자료가 있다(같은 글, 67). 또 과잉교정(*hypercorrection*)에 대해서는 William Labov, *Sociolinguistic Patterns*, Philadelphia: U of Pennsylvania P, 1972), 또는 한국사회언어학회가 Nancy Bonvillain의 *Language, Culture, and Communication*을 우리말로 옮긴 《문화와 의사소통의 사회언어학》의 6장 〈사회적 분할과 언어 변이: 사회 계급과 인종〉(189~240쪽)을 참고하기 바람.

〈말죽거리 잔혹사〉에서 우식이 찍새에게 하는 말의 한 자락을 인용해 보기로 하자. "야 씨발놈아, 어디서 방방 떠. 나이를 똥구멍으로 처먹었냐? 일년 꿇었으면 나이값을 좀 하라고. 새꺄." 물론 우식의 욕설투성이 말을 단순히 차이의 해체나 하향평준화의 예로서 받아들일 수는 없다. 상대를 의도적으로 모욕하고 분노와 수치를 자극하며 심리적인 상처를 입히기 위해서, 다시 말해서 자신과 상대의 차이를 극단적으로 드러내기 위해서 투창처럼 던져진 말이기 때문이다. 교사도 학생들을 "돌팍 새끼들"이나 "엽전놈의 새끼들"로 호칭하면서 "좋은 말해서 안 돼. 족쳐야 돼"라고 험상궂게 말하지 않는가. 이때 교사는 분명 욕설의 대상인 학생과 자신의 차이를 극대화시키기 위한 의도로 비속어를 사용한다. 차이의 극대화 전략은 의도와 정반대로 차이의 극소화로 쉽게 뒤집어질 수가 있다. 학생에게 욕설을 퍼붓는 화자는 교사라는 사회자본의 유리한 고지 위에서 발화를 하는데, 교사가 꼰대라고 불리는 예에서 그러한 사회자본은 언제라도 거부될 수 있다. 비속어의 사용이 화자와 청자의 위계가 삭제되는 하향평준화로 치달을 수 있는 것이다. 순응형이나 저항형 누구나 비속어를 사용할 수가 있다. 하지만 욕 자체가 가지고 있는 차이의 해체로부터 누구도 자유롭지 못하다. 가장 빈번하게 사용되는 비속어인 개새끼나 씨발놈은 이 점에서 매우 시사적이다. 의미의 차원에서 씨발놈은 백해무해하다. 그러나 흘레하는 개로 비유되는 욕설에서 인간은 길의 한복판에서 성행위를 벌이는 개의 차원으로 추락하게 된다. 이때 화자 자신은 그런 짐승(개새끼들)의 흘레를 지켜보는 인간 구경꾼의 우월한 위치에 서고 싶을 것이다. 하지만 "이 씨발놈"이라는 욕설을 들은 화자도 "이 씨발놈"이라고 대꾸하면서 상대방을 똑같이 개새끼들의 차원으로 끌어내릴 수가 있다. 육체자본만을 유일하게 소유한 반항형의 건달들이 원하는 것은 이러한 하향평준화, 사회자본이나 상징자본의 인정에 의해서 유지되는 온갖 변별적 · 위계적 범주의 해체이다. 인간과 동물, 문화와 자연, 우등생과 열등생, 교사와 학생 등의 경계가 한꺼번에 무너지는 것이다. 저항형의 학생들이 즐겨 욕을 하는 근본적인 이유는 하향평준화의 이념, 《경제철학수고》(*Economic and Philosophical Manuscripts*)에서 맑스(Karl Marx)가 사용한 용어를 빌리면 "조야한 공산주의"의 이념에 있다. 미래의 계급상승을 노리는 순응형의 학생들이 세련된 언어 코드를 구사함으로써 이해를 추구한다면 그러한 계급 상승의 희망을 포기한 저항형의 학생들은 언어의 계급적 질서를 파기함으로써 자신의 계급적 이해를 꾀한다. 자본주의의 사회에서 육체자본밖에 가진 것이 없는 사람은 개새끼나 마찬가지이다. 그래서 저항형 학생들은 애칭처럼 동료를 개새끼나 씹새끼라고 부르기도 한다. 여기서 한 발자국 더 나아가 건달들은 모든 사회의 구성원을 자신과 마찬가지로 개새끼의 범주에 넣고 싶어 한다. 모든 형태의 자본을 육체자본 하나로 환원시키고 싶어하는 것이다. 여기서 상상계적인 육체의 공동체, 유사 혈연 공동체 의식이 탄생한다.

비속어의 대부분은 육체와 직결된 것들로, 문화적으로 금기시되었던 육체의 특정 부위나 육체의 분비물, 성행위, 탄생과 죽음 등이 노골적으로 표현되는 언어들이다. 문명화는 인간과 동물의 차이 내기에서 시작해서 그러한 과정이 진행될수록 점차 인간 사이의 미세한 차이 만들기로 옮아가는데, 비속어에서는 인간과 동물의 범주를 비롯해서 인간 사이의 위계적 구분이 혼란스러워지거나 해체되어버린다. 문화적 차이를 부인하는 점에서 비속어는 정신을 육체의 우위에 놓는 로고스중심주의에 저항하면서 육체 환원론적인 입장으로 가까이 접근한다. 더불어서 주체와 타자의 위계적 거리와 서열이 강조되는 대신에 육체의 동일성에 입각한 통합화의 경향이 강화된다. 세련된 언어 코드에서 주인이 서거하고 하인은 죽으며 개새끼는 뒈진다면 욕설의 코드에 따르면 개새끼는 물론이고 주인이나 하인 모두 뒈진다. 육체를 가진 존재의 숙명으로서 죽음이 주인과 하인, 짐승에게 무차별적으로 동일하게 적용되는 것이다. 완곡어법에서는 죽음이나 생식기, 성행위와 같이 육체의 생성이나 소멸과 직접적으로 관련된 관념은 간접적인 표현으로 대치되거나 우회로를 거쳐야 한다. 삶에 죽음의 세력이 침범하지 않도록 생성과 소멸은 절대적인 대립관계에 있어야 하며 불유쾌한 삶의 실상과의 대면은 최대한 지연되고, 언어로부터 육체의 흔적은 지워져야 한다. 무엇보다 자칫하면 동물과 쉽사리 혼동될 수 있는 생식기 및 성행위를 지시하는 관념은 보다 인간적으로 정신화되고 탈신체화되어야 한다. 그러나 비속어는 정신화되고 상징화된 인간을 문명의 흐름에 역행해서 다시 노골적인 육체화의 과정으로 되돌려 놓는다. "조용히 해"라는 완곡어법이 아니라 "아가리 닥쳐"라는 위악어법에서 개가 입으로 짖듯이 인간은 입으로 말을 한다는 사실이 새삼 상기된다. 말하는 주체는 영혼이나 로고스라기보다는 입으로, 신체의 일부로서 두터운 두 입술이 제유적으로 화자 전체를 대치한다. 특히 폭력영화에서 가장 지배적인 화법은 몸의 일부인 생식기가 인간 전체를 대신하는 제유적 위악어법("씨발놈이 좆도 아닌 새끼가 어디서 깝죽거려")으로, 직접적으로 언급하기에 난처한 신체 기관을 사람 전체로 대신(남자 생식기를 남성으로 표현)하는 부르주아적 완곡어법을 전복시킨다.

위악어법이 상징계적 질서를 전복하거나 상대방을 비하하는 기능으로만 제한되지는 않는다. 적에게 향하면 극히 모욕적일 수 있는 어법이 동료 화자들 사이에 사용되면 오히려 배타적 동질성과 친밀성, 결속을 다지는 계기로 쉽게 전환된다. 한편으로 타자의 집단인 "그들"이 저 멀리에 있고 다른 한편으로는 바로 가까이 여기에 확대된 자아의 집단으로서 "우리"가 있다면 비속어의 의미와 가치는 화자의 위치와 상황에 따라서 달라진다. 심리적으로 거리가 먼 타자에게는 사소한 언행의 실수도 용납되지 않기 때문에 최대한 예의를 갖추어야 한다. 상대로부터 가해질 수 있는 해나 비난, 불이익을 회피하거나 완화시키기 위해서 방패처럼 사용되는 표현이 완곡어법이다.[12] 방패가 필요 없을 정도로 친밀한 동료 집단에서는 완곡어법이 사용되지 않는다. 그들의 불행이 우리의 행복이 될 수 있듯이 그들을 공격하고 상처를 입히는 말의 칼이 우리에게는 결속을 다지는 맹세의 칼이 될 수 있으며, 타자의 것일 때 혐오스러운 신체의 분비물마저도 나의 것이라면 견딜 만한 것이 된다. "친구 아니가?"라는 유행어를 낳았던 〈친구〉를 비롯해서 〈말죽거리 잔혹사〉에서 친구들이 사용하는 비속어는 예의를 차리기에는 너무나 가깝고 끈끈한 공동체적 언어들이다. "이놈아의 뜻으로 욕하거나 낮잡아 이르는 말"인 "임마"나 "놈을 낮잡거나 욕하여 이르는 말"인 "새끼"[13]의 경우에 강조점은 화자와 청자 사이의 메시지가 아니라 야콥슨(Roman Jakobson)이 〈언어학과 시학〉(Linguistics and Poetics)에서 교감적(*phatic*)이라고 명명한 접촉(*contact*)의 확인이다. 저만치 거리를 두고서 정보를 주고받는 대신에 청자와 화자가 가까이서 손을 내밀어 악수하듯이 발성되는 말이 비속어로, 그것은 마음의 언어라기보다는 몸의 공

---

12 이것은 특히 음담패설에서 두드러진다. 어느 정도 예의를 갖추어야 하는 사람들 사이에서는 "연한 육담"이 오고 간다면 허물이 없는 친구들은 "진한 육담"을 주고받는다. 김영진, "한국육담개론", 《한국육담의 세계관》, 김선풍 편저, 국학자료원, 1997, 18쪽.

13 이근술 · 최기호 엮음, 《토박이말 쓰임사전》, 동광출판사, 2001, 1190/1656쪽.

동체적 언어이다.[14] 그래서 비어는 성적 접촉의 은유와 암시로 충전되어 있다. 언어가 실재로부터 단절된 차이의 체계라면 비어는 그러한 언어 체계를 수단으로 삼아서 몸의 접촉을 극대화하는 것이다. 여기에서는 공식적 언어의 목적이 수단으로 전도되며 의미의 전달은 접촉의 확인과 지속을 위한 변명에 지나지 않는다. 마찬가지로 금지의 법으로 대변되는 상징계적 질서는 주체와 타자가 분리되기 이전의 실재계적 통합의 단계로 퇴행한다.

많은 평론가들이 지적하였듯이 이러한 몸의 공동체에는 여성이 들어설 자리가 없다. 원칙적으로 상징계에서는 생물학적 성보다는 사회적 성역할이 더욱 중시되기 때문에 남근중심주의적 사회에 속한 구성원인 여성도 원한다면 상징계의 적당한 자리와 역할을 차지할 수가 있다. 상징적 질서는 남성적 몸의 한 조각으로서 페니스가 아니라 문화적으로 각인된 몸으로서 "남근"에 의존하기 때문이다. 남근은 육체자본과 무관한 상징자본의 계열에 속한다. 하지만 육체자본에 입각한 남성적 몸의 공동체는 상징자본이 결여되어 있다는 바로 그 이유로 인해서 무엇보다도 페니스가 있다는 사실에 강박적으로 집착한다. 그래서 〈친구〉를 비롯해서 〈말죽거리 잔혹사〉와 〈하류인생〉에서도 여성이 발을 들여놓을 자리가 없다. 여성은 다만 남성의 페니스에 광채를 더해주는 배경이나 만약의 위기에 항시 도울 준비가 되어있는 모성적 후원자와 양육자로 머무를 따름이다. 이러한 여성은 동정녀 마리아의 이미지처럼 절대적

14 그래서 민중계층에서는 다른 어떤 계층보다도 집단적 동일시와 집단적 연대성이 강하며, 자신이 속한 계층으로부터 일탈이나 단절이 용납되지 않는다. 하지만 집단적 연대성이 비교적 느슨한 중간계층에서는 계층적 일탈이 보다 쉽게 용납될 뿐 아니라 심지어 권장되기도 한다(부르디외, 《구별짓기》, 563/634쪽 참조). 또 낸시 본빌레인의 《문화와 의사소통의 사회언어학》, 193~194쪽을 참고하기 바람.

으로 긍정되고 찬양될 뿐 아니라 상징계에서 실패한 주인공에게 모태 퇴행적인 귀소의식의 원천이 되기도 한다. 반면 성과 관련된 욕설의 대부분은 범주로서 여성을 비하하고 희생하는 대가로 남성적 공동체의 결속에 이바지하게 된다.[15] 이 점에서 성적 욕설은 남자들에게 포르노와 흡사한 기능을 행사한다. 〈친구〉에서는 어린 아이들이 포르노 비디오를 관람하고, 〈말죽거리 잔혹사〉에서는 교실에서 학생들이 포르노잡지를 돌려보는 장면의 설정은 단순한 우연이 아니다. 욕설과 마찬가지로 포르노는 남성 공동체의 정체성을 확인하는 가장 훌륭한 수단의 하나인 것이다. 중요한 것은 무엇보다도 살점 한 조각의 현존성이다. "쪽팔리면 학교생활 바로 좋아!"라는 우식의 말에서 쪽은 페니스의 또 다른 얼굴로, 페니스가 존재의 이유라면 그것의 결여는 존재의 종말(좋)이나 다름이 없다. 쪽과 좋은 종이 한 장 차이가 아니라 살점 한 점의 차이에 있다. 육체자본의 근거이며 본질로서 페니스는 무조건적으로 긍정되어야 하는 당위성이다.[16]

---

15 영화의 등급과 관련해서 다음 사실이 지적될 수 있다. 즉 A급 영화에서 보호의 대상이 되는 여성, 어린이, 청소년 등의 사회적 약자가 B급 영화에서는 소극적으로 무시되거나 아니면 적극적으로 차별과 학대를 당한다는 것이다. 이에 대해서는 다음 책을 참고 할 수 있다. 로빈 우드(Robin Wood)의 《베트남에서 레이건까지: 할리우드 영화 읽기: 성의 정치학》, 이순진 옮김, 시각과 언어, 1995.

16 〈친구〉에서 졸업 후에 마약으로 폐인이 되다시피 한 준석은 대학에 진학한 상택이 그를 찾아오자 아내 진숙 앞에서 쪽이 팔린다. 잃어버린 위신을 회복하기 위해서 그가 취하는 전략은 노골적인 여성의 비하, 페니스가 결핍된 존재라는 사실의 상기이다.

서론에서 학원폭력영화가 중년 관객의 향수를 자극하는 이유는 관객에게 상실되었다고 가정된 실재의 관점에서 설명되어야 한다고 제안하였다. 현실타협적인 중간계급 관객들과 달리 하류계층의 주인공 건달들은 지켜야 할 상징자본이나 경제자본을 소유하고 있지 않기 때문에 상징계적 요구에 굴복하지 않은 온전한 주체로 가정된다. 〈하류인생〉에서 "너처럼 살만한 놈들이야 편하게 피난 생활했겠지만 알몸으로 피난 가서 부산 바닥에서 목숨 이어가자면 주먹밖에 의지할 게 뭐 있어"라는 상필의 변명은 실재와 관련한 하층계급의 역설적 위치를 잘 보여준다. 경제자본이라는 방어기제가 결여되어 있기 때문에 "알몸"으로 세상과 부대끼면서 세상과의 접촉면이 극대화될 수밖에 없다는 것이다. 이것은 접촉 지향적인 하층계급의 발화행위에 대해서도 마찬가지이다. 여기서 경제자본과 상징자본은 직접적이며 예민한 실재와의 접촉, 자칫 잘못하면 상처를 입고서 죽음의 위험에 처할 수 있는 외상적 접촉의 가능성을 차단하는 방어의 매개이다. 그래서 자아와 타자의 경계가 무너지는 접촉의 기쁨이 아니라 양자의 거리와 차이가 최대화되는 사회적 기쁨이 그의 몫으로 주어지게 된다. 이때 그러한 사회적 기쁨을 향유하는 중간계층의 주체는 그러나 다른 한편으로는 실재와의 직접적인 접촉을 상실하였다는 후회감에 사로잡힐 수 있다. 이것이 폭력영화에 대해서 중년의 영화 관객들이 향수를 느끼는 역설적인 상황이다.

많은 평론가들이 지적하였듯이 영화의 잔인한 폭력 세계와 단조롭고 일상적인 관객의 세계는 너무나 대조적이다. 소파에 파묻혀 비디오를 감상하는 안

방의 관객은 물론이고 안락한 의자에 앉아서 팝콘을 씹으며 영화를 관람하는 극장 관객의 삶은 영화 주인공의 삶과 너무나 대조적이다. 그는 피비린내 나는 실재의 품안에 안겨있는 것이 아니라 푹신한 소파에 파묻혀 있다. 이러한 대조적 상황이 역설적인 까닭의 하나는 극장 바깥에 가정된 저 끔찍한 세계가 진짜로 극장 바깥에 존재하는 실재가 아니라, 영화를 통해 환상적으로 구성된 실재 효과에 지나지 않기 때문이다. 미메시스(*mimesis*)가 아니라 디에제시스(*diagesis*)인 것이다. 그럼에도 관객은 한 번도 존재한 적이 없었던 위험한 실재로부터 영원히 소외되었다는 고약한 느낌을 피할 도리가 없다. 그러면서 지금까지 살아왔던 책상물림의 삶은 가짜 삶이었다는 장탄식을 하기도 한다. 때로 꿈이 현실보다 더욱 현실적일 수 있듯이 영화의 세계가 관객에게 내재하는 실재의 향수, 바디우(Alain Badiou)의 용어로 "실재에의 열망"을 자극하는 것이다. 물론 앞서 말했듯이 이러한 향수는 기원적으로 관객의 과거 경험의 현장으로 소급해 올라가지 않는다. 그것은 관객이 현재의 시점에서 환상적으로 재구성한 과거의 거짓 기억이기 때문이다. 이 점에서 "악어의 눈물"처럼 향수의 주체는 사기기만적이다. 과거에 차마 미처 조우하지 못하였던 실재를 때늦게 후회하며 그리워하지만 그럼에도 그는 자신이 어떠한 경우에도 현실의 안락과 여유를 포기하지 않으리라는 것을 잘 알고 있는 것이다. 현실로의 귀환이 원칙적으로 불가능하다는 사실을 잘 알고 있기 때문에 그는 영화 관람하듯이 편안하고 느긋하게 실재의 귀환을 그리워할 수 있다. 실재의 향수의 조건은 실재의 영원한 부재이어야 한다. 도스토옙스키(Fyoder Dostoevskii)의 대심문관은 예수의 역사적 실재와 신성을 독실하게 믿고 있지만, 그의 신앙은 예수가 지상에 강림하지 않는다는 조건에 의존하고 있다. 만약 예수가 세상에 다시 내려온다면 대심문관은 교회를 지키기 위해서 다시 예수를 십자가에 못 박아야 한다. 실재의 귀환이 불가능하기 때문에 관객은 실재에 탐닉할 수 있는 것이다.[17]

그러한 이유로 인해서 〈친구〉와 〈말죽거리 잔혹사〉의 내러티브는 일인칭이면서 동시에 회상적인 형식을 취해야 했다. 실재를 향한 주체의 일인칭적 열망이 별 볼일 없었던 과거에 숭고한 위상을 부여하는 것이다. 가령 〈하류인생〉에서 혜옥이 과거의 태웅을 그리워하면서 남편에게 던진 다음과 같은 말을 생각해 보라. "당신, 사람이 많이 탁해졌어. 전에는 맑고 순수하고 정직하고. 그거 보고 결혼했는데." 이 신파조의 대사에서 놓치지 말아야 하는 중요한 사실이 있다. 현재의 탁한 태웅은 혜옥의 향수 어린 시선에 비치면서 "맑고 순수하고 정직한" 과거의 태웅으로 격상되는 것이다. 그래서 이혼을 하지 않고 현재의 일상적 삶이 그나마 유지될 수 있다. 만약 현재의 태웅의 탁함이 과거의 순수함이라는 가정법에 의해서 지탱되지 않는다면 혜옥의 결혼은 더 이상 유지될 수 없게 된다. 한때 있었다고 가정되는 실재가 현실의 결핍을 메워주는 것이다. 말하자면 관객은 혜옥의 위치에서 자신의 과거를 바라보고 있다. 이때 과거의 실재는 현실의 질서가 계속해서 유지되기 위한 변명이 된다. 여기에서 또 한 가지 논의되어야 하는 것이 현재의 탁함과 과거의 순수함의 변

---

17 이 점에서 김기덕의 〈빈 집〉(2004)은 하나의 흥미로운 임상적 사례를 제시한다. 주인공 태석이 방문하는 빈 집에는 결정적인 무엇이 한 가지씩 망가져 작동을 하지 않는데, 태석은 그것을 고쳐놓거나 제자리에 가져다두고 싶어한다. 그런데 우스꽝스럽게도, 바로 이러한 정상으로의 복귀가 가족의 일상을 망가뜨리는 끔찍한 사건을 야기한다. 가령 태석은 총알이 나가지 않던 망가진 비비탄총을 정성스럽게 고쳐놓는다. 그런데 그 사실을 알 리 없었던 아이는 여느 때와 마찬가지로 어머니에게 장난삼아 비비탄총 방아쇠를 당긴다. 그러자 발사된 비비탄은 어머니의 눈을 관통한다. 방아쇠를 당겨도 총알이 발사되지 않아야만 아이는 장난삼아 권총놀이를 즐길 수 있다. 비정상적이어야만 정상성이 유지될 수 있는 것이다.

증법적 관계에 관한 물음으로, 이것은 한편으로 앞서 논의되었던 육체자본과 욕설과 관련해서, 다른 한편으로는 중년 관객의 자기정체성과 관련해서 매우 중요한 의미를 지닌다. 먼저, 저항형의 학생이 졸업과 동시에 육체적 남성 공동체의 유대를 버리고서 중간계급을 향하여 걸어야 했던 신분상승의 오르막길, 또 하류계층의 아비투스를 포기하는 대가로 주어지는 중간계층의 아비투스를 상기해 보자. 태웅의 순수함은 주체와 타자가 하나로 통합되어 있었던 배타적인 남성 공동체적 육체, 아직 상징자본과 사회자본에 편입되기 이전의 육체자본, 사랑과 결혼으로 길들여지기 이전의 야성적 남성성의 후광을 입고 있었다. 여자가 침투함으로써 남성 중심의 유토피아가 일시에 디스토피아로 변질되어버린 것이다. 남성 공동체의 순수함을 희석시키고 분열을 조장하는, 매혹적이지만 동시에 치명적인 외부의 바이러스는 〈친구〉의 진숙, 〈말죽거리 잔혹사〉의 은주였다. 말하자면 남자는 여자를 위해서 하층계급적 남성공동체의 야성을 버리고서, 실재를 움켜쥐었던 이빨과 발톱을 자진해서 반납하고 사회적으로 길들여진 가장이 되었던 것이다. 달리 말해서 대심문관은 여자를 위해서 예수를 다시 십자가에 못 박지 않으면 안 되었다. 태웅의 덕함은 그가 가정을 위해서 치워야 했던 값비싼 대가였다. 물론 이러한 변증법의 전개는 남성 관객이 영화를 보면서 자기도 모르게 빠져드는 환상적 시나리오임에 틀림이 없다. 그럼에도 남성 관객이 자신의 숨겨진 진실과 대면하는—혹은 진실을 조직하는—계기는 이러한 환상 시나리오를 통해서 주어진다. 중류계급의 진리는 하류계층이며, 점잖은 사무원의 진리는 조폭이고, 펜의 진리는 칼이며, 남자의 진리는 여자라는 것이다.

그렇다면 실재의 향수나 환상의 시나리오의 진리는 무엇일까? 만약 "연애

하는 남자"에서 억압된 진리가 "섹스하는 놈"이며, 섹스하는 놈의 억압된 진리가 "씨발놈"이라면, 이러한 일련의 퇴행적 외설성의 최종적 버팀목으로서 "씨발놈"의 진리는 무엇일까? 계급의 경계는 물론이고 인간과 동물의 경계까지 해체되는 하향적 평준화의 성향, 혹은 궁극적으로는 무기질의 단계로까지 퇴행하려는 "죽음 충동"이 그것의 궁극적인 진리일까? 아니면 사회적 상징계의 수렁이며 버팀목으로서 실재일까? 하지만 지금까지 너무나 본질주의적으로 편향되었던 질문에 균형을 잡아주기 위해서 이렇게 거꾸로 질문을 되던질 수 있지 않을까? 왜 "씨발놈"의 진리는 "사랑하는 남자"이어야 하는가 하고? 필자는 〈말죽거리 잔혹사〉나 〈친구〉와 같이 비극적인 조폭 영화의 진리는 〈두사부일체〉(2001)와 같은 코미디 조폭 영화에서 찾을 수 있다고 생각한다. 또 영화의 내러티브의 관점에서, 환상적으로 근원을 재구성하는 복고풍의 플래시백의 영화가 아니라 근원이 지워져나가는 플래시포워드(*flash-forward*)의 영화, 혹은 과거로의 복귀가 실제로 이루어짐으로써 과거의 환상이 무너지는 영화가 답을 제공해 준다고 생각한다. 〈두사부일체〉는 이러한 요건을 만족시키면서 위의 질문에 대해서 탁월한 답변을 제시한다. 달랑 육체자본 하나로 성공한 건달 계두식은 이제 영동파의 두목이라는 위상에 걸맞은 언행을 갖추어야 한다. 경제자본에 상응하는 문화자본과 상징자본도 획득하여야 하며, 욕설 일변조의 언어도 최대한 순화되어야만 한다. 결국 그는 고등학교에 편입을 하게 된다. 여기서 그의 최대 과제는 평범한 학생이 되는 것이다. 육체자본과 관련해서 지금까지 온전한 존재였던 계두식이 문화자본의 요청 앞에서 아직 충분히 길들여지지 않은 미완성의 분열된 존재로 바뀐 것이다. 이때 그의 욕망의 진리는 "씨발놈"이 아니라 "사랑하는 남자"에 있다. 실제로 그는 같은 반의 짝

꿍인 윤주를 사랑하기 시작한다. 말하자면 주먹과 칼, 피만이 실재의 귀환을 알리는 배타적이며 독점적인 자리는 아니다. 칼과 펜, 피와 잉크, 남자와 여자는, 있다고 가정된 실재에 다다르기 위해서 주체가 정체성을 조직하는 다양한 방편들이다. 여기서 왜 남자의 진리가 여자이어야 하는가 하는 질문에 대해서는 정신분석학이 충분한 답변을 마련해 줄 수 있다. 하지만 조폭영화(의 관객)에서 상징자본의 진리가 왜 육체자본이 되어야 하는지, 또 중간계층의 진리가 왜 하류계층이어야 하는지는 아직 미지의 영역으로 남아 있다. 알렝 바디우(Alain Badiou)가 20세기 후반과 21세기의 새로운 전지구적 특징으로 진단했던 "실재에의 열망"이 하나의 유용한 시사점을 던져준다. 몸짱이나 얼짱 신드롬과 같이 육체에 집착하는 현상도 그러한 열망의 가시적 표현의 하나임에 틀림이 없다. 하지만 이러한 실재에의 열망이 왜 하류계층적 아비투스로 표현되어야 하는지에 대한 의문은 아직 탐사되지 않은 미래의 과제로 남아 있다.

덧붙이는 말

다시 말하지만 실재로서의 몸은 환상적으로 구성이 된다. 그렇다면 보이지 않아야만, 우리의 일상이 닿지 않게 아스라이 먼 거리에 있어야만, 몸은 화끈한 실재로서 위상을 계속 유지할 수가 있다. 그리고 보이거나 가까이 다가오는 순간 그만 환상이 깨지면서 실재의 몸은 평범한 몸으로 전락해버린다. 〈마지막 사무라이〉에서 왕이 등장하는 장면을 예로 들 수 있다. 커튼이 두텁게 드리워진 옥좌에 앉아 있는 왕의 모습은 처음에는 관객에게 보이지 않는다. 보이지 않기 때문에 상상할 수밖에 없는 왕은 시내산에서 내려오는 모세처럼 보통 사람과는 다른 신비한 위광을 두르고 있을 것이라고 가정이 된다. 그의 몸은 그냥 몸이 아니라 옥체, 그의 얼굴은 그냥 얼굴이 아니라 용안이기 때문이다. 하지만 커튼을 젖히고서 그의 모습이 드러나자마자 관객은 실망한다. 은연중에 상상했던 위대한 옥체가 아니라 우리와 다름없이 평범한 육체의 소유자에 지나지 않기 때문이다. 우리의 몸이 칼에 베이면 피가 나듯이 그의 몸도 언약하고 무기력하며 왜소해 보이는 것이다. 그래서 왕의 용안이 용안으로 유지되기 위해서는 성경의 하나님처럼 절대로 보이지 않아야만 한다. 이것이 한때 폭력계를 사로잡았던 조양은이나 김태촌과 같은 전설적 조폭 두목들에 대해서도 마찬가지이다. 눈덩이처럼 커지는 소문의 두터운 베일에 감싸여 있던 그들의 모습이 카메라에 잡히는 순간 우리는 실망하게 되는 것이다.

필자의 환상으로서 실재적 몸. 1970년대에 중고등 학창 시절을 보냈던 나에게 우리나라의 주먹계를 주름잡았던 조양은과 김태촌의 존재는 각별한 의미를 지니고 있었다. 당시에 그들이 단신으로 상대 조직의 아지트에 뛰어 들어가 생선회칼과 일본도, 쇠파이프 등을 휘두르며 다수의 상대를 제압했다는 섬뜩한 이야기들이 등골을 서늘하게 했다. 상대의 기선을 제압하기 위해 팔뚝이나 배에 칼을 긋고 죽음의 혈투도 농담처럼 가볍게 여긴다는 풍문들이 먹구름처럼 몰려오기도 했다. 그들은 나의 일상과는 너무나 동떨어진 일탈의 세계, 아무리 간덩이가 부어도 내가 감히 흉내 낼 수 없는 피와 주먹의 세계에 살고 있었다. 그만큼 그들은 신화적인 존재였다. 그들은 평범한 나와 달리 특별한 육체를 가지고, 강철처럼 깡과 오기로 다져진 육체는 총에 맞아도 죽지 않을 성싶었다. 그들은 공포와 외경의 대상이었다. 그러나 실제로 보여진 그들의 모습은 상상과는 너무나 거리가 멀었다. 나는 신문이나 텔레비전의 화면에 나타난 그들을 보고 적잖이 실망했으며, 형기를 마치고 출소하는 왜소한 모습에 다시 실망하였다. 그럼에도 이들에게는 내가 차마 상상할 수 없는 엄청난 깡과 배짱, 목에 칼이 들어와도 굽히지 않는 스파르타쿠스의 투혼이 있을 것이라고 막연하게 상상하고 있었다. 그래서 이들이 과거의 죄를 뉘우치면서 신학대학에 들어가고, 신앙 간증을 하면서 선교하는 모습을 보면서도 여전히 과거의 외경심을 조금은 간직하고 있었다. 덤불에 속에 숨어있는 독사처럼 그들의 그런 평범한 모습의 이면에는 여전히 무시무시한 무엇인가가 버티고 있다는 믿음을 잃지 않고 있었던 것이다. 그러면서 나의 너무나 평범하고 유약한 육체의 이면에—누가 알겠는가?—늑대나 표범이 웅크리고 있으리라고 막연히 상상하기를 좋아했다. 미운 오리새끼처럼 이 왜소한 육체가 나의 모든 것이라고 인정하기에는 뭔가 못내 억울하였다. 어쩌면 나도, 어느 날 갑자기 눈이 확 뒤집히고 수틀리는 순간 그때까지 내면에 웅크리고 있던 사나운 늑대가 으르렁거리면서 뛰어나올 수 있다고 믿고 싶었다. 누구에게도 보여주지 않았던 진짜 나의 모습은 실들여신 장아시가 아니라 야성의 늑대이어야 했다. 조양은과 김태촌의 존재는 그런 나의 야성을 증명해주는 보증수표이어야 했다. 그들이 여전히 전설이고 신화이어야 했던 이유이다. 하지만 마침내 신화의 허울이 완전히 벗겨지는 순간이 다가왔다. 그들(혹은 그들의 하나)이 동네 건달처럼 푼돈을 뜯거나 금품을 갈취하고 힘없는 약자에게 폭행을 가했다는 뉴스를 접하게 되었다. 곧 죽어도 '고'하고, 과거 주먹계의 두목으로서 절대 쪽팔리는 행동을 해서는 안 되었던 그들이 어느새 나처럼 평범하고 왜소한 소인배로 영락해 있었던 것이다. 품었던 환상의 콩깍지가 벗겨지자, 내가 감히 소유하지 못했다고 믿었던 그들의 야성적 육체는 지금까지 내가 소유하고 있던 왜소한 육체와 별반 다르지 않게 되었다. 차이가 있다면 도토리 키재기였다. 신화가 벗겨진 그들에게서 나는 한 시대의 종말, 아니 내 내면의 후미진 골목에 숨어있던 야성 늑대의 죽음, 실재로서 육체의 상실을 예감하였다. 나는 겉과 속 모두 야성을 잃고 철두철미하게 길들여진 강아지에 지나지 않았던 것이다.

나의 환상은 지리산에 호랑이가 있을까 하고 가끔 어리석게 자문해보기 좋아하는 나의 생리와 닮아있었다. 등산객의 발길이 한 번도 닿은 적이 없는 깊은 산속 지리산의 심장에 그곳의 정기로 근육과 발톱을 단련한 호랑이가 반드시 있을 것이라고 상상하기를 좋아했다. 신의 지문처럼 진짜 지리산은 지도에도 표시되지 않고 등산로가 뚫려 있지도 않으며 길을 잃고 조난당한 등산객의 마지막 숨결에 잠시 무지개처럼 비치다가 스러지는 그런 산이어야 했다. 우리가 1박2일 산행으로 쉽게 정복하고 비행기에서 한눈에 조망할 수 있는 지리산은 가짜 지리산이라고 생각되었다. 이것이 내가 난을 기르듯이 지리산의 환상을 키워가는 방식이었다. 조용필도 킬리만자로의 표범에서 그런 환상을 노래했었다. 동물원의 표범이 가짜 표범이듯이 우리가 익히 알고 있는 지리산은 가짜 지리산이어야 했다. 그렇다면 아프리카의 야생국립공원을 찾은 사람은 진짜 표범을 만날 수 있는 것일까? 물론 아니다. 비록 그 광활한 초원과 밀림을 가로지르면서 야수들이 뛰어다니기는 하지만 여전히 공원이라는 사실에는 변함이 없기 때문이다. 그렇다면 우리는 진짜 표범을 절대로 경험할 수가 없다는 말이 된다. 진짜 지리산은 다만 상상될 수 있을 따름이다. 실제로 지리상에 존재하고 있는 지리산의 제일원인, 혹은 궁극적 보증자로서 상상되는 것이다. 그러한 실재의 보증이 있기 때문에 지리산은 비로소 지리산일 수가 있다.

구약에서 야훼의 몸을 볼 수 없었던 이유도 거기에 있다. 다름 아니라 존재하거나 보이지가 않기 때문에 모든 존재하고 보이는 세속적 현상들의 제일원인이면서 보증일 수가 있는 것이다. 나의 몸도 마찬가지이다. 어디엔가 나의 내면에 야생의 늑대가 있다는 환상을 잃지 않고 있기 때문에 나는 강아지로서라도 살아갈 수 있는 힘을 얻는다. 내 존재의 생명줄은 그렇게 존재하지 않는 환상에 매달려 있는 것이다.

예술과 외설

12장

포르노를 어떻게 볼 것인가?

〈쇼걸〉(Showgirls, 1995)이라는 영화의 포스터가 예술과 외설에 대한 논의의 훌륭한 출발점이 될 수 있다. 전형적인 할리우드풍의 흥행 영화로 극장을 나서자마자 내용은 잊혀지지만, 정작 그 포스터는 영화를 보지 않은 사람들의 기억에도 끈끈하게 달라붙어서 쉽게 지워지지를 않는다. 우리는 포스터의 이미지에 사로잡히는 것이다. 그 이유를 짐작하기는 어렵지 않다. 시각의 욕망(*appetite of the eyes*), 시각충동(*scopic drive*), 혹은 절시증(*scopophilia*)이 생물학적이면서 지극히 문화적인 방식으로 구현되어 있기 때문이다. 가령 생물학적 환원론자에게 여자의 존재가 생식기 하나로 환원될 수 있다면 〈쇼걸〉의 포스터에서 여자의 몸은 매끈한 다리 하나로 압축된다.[1] 늘씬한 몸매와 다리에 집착하는 현대의 문화적 코드가 입력되어 있는 것이다. 물론 포스터에는 그 이상의 무엇이 있다. 포스터에서 지나 거숀(Gina Gershon)은 두 다리가 아니라 한 다리로 땅을 디디고 서 있다. 그녀의 한쪽 다리가 위로 계속 뻗어나가서 가

---

1 〈쇼걸〉의 포스터의 기본적 개념은 William Ewing, ed. *The Body: Photographs of the Human Form*, San Francisco: Chronicle Books, 1994의 표지에도 활용되었다.

슴을 지나 이윽고 얼굴에까지 이어지도록 몸의 나머지 부위가 짙은 암영으로 숨겨진 것이다. 그래서 《독일 이데올로기》(*The German Ideology*)에서 맑스(Karl Marx)가 진단했던 인간 존재와 그것의 조건이 뒤바뀐 전복의 논리가 포스터 이미지에도 적용된다. 실제로는 두 다리로 서 있음에도 불구하고 지나 거숀은 한 다리로 서 있는 듯이 보인다. 그리고 이데올로기적 각인처럼 왜곡된 이미지가 지워지지 않는 인상으로 기억에 굳어진 것이다. 그만큼 시각 충동을 크게 자극하였던 셈이다. 여기서 포스터가 여자의 몸매를 상업화하거나 그릇된 이미지를 제공하였다고만 생각해서는 안 된다. 오히려, 여자의 몸을 물리적으로 왜곡시켜 재현함으로써 포스터는 여자의 몸에 관한 남자들의 심리적 진실을 의심의 여지없이 명료한 시각적 언어로 보여주었다고 말해야 옳다. 따라서 다음과 같은 일련의 질문들이 제기될 수 있다. 남자는 여자의 몸에서 과연 무엇을 보는 것일까? 왜 남자는 여자의 몸에 시각적으로 매료되는 것일까? 〈쇼걸〉의 포스터는 이 질문에 대한 답을 이미 마련해놓고 있다. 먼저, 포스터는 성적인 존재로서 여자 몸의 굴곡과 다리, 가슴을 강조하기 위해서 나머지 부분을 암영으로 처리해버렸다. 성을 보기 위해서는 나머지 부분을 보지 말아야 하는, 망막 상 암점(*scotoma*)의 논리를 이 포스터 보다 더욱 선명하게 보여줄 수 있을까. 남자는 여자의 존재를 희생(무시)하는 대가로서 여성의 성을 발견하는 것이다. 이때 다행스럽게도 포스터의 여자는 그러한 남자의 시선을 거부하지 않는다. 바람둥이 남자와 바람둥이 여자의 전형적인 관계가 제시되어 있는 것이다. 하지만 〈쇼걸〉의 포스터가 그러한 성적 공모 관계를 단지 시각적으로 재현하는 데 그쳤다고 생각해서는 안 된다. 포스터는 남성적 시선이 지나 거숀에 닿기 훨씬 이전에 이미 그러한 시선을 선취하고 그녀의

〈쇼걸〉(Showgirls, 1995) 포스터

몸을 페니스의 대리보충으로 변형시킴으로써, 숨거지고 미화되어야 할 남성적 시선의 성격을 뻔뻔스럽고 적나라하게 보여주었다는 점에서 메타담론적이다. 말하자면 포스터는 절시증이나 페티시즘의 증상이라기보다 진단과 치유, 시각적 욕망의 현장보다는 정신과의사의 상담실에 훨씬 가까워진다.

〈쇼걸〉에서 쇼걸은 "보여주는 여자", 노출하는 여자라는 의미를 담고 있다. 자기가 원하는 대로 쇼걸을 보고 있다고 생각하는 남성 관객은 스스로 착각을 하고 있는 셈이다. 보고 있는 주체는 그가 아니다. 그는 보여주는 노출증의 유혹에 걸려들었을 따름이다. 말하자면 그는 절시증이라는 존재론적 결함

—맑스가 말하는 이른바 존재의 가장 취약한 연결 고리—으로 인해서 쇼걸의 노출증에 희생된 것이다. 〈정글북〉(The Jungle Book, 1967)에서 뱀의 유혹의 시선에 의식이 마비된 모글리(Mowgli)처럼 쇼걸의 이미지를 보는 순간 그에게는 순간적으로 자신을 상실하는 탈주체화의 현상이 일어난다. 물론 상실과 회복의 변증법에 맞물려 있지만 말이다. 그렇다면 여기 〈쇼걸〉의 포스터와 더불어서 물어야 하는 질문은 심리적이면서 인식론적이고 미학적이라 할 수 있다. 우리는 무엇을 보는가? 왜 보는가? 또 그림이나 이미지는 무엇을 보여주는가? 그림은 대상의 정확한 재현인가? 특히 예술작품과 포르노는 어떻게 다른 것일까? 이 글에서 필자의 궁극적인 관심은 시각 충동과 관련해서, 라캉(Jacques Lacan)의 응시이론의 관점에서 마지막에 제기된 질문에 대한 대답을 준비하려는 것이다. 영미문화권에서 1970년대 이후로 포르노와 대중문화, 페미니즘, 예술의 관계를 묻는 연구가 붐을 이루고 있는 상황을 생각할 때, 필자가 제기하는 물음은 우리나라에서도 진지한 성찰을 요한다고 할 수 있겠다.[2]

미학의 역사는 대상을 바라보는 주체의 쾌감과 불쾌감의 반응을 이론화하려는 일련의 시도라 할 수 있을 만큼 시각적 욕망은 미학의 본질적인 부분을 차지한다. 가령 미학의 가장 중요한 개념쌍인 아름다움과 숭고의 차이는 전적으로 쾌감과 불쾌감의 정도에 의존한다. 처음부터 주체에게 쾌감이라는 단일 감정을 유발하는 대상이 아름다움이라면, 처음에 느꼈던 불쾌감을 나중에는 정반대의 쾌감으로 바꿔놓는 대상이 숭고로, 전자에 비해서 후자는 복합적이

---

2 여성의 누드를 소재로 예술과 외설의 경계를 비롯해서 성적 재현의 문제를 논하는 것은 매우 조심스러운 일이다. 특히 필자처럼 남성 화자인 경우에는 더욱 더 그러하다. 이 글에 전경화되어 있는 필자의 성적 정체성(이성애자이며 성인 남자)으로 인해서 여성과 동성애자의 관점이 철저하게 배제되어 있음을 밝혀두어야 하겠다.

며 감정의 진폭이 지극히 크다. 관념적이기는 하지만 칸트(Immanuel Kant)의 미학에 있어서도 사정은 크게 다르지 않다. 아름다운 대상이 오성(*Verstehen*)의 질서와 조화를 이루면서 상상력을 만족시키지만, 숭고한 대상은 상상력의 한계를 위협하고 초월함으로써 주체에게 불쾌감을 야기한다. 말하자면 처음에 숭고는 "상상력의 부적합성"(*die Unangemessenheit*), 지각된 대상을 파악하지 못하는 상상력의 무능력과 불완전성, 무자격성을 드러내는 것이다. 하지만 이런 상상력의 실패는 이성(*Vernunft*)의 존재를 긍정하는 계기로 전환되면서 불쾌감은 곧 쾌감으로 바뀌게 된다. "가장 커다란 감각적 능력도 부적절하다는 판단은 곧 이성의 이념이 존재한다는 판단이기 때문에 쾌감이 야기되는 것이다." 칸트에게 아름다움이 감각적 쾌감이라면 숭고는 초감각적 쾌감, 전자가 오성의 쾌감이라면 후자는 이성의 쾌감, 라캉의 용어로 전자가 상징계적이라면 후자는 실재계적이다.

상상력과 오성이 과연 무엇에 대해서 부적합하다는 것일까? 앙리 푸앵카레(Jules Henri Poincaré)의 카오스 이론을 예로 들어 설명할 수 있다. 그가 처음 카오스의 수학적 의미에 대해서 관심을 갖게 되었을 때 "이들 현상이 너무나 기괴해서 생각조차 하기 싫었"지만, 나중에 수학적으로 규명되면서 카오스에서도 아름다움을 발견하게 되었다고 한다.[3] 카오스에 대해서 처음에 느꼈던 불쾌감은 이것이 기존의 수학으로 이해되거나 설명될 길이 없었다는 사실에서 유래하였다. 지각되는 대상으로서 카오스와 상징계의 질서(코스모스)가, 다시 말해서 직관의 내용과 오성의 범주가 서로 일치하지 않는 것이다. 이때 푸

3 Oliver Sacks, "Scotoma: Forgetting and Neglect in Science" in *Hidden Stories of Science*, ed. Robert Silvers, New York: New York Review of Books, 2003, p.164.

코레조(Correggio)의 〈다나에〉(Danae)

앵카레는 정작 대상을 바라보면서도 무엇을 보는지 알 수 없는 지적 불안과 감정적 불쾌를 경험하게 된다. 그래서 카오스는 추한 것으로 보일 수밖에 없다. 하지만 나중에 그가 카오스를 거대한 질서의 일부로 포괄할 수 있을 정도로 수학 이론의 영역을 확대 재구성하였을 때 예전에 감히 경험할 수 없었던 새롭고 놀라운 지적 쾌감이 도래한다. 똑같은 대상임에도 불구하고 사유의 장이 바뀌면서 불쾌의 반응이 쾌감으로 바뀐 것이다. 그러나 이러한 반응의 변화가 오성으로 이해할 수 없는 숭고한 대상으로만 한정된다고 생각할 필요는 없다. 니체(Friedrich Nietzsche)처럼 상대주의적 미학에 따르면 아름다움과 추함은 대상 자체나 인간 오성의 속성에서 유래하는 성질이 아니라 상황이나 문화에 의존적이다. 가령 언뜻 보기에 아름다웠던 버섯이 독버섯에 속한다는 사실을 발견하는 순간에 불길하게 느껴질 수 있다.

그렇다면 예술과 포르노의 구별은 어떻게 되는 것일까. 칸트는 예술에서 유래하는 쾌감은 감각적이거나 관능적인 것이 아니라 차분한 관조의 쾌감이라고 보고, 또 미학적 거리를 두고서 대상의 형식을 자유롭게 관조하기 때문에 대상을 소유하거나 전유하려는 욕망과 이해가 관여하지 않는다고 주장하였다. 아름다움은 욕망을 자극하는 것이 아니라 욕망을 억제하고 진정시키는 것이다. 이 점에서 《누드》(*Nude*)의 저자로 유명한 영국의 미술사가 케네스 클락(Kenneth Clark)의 다음과 같은 진술은 매우 칸트적이라고 할 수 있다.

> 코레죠(Correggio)의 〈다나에〉(Danae)와 같은 그림에서 성적인 느낌은 질적으로 변형되었다. 관능성으로 인해서 그 그림을 더욱 즐길 수 있다는 사실은 의심할 수 없지만, 그럼에도 우리는 관조의 영역에 머물러 있다. 하지만 폼페이의 포르노적 벽화는 전혀 예술이 아니다.[4]

클락은 코레죠의 다나에가 감상자에게 관능적인 쾌감을 준다는 사실을 애써 부인하진 않는다. 하지만 포르노 벽화와 달리 조각의 관능미는 감상자에게 소유하고 싶은 욕망을 자극하지는 않는다. 여기서 플리니우스(Gaius Plinius

---

4 Lynda Nead, "The Female Nude: Pornography, Art, and Sexuality", *Signs*. 15/2 (Winter 1990), 329에서 재인용.

Secundus)가 《박물지》(*Natural History*)에서 묘사하였듯이, 고대 로마인들이 밤중에 광장으로 나가서 프락시텔레스(Praxiteles)의 육감적인 비너스 여신상을 상대로 욕망을 해소하기도 하였다는 사실을 잠시 상기할 필요가 있다. 감상자의 욕망을 자극할 뿐 아니라 행동으로 해소하도록 선동하는 작품은 예술이라 불릴 수 없는 것이다. 행동을 자극하는 순간, 《사드적 여자와 포르노의 이데올로기》(*The Sadeian Woman and the Ideology of Pornography*)에서 안젤라 카터(Angela Carter)의 유명한 표현을 빌리면 "성교의 프로파간다"가 되는 순간, 그것은 예술로서의 진정한 성격을 박탈당한다. 진정한 예술이라면 감상자가 재현된 여체를 향해서가 아니라, 회화의 표현 기법이나 전통, 형식, 배치, 색상 효과 등에 관심을 기울이도록 만들어야 한다. 그러면서 다나에가 육감적인 여성의 재현이라는 사실은 부차적으로 된다. 중요한 것은 여자의 나체라는 그림 외적인 현실이 아니라 구도와 색상과 같은 그림 내적인 요소들로, 예술은 외적인 정열을 평온한 내적 성찰과 관조의 활동으로 변형시키는 놀라운 힘을 가지고 있다. 걷잡을 수 없는 정욕이 관조로 승화되는 것이다. 이 점에서 다나에의 누드에 대한 클락의 반응은 카오스에 대한 푸앵카레의 이단계적 반응과 무관하지 않아 보인다.[5] 나체를 보고는 반사 신경적으로 욕망에 휩싸였던 주체는 곧 그것이 뛰어난 예술작품이라는 사실을 발견하고 미적 관조의 단계로 이동하는 것이다. 실제 나체—카오스—에 자극된 거친 정욕이 예술의 장으로 바뀌어 재현되면서 관조로 변형되는 것이다. 현실에서 불길한 독버섯도 화가의 화폭에 옮겨지면 아름답게 경험될 수 있다고 할 수 있다.

---

5 숭고의 이단계적 반응에 대해서는 김종갑, "숭고의 이데올로기: 초월성과 물질성", 〈비평과 이론〉 4호(1997): 183~209를 참조하기 바람.

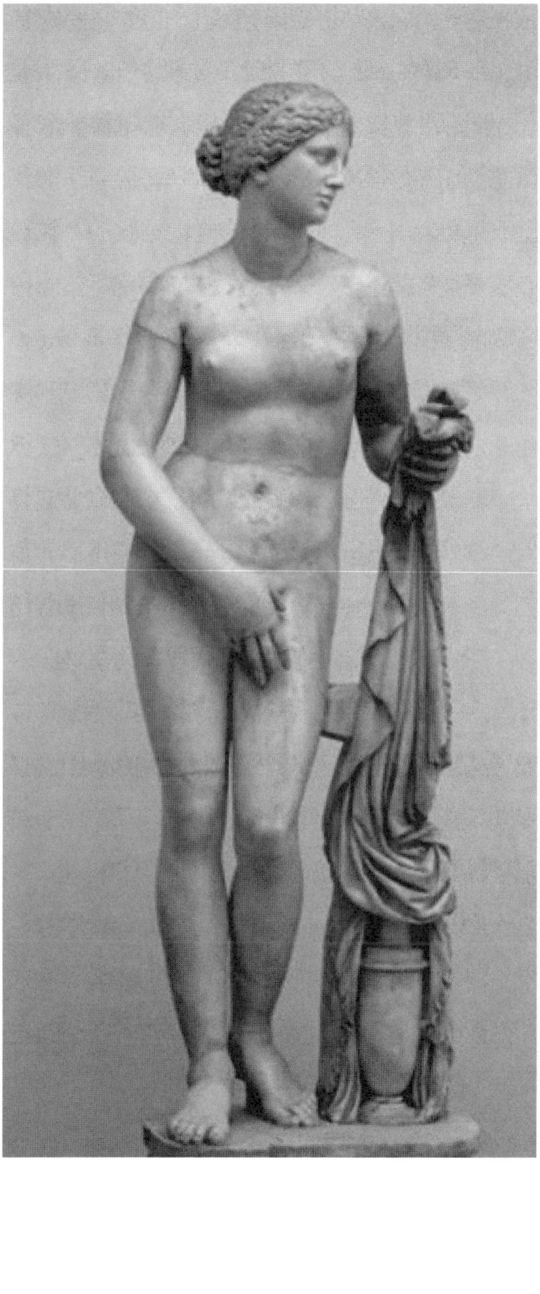

프락시텔레스(Praxiteles)의
육감적인 비너스 여신상

예술과 포르노의 차이에 대한 클락의 정의는 관조와 행동의 차이를 통해서 이루어진다는 점에서 "포르노는 이론이고 강간은 실천이다"(*Pornograpy is the theory, and rape is the practice*)라는 로빈 모건(Robin Morgan)의 유명한 주장과 같은 맥락에 있다. 예술이 시각적 자극을 관조로 내면화한다면 포르노는 자극을 행동으로 외면화한다. 외적 자극이 사유의 매개로 거치는 대신에 단락된 회로망처럼 곧장 행동으로 발산하도록 부추기는 재현물이 포르노이다. 반면 예술은 행동이 아니라 사유와 관조를 자극해야 한다. 그렇다면 예술과 포르노의 구별은 작품 자체에 내재하는 것이 아니라 감상자의 반응에 따라서 결정된다고 할 수 있다. 관조와 행동에 입각한 구분은 예술과 포르노의 뚜렷한 경계를 약속하는 듯이 보이지만 실제로는 그러한 구분의 객관성을 의심스럽게 만드는 것이다. 예컨대 똑같은 로마의 비너스상임에도 불구하고 감상자에 따라서 자위를 유발하기도 하고 관조의 기쁨을 선사하기도 한다. 도입부에서 언급했던 〈쇼걸〉의 포스터는 한편으로 포르노적이지만 다른 한편으로는 메타포르노적이기도 하다. 또 경험하는 상황의 변화에 따라서 동일한 대상도 상반된 반응을 야기할 수 있다. 가령 적나라하게 성을 묘사한 그림이라 하더라도 의학서적에 실려 있으면 해부학적 지식의 대상이 되지만 책에서 찢겨나가 화장실에 붙여지면 포르노와 마찬가지의 반응을 자극한다.

그렇지만 시각적 자극으로부터 행동의 반응이라는 명제는 해답보다는 더욱 많은 문제를 안겨다준다. 무엇보다도 감상자는 시각적으로 재현된 대상으로서 비너스가 실제 여자가 아니라는 사실을 너무나 잘 알고 있다. 그럼에도 부인할 수 없는 사실은 그가 육감적인 여자의 유혹에 실제로 직면한 듯한 반응을 보인다는 것이다. 또 루소(Jean Jacques Rousseau)처럼 가볍게 스치는 사소한 인상 하나만으로도 억제할 수 없이 강한 성적 자극을 받을 수 있다. 과연 무엇에 자극이 되는 것일까? 가장 손쉬운 대답의 하나는 부재하는 대상을 현존하는 듯이 의식으로 불러내는 상상력의 작용에서 찾을 수 있다. 상상력의 결정체로서 예술은 세계를 실재보다 더욱 아름답고 매력적으로 화폭에 옮겨 놓는다. 하지만 여전히 문제는 남는다. 과연 대상의 무엇에 의해서 자극이 되는 것일까? 물론 직간접적으로 자극되는 것이 성적 본능이나 충동, 욕망이라는 점에는 이견이 있을 수 없다. 하지만 재현된 대상의 무엇이 충동을 자극하는 것일까? 이러한 질문이 필요한 이유는 페티시즘의 성격과 무관하지 않다. 감상자는 자신이 재현된 대상을 바라보고 있음을 분명하게 의식하고 있다. 그는 자신이 무엇을 하고 있는지 충분히 알고 있는 것이다. 그럼에도 그는 전혀 모르는 듯이 반응하고 행동을 한다. 여기에 의식의 단락이 있다. 의식의 단락(段落)이 연결되는 대신 단락(短絡)되어 있으며, 자기가 그림을 보고 있다는 의식의 흐름이 갑작스레 단절되면서 돌출적으로 행동이 뛰어나오는 것이다. 그래서 그는 자기가 무엇을 보고 있는지 모르는 상태에서 행동을 하게 된다. 이것이 포르노의 세계이다. 그러나 예술에서는 의식의 단절이 일어나지 않는다. 처음부터 끝까지 감상자는 자신이 실제 대상이 아니라 작품을 감상하고 있다는 사실을 망각하지 않는다. 그러면서 의식은 점점 깊이를 더하면서 철학적 관조의 자세로 성숙하게 된다. 이때 미학적 · 철학적으로 훈련된 감상자는 포르노를 바라보면서도 예술작품을 대하듯이 의식의 흐름에 단절이 생기지 않을 수 있다. 갑작스런 외부의 충격으로 위기에 처한 의식(오성)은 더욱 커다란 의식(이성)으로 거듭나는 숭고를 경험할 수 있기 때문이다.

포르노반대론의 대표적 인물인 드워킨(Andrea Dworkin)은 매키넌(Catherine

Mackinon)과 작성한 1983년의 미네소타 조례에서 포르노를 "그림이나 언어로 적나라하게 묘사함으로써 여성을 노골적으로 성에 예속"시키는 작품들이라고 정의하였다. 그림으로 적나라하게 묘사된 성과 관련해서 위의 질문을 반복하기로 하자. 우리는 재현된 성의 무엇에 의해서 자극되는 것일까? 우리는 과연 무엇을 보는지 충분히 알며 의식하고 있는 것일까? 또 의식의 단락은 어떠한 성격을 갖는 것일까? 가장 고전적인 진술의 하나는 프로이트(Sigmund Freud)의 《문명 속의 불만》(*Das Unbehagen in der Kultur*)에서 발견된다.

> 불행히도 정신분석학 역시 미에 대해서는 할 말이 거의 없다. 분명해 보이는 것은 미가 성적 감각의 영역에서 유래한다는 것뿐이다. 미에 대한 사랑은 목적 달성이 금지된 충동을 완벽하게 보여주는 예처럼 보인다. "미"와 "매력"은 원래 성적 대상의 속성이다. 그러나 성기를 보는 것은 언제나 자극적이지만, 성기 자체는 아름답다고 평가될 때가 거의 없다는 사실은 주목할 만하다. 미의 속성을 갖고 있는 것은 성기가 아니라 어떤 부차적인 성적 특징인 것이다.[6]

클락과 마찬가지로 아름다움에 대한 프로이트의 관점은 철저하게 칸트적으로, 아름다운 다나에 그림이 성욕을 해소해 주지는 않는다는 점에서 아름다움은 목적 달성이 금지된 성충동이다. 하지만 이것은 포르노에 대해서도 마찬가지이다. 포르노도 성욕의 목적을 충족시켜주지는 않는다. 여기서 우리가 주목해야 하는 대상은 성기이다. 아름답지는 않지만 성기는 매우 자극적이다. 그러면서도 또 다른 한편으로는 아름다움과 전혀 무관하지는 않다. 이처럼 아

---

6 프로이트, 《문명 속의 불만》, 김석희 옮김, 열린책들, 1998, 265~266쪽.

름다움과 자극, 성기는 서로 애매모호한 관계에 놓여있는데, 프로이트는 이에 대해서 더 이상의 대답을 시도하지 않았다. 하지만 그의 성기 묘사만큼 페티시즘적 분열의 훌륭한 예를 보여주는 글을 어디에서 찾을 수 있을까. 성기가 아름답다고 생각하지는 않지만 자기도 모르게 강한 자극을 받는 것이다. 그러면서 의식과 행동에, 대상의 미와 추를 보고 판단하는 의식의 주체와 대상에 반응하는 행동의 주체 사이에 균열이 생기게 된다. 행동의 말을 능동적으로 앞서 끌어가야 할 의식의 마부가 뒤에서 말에 의해 수동적으로 끌려가고, 관조로 성숙해야 하는 의식은 성적 충동의 노예가 되어버린다. 이러한 주객의 전도 현상을 니체는 다음과 같이 표현한 적이 있다. "심연을 오래 바라보고 있으면 나중에는 심연이 우리를 바라보기 시작한다."[7] 카오스를 깊숙이 바라보았던 푸앵카레는 자신의 마음도 카오스처럼 혼란스러워졌다고 고백하였다. 카오스가 그를 깊숙이 끌어당기고 있었던 것이다. 흔히 만화에서는 놀란 사람을 묘사할 때, 대상의 강한 흡인력이 그의 눈을 앞으로 튀어나올 정도로 잡아끄는 모습으로 그려지곤 한다. 여기서 바라보는 주체와 대상의 자리가 뒤바뀌게 된다. 대상을 바라보고 있었던 사람이 나중에는 대상에 의해서 보여지는 것이다. 라캉은 이러한 대상을 응시라고 명명하였다. 성기는 응시이다. 응시가 나의 시선을 삼키는 것이다.

여성의 성기를 바라본다고 생각하는 남성 주체는 거꾸로 성기에 의해서 보여지며 사로잡힌다고 말해야 옳다. 그는 자신이 정작 무엇을 보고 있는지도 모르면서 어쩔 수 없이 대상으로 빨려드는 것이다. 이 대상이 정확하게 사실

7 Friedrich Nietzsche, *Jenseits von Gut und Böse*. *Nietzsche Werke: Kritksche Gesamtausgabe*. Vol. 6~2, Berlin: Walter de Gruyter & Co, 1968, p.89.

카라바조(Caravaggio)의 〈바커스〉(Baccus)

주의적인 그림이나 사진으로 재현되어있는지의 여부는 중요하지 않다. 사실적 재현의 관점에서 접근할 수 없는 이유는 바라보는 주체가 보고서 아는 의식의 주체가 아니기 때문이다. 《정신분석의 4가지 기본 개념》(*The Four Fundamental Concepts of Psychoanalysis*)에서 라캉은 고대 희랍의 유명한 화가였던 파라지오스(Parrhasios)와 제욱시스(Zeuxis)의 미술경연대회의 일화를 소개한 적이 있다. 솔거의 〈노송도〉를 방불케 하는 설화로, 제욱시스가 그린 포도송이는 매우 사실적이어서 심지어 새들이 날아와 부리로 쪼아 먹으려고 했다. 그러나 라캉은 카라바조(Caravaggio)의 〈바커스〉(Baccus) 그림처럼 만약 포도가 사실적으로 재현이 되었다면 새들은 속지 않았을 것이라고 주장하였다. 그렇다면 새들은 왜 속았던 것일까? 라캉은 이 질문에 대해서 대답을 하지 않았지만, 새들이 우리 인간과 똑같은 시각의 장에 놓여있다는 가정을 포기하는 순간에 대답은 의외로 단순해진다. 물고기가 낚시에 달린 가짜 미끼나 양철조각이 진짜 먹이인 줄 알고서 덥석 낚아챈다는 것은 낚시꾼들에게 잘 알려진 상식이다. 고등어는 양철조각이 먹이와 외형이 비슷해서 미끼를 무는 것이 아니다. 벅이가 물속에서 움직일 때 비늘에 반사되어 번득이는 빛의 성질을 양철 조각이 띄고 있기 때문에 미끼를 물게 된다. 대상의 사소한 특징 하나가 고등어를 자극하는 것이다. 달리 말해서 번득이는 빛의 응시에 사로잡히는 것이다. 가시고기의 경우에, 수컷은 번식기가 되면 배가 빨갛게 변하는 반면에 암컷은 배가 풍만해진다고 한다. 이때 풍만한 배의 암컷을 보면 수컷은 본능적으로 구애의 춤을 춘다고 한다. 배가 불뚝하기만 하다면 나무막대기라도 상관이 없다. 그러나 빨간 색을 가진 막대기에 대해서는 수컷 경쟁자로 간주하고서 맹렬하게 공격을 가한다.[8] 말하자면 욕망을 자극하는 것은 대상 전체가 아니라 대상의 일부분이다. 재현의 관점에서 벗어나야 하는 이유가 여기에 있다. 비너스의 석상이 사실적으로 여성의 성을 충실하게 재현하였기 때문에 로마의 남자들이 성적으로 자극되었던 것은 아니다. 전형적인 예로서 큐피드의 화살이나 사랑의 미약을 생각해 보라. 셰익스피어(William Shakespeare)의 《한여름 밤의 꿈》(*A Midsummer Night's Dream*)에서 미약이 눈에 들어간 티타니아(Titinia)는 처음 보는 상대와 무조건적으로 사랑에 빠진다. 그래서 당나귀 머리를 한 보텀(Bottom)을 보고서 첫눈에 그만 반해버린다. 도대체 티타니아는 무엇을 보았던 것일까. 그녀는 사랑=맹목(눈먼 사랑)의 전형을 보여준다. 보면서도 보지 않았기 때문에 사랑에 빠졌던 것이다. 그렇다면 여기서 우리는 두 개의 상이한 시각의 장을 생각해볼 수 있지 않을까. 대상을 보고 아는 시선의 장과 그렇지 않은 응시의 장, 달리 말해서 의식의 장과 무의식의 장으로 나뉘지 않을까. 또 페티시즘적 분열도 여기에서 유래하지 않을까.

카라바조의 〈바커스〉에 사실적으로 재현된 포도와 제욱시스의 포도는 서로 다른 시각의 장을 차지하고 있다. 전자의 포도가 보인다면 후자의 포도는 응시된다고 말해야 옳다. 사실적인 나체 사진과 외설적인 나체 사진의 경우에도 마찬가지이다. 여기서 우리는 두 개의 상이한 시각의 장이 구성되며 작동하는 방식에 대해 잠시 생각할 필요가 있다. 뉴턴(Sir Isaac Newton)의 《광학》(*Optics*)과 괴테(Johann Wolfgang von Goethe)의 《색체론》(*Zur farbenlehre*)이 출판된 이후로 철학자들과 과학자들, 최근에는 신경학자들이 빛과 색채, 시선에 대해서 깊은 관심을 표명하였다. 특히 자연적 언어의 가설과 비슷하

---

8 가시고기의 예에 대해서 매트 리들리의 《본성과 양육》, 김한영 옮김, 김영사, 2003, 79쪽을 참조하기 바람.

게, 인간에게 보편적이며 생득적이고 자연적인 시선이 있는지의 여부가 관심의 초점으로 떠올랐다. 장님으로 태어났다가 어른이 된 다음에서야 수술 받아 개명한 사람도 정상적인 사람들과 똑같이 사물을 인식할 것인가? 만약 대답이 긍정적이라면 인간의 봄은 문화적이 아니라 자연적이며 실재계적이라는 결론이 나온다. 그러나 대답은 부정적이었다. 시각도 언어와 마찬가지 상징계적으로 작용한다는 것이었다. 배우지 않은 외국어를 처음 들으면 유의미한 소리가 아니라 혼란스런 소음으로 들리듯이, 보는 법을 배우지 않았던 사람에게는 세계가 카오스로 보이게 된다. 정상적인 사람에게 너무나 분명한 컵이 그에게는 윤곽과 형체가 불분명하고 모호할 뿐 아니라 대상의 어디에 초점을 맞춰야 할지 모르기 때문에 당황한다고 한다.[9] 칸트의 유명한 명제를 빌리면 개념이 없는 직관은 맹목이다. 자연의 소리를 인위적으로 분절하지 않으면 언어가 성립하지 않듯이 공간도 시각적 스키마(*schema*)에 따라서 분절되어야만 유의미한 시각의 장이 구성될 수 있다. 대상과 배경, 질료와 형상, 위와 아래, 좌와 우 등의 시각 문법에 따라서 우리는 사물을 바라보게 되는 것이다. 언어가 차이의 체계라면 시각도 마찬가지로 차이의 체계에 의존하고 있다. 예컨대 카라바조의 〈바커스〉에서 우리는 무엇을 보는가. 우리는 머리를 꽃으로 장식하고 흰 가운을 몸에 걸친, 오른쪽 가슴과 어깨가 드러난 청년을 바라본다. 이처럼 대상은 차이의 체계, 특히 성적인 차이의 체계에 따라서 보인다. 대상이 올바로 지각되고 이해되기 위해서는 차이의 체계에서 벗어나는 부분들은 간단히 무시되거나 간과되지 않으면 안 된다. 가령 그림 속의 인물을 남자로 인식하기

9 Maurice Merleau-Ponty, *Phenomenology of Perception*, tr. Colin Smith, London: Routledge, 1962, p.223.

위해서는 바커스의 지나치게 화려한 머리 장식이나 여성적 표정 및 포즈가 분명하게 의식되지 말아야 한다. 만약 의식한다면 바커스가 양성의 소유자라는 관점에서 그림을 새롭게 보아야 할 것이다. 그렇다면 응시의 장은 어떻게 이루어지는 것일까? 이 질문은 개념적으로 분절되기 이전의 소리나 칸트의 물자체, 혹은 라캉의 실재에 비추어서 유추될 수 있다. 상징계적 질서에 의해서 대상과 공간이 분절되지 않으면 눈뜬장님과 마찬가지로 우리는 보면서도 무엇을 보는지 알지 못한다. 하지만 상징적 질서의 부재라는 명제만으로는 응시의 현상이 설명되지 않는다. 여기서 우리는 주체가 상징적 질서로 접어들면서 단절되었던 자연과의 관계, 지식과 의식의 통일성을 확보하기 위해서 희생하였던 유기적 존재와의 관계에서 문제에 다시 접근할 필요가 있다. 라캉이 강조하였듯이 상징계에 접어들기 위한 필연적인 전제 조건은 주체의 존재 상실이라는 대가이다. 물자체의 세계와 단절됨으로써 언어가 성립할 수 있듯이 유아도 어머니와 존재론적 합일로부터 분절되고 분화되어야만 비로소 상징적 주체로 거듭날 수 있다. 주체의 탄생은 존재론적으로 값비싼 희생을 치러야 하는 것이다. 《문명 속의 불만》에서 프로이트가 언급했던, 우주와 주체가 일체화되는 범우주론적 느낌(*oceanic feeling*)도 차이의 체계인 상징계에서는 더 이상 들어설 자리가 없다. 상징계는 존재론적으로 구멍이 뚫려있는 것이다. 의미론적 분리와 차이는 있지만 존재론적 통합과 합일은 없으며, 실명적 개별화는 있지만 익명적 미분화는 없다고 할 수 있다. 후자의 관점에서 바라보면 상징계는 있음이 아니라 없음의 장이며, 의미의 충일과 존재의 충일은 서로 배타적인 관계에 놓여있음을 알 수 있다. 주체는 자신의 근거로부터 폭력적으로 단절된 것이다. 여기에서 상징계의 구멍은 전혀 예기치 않은 순간에 우발적으로 돌출할 수 있다. 카라바조의 〈바커스〉에서도 남자와 여자의 성적 차이가 각인되면서 지워지고 또 그러면서 각인된다는 점에서 상징계적 틈새를 가진다. 여자와의 차이를 통해서 개념적으로 존재하는 남자가 그림 속에는 부재하는 것이다.

상징계와 실재계의 차이는 무엇보다도 에로티시즘에 대한 관계에서 극명하게 드러난다. 《에로티시즘》(*Erotism: Death and Sensuality*)을 쓴 바타유(Georges Bataille)에 의하면 에로티시즘은 경계의 생성 및 소멸, 설정 및 위반과 불가분의 관계를 가지고 있다. 어머니 몸의 일부였던 존재가 개체로 분화되었다가 다시 더 큰 전체로 통합화하려는 주체의 움직임이 에로티시즘의 본질을 이루고 있다. 특히 시각의 장은 에로티시즘으로 삼투되어 있다고 말해도 과언이 아니다. 차이의 체계를 통해서 시각의 장이 구성되어 있지만 티타니아가 그러했듯이 주체는 차이의 문법에 따라서 세계를 바라보지 않는다. 《두이노의 비가》(*Duino Elegies*)에서 릴케(Rainer Maria Rilke)는 다음과 같이 노래하였다. "모든 소식이 그대에게 애인의 등장을 알리리라는 기대감에 그대의 시선은 미혹되지 않았던가?" "봄의 풍경"과 "별"을 바라보는 듯이 보이지만 그의 시선은 보이지 않는 애인에 대한 예감으로 미혹되어 있다. 봄과 별은 봄과 별의 있음이 아니라 애인의 부재를 암시하며, 당연히 있어야 할 존재의 없음을 소리 높여 증언할 따름이다. 상징계의 빈틈이 블랙홀처럼 그를 빨아들이는 것이다. 그는 블랙홀의 응시에 빨려들면서 개체성을 잃고서 거대한 존재(사랑)와 하나로 통합되고 싶어 한다. 이때 상징계의 빈틈은 한편으로 존재론적 단절의 증거이면서 다른 한편으로는 증상이자 재통합의 약속으로 다가온다.

그렇다면 남성 주체는 여성(의 성기)에서 무엇을 보는 것일까. 프로이트의 주장처럼 왜 강렬하게 매료되는 동시에 강렬한 혐오감을 느끼는 것일까. 여성의 성기는 주체의 에로티시즘적 시선을 삼키는 응시의 탁월한 예이면서 비유이다.[10] 남성 주체는 봄의 풍경과 별을 바라보듯이 시선의 장에서 차분하게 여성을 바라보지 못한다. 그의 존재론적 결핍이 미적 관조의 시선을 허용하지 않는 것이다. 그래서 여성을 바라보는 그의 능동적 시선은 어느새 응시를 당하는 수동적 시선으로 뒤바뀌어버린다. 남자의 성이 능동성으로 정의된다면, 여성의 성기를 바라보는 순간 남성은 남성성을 상실하는 거세 공포에 사로잡히게 된다. 여성의 성이 신화적으로 "이빨을 가진 음부"(*vagina dentata*)[11]나 메두사의 머리로서 묘사되는 것도 마찬가지의 이유에서이다. 이들 신화에서 에로티시즘적 시선의 주인공인 남자는 상징계적 틈사이로 응시에 노출이 되면서 상징계가 보장해주는 남성적 주체성—남자가 능동성으로, 여자는 수동성으로 정의되는 이항대립적 차이의 체계가 그에게 특권적으로 보장해주는 주체성—을 상실할 위기에 처한다. 에로티시즘에 수반되는 통합화의 움직임이 남자와 여자의 차이까지도 동시에 삭제하는 것이다. 이러한 이유로 인해서 남성의 에로티시즘적 시선은 불가능한 시선이 된다. 남성적으로 바라보려 하지만 응시되면서 그만 남성성을 상실하는 것이다. 더구나 여성의 성이 시각의 문법과 일치

---

10 육담에 자주 등장하는 여성의 성의 형용으로서 "도끼 자국", "벼락 맞은 자국"과 같은 비유보다 존재론적 단절을 더욱 잘 드러내는 표현을 찾기가 쉽지 않을 것이다. 여기서 남성 주체는 여성의 성을 보고 있다고 생각하지만 실제에 있어서는 자신의 존재론적 단절의 상처를 대면하고 있다. 그는 도끼로 찍힌 듯이, 혹은 벼락을 맞은 듯이 존재의 세계로부터 (혹은 이유기에 어머니의 젖가슴으로부터) 폭력적으로 단절된 것이다. "벼락 맞은 자국"은 그러한 외상적 단절의 흔적이다.

11 이러한 신화는 사르트르의 《존재와 무》(*L'Être et le néant*)에서 가장 현대적인 표현을 얻었다. "의심할 여지없이 여성 성기는 하나의 입, 그것도 남성 성기를 먹어치우는 탐욕스러운 입입니다." 임철규, 《눈의 역사 눈의 미학》, 한길사, 2004, 83쪽에서 재인용.

하지 않기 때문에 남성은 보면서도 무엇을 보는지 인식하지 못하는, 말하자면 눈뜬장님이 되어 버린다. 《하나가 아닌 성》(*Ce Sexe qui n'en est pas un*)에서 루스 이리가레이(Luce Irigaray)가 주장하였듯이 여성의 성은 안이면서 바깥이고, 처음이면서 나중이며, 위이면서 아래이고, 물질이면서 형상이다. A 아니면 B라는 식의 배타적 양자택일의 논리(시각의 문법)가 아니라 양자포함(*both A and B*)의 논리가 여성의 성을 지배하는 것이다. 여성의 성은 여성의 성을 이미 초월해 있으면서 동시에 자신의 성에 대해서 타자이기도 하다. 마찬가지의 논리로 여성의 성은 남성적이면서 동시에 여성적이기도 하다. 한편으로 여성은 남성적 욕망의 대상, 상징계의 결여를 채워줄 보완물로 간주된다. 하지만 그것은 남성적 욕망을 채워주는 것이 아니라 거세공포를 부과하며 상징계적 결여를 더욱 전경화한다는 점에서 남성의 자기반영이 된다. 여성의 성에서 남자는 남성성의 없음이라는 거세의 딜레마에 직면하는 것이다. 니체가 말하였듯이 "심연을 오래 바라보고 있으면 나중에는 심연이 우리를 바라보기 시작한다". 이때 여성의 성은 주체를 응시하는 눈이다. 거기서 남성 주체는 자신의 존재론적 결여를 발견하는 것이다.[12] 그러한 남성적 시선은 플로베르(Gustave Flauvert)의 《보바리 부인》(*Madame Bovary*)의 한 인상적인 구절에서 샤를르 보바리(Charles Bovary)를 통해서 다음과 같이 표현되었다. "그의 눈은 그녀의

---

12 이 유명한 경구의 앞부분은 다음과 같다. "괴물과 싸우는 사람은 싸우는 와중에 자신이 괴물이 되지 않도록 조심해야 한다." 원문 전체를 인용하면, "Wer mit Ungeheuern kämpft, mag zusehn, dass er nicht dabei zum Ungeheuer wird. Und wenn du lange in einen Abgrund blickst, blickt der Abgrund auch in dich hinein." 이 경구는 다음과 같은 교차대구법으로 구성되어 있다. 괴물과 싸우면서 인간은 점차 괴물로 변하고 심연을 들여다보면 인간은 점차 심연으로 되어간다. 하지만 그 역은 성립하지 않는다. 인간과 싸우는 과정에 괴물이 인간으로 변하지는 않는다. 관계가 비가역적이며 비등가적인 것이다. 끔찍하게도 한 번 강을 건너면 되돌아올 다리가 없다.

깊은 눈망울 속에서 길을 잃어버렸다. 그 속에서 그는 비단 스카프로 머리를 싸매고 잠옷 단추가 풀어진 자신의 축소된 상반신을 보았다."[13] 샤를르는 엠마(Emma Bovary)의 눈동자에서 자신의 존재와 행복을 승인하는 인정의 눈빛이 아니라, 반사적으로 눈동자에 비친 자신의 존재론적 결여를 읽어야 했다.

:

에로티시즘적 시선은 근본적으로 불안한 시선이다. 응시의 장과 시선의 장이라는 배타적인 장에서 욕망의 충족과 좌절, 존재 회복의 행복한 약속과 주체의 상실의 위험이 공존하기 때문이다. 남성의 시각적 욕망은 시각의 장에서 응시를 배제하고 거세 위협을 최대한 방어함으로써만 만족될 수 있다. 어찌 보면 회화의 역사는 응시의 장을 시선의 장으로 전환시키는 노력의 역사라고 말해도 과언이 아니다. 비너스의 석상을 즐겨 조각했던 고대희랍과 로마시대를 위시해서 완벽한 여체의 재현을 추구했던 르네상스 시대의 화가들, 여체를 색과 점으로 분해하였던 후기인상파, 또 면과 선으로 재구성하였던 피카소 이후의 현대회화에 이르기까지 에로티시즘적 재현에 거의 광적인 관심과 정열을 보였던 화가들과 조각가들은 그러한 문제로부터 자유로울 수 없었다. 귀스타브 쿠르베(Gustave Courbet)의 〈세상의 기원〉(L'Origine du monde), 로댕과 피카소의 외설적인 스케치들에서는 에로티시즘적 시선이 응시로 넘어가는 찰나의 불안한 경계에 위치해 있는 작품들이라 할 수 있다. 특히 노년의 로댕(Auguste Rodin)은 여성의 성의 비밀(혹은 자신의 성적 정체성의 비밀)에 사로잡혀 있었다. 그는 나체의 모델들이 한꺼번에 온갖 도발적인 포즈를 취하도록

---

13 Gustave Flaubert, *Madame Bovary*, Paris: Garnier Frères, 1971, p.34.

요구한 다음에 걸신들린 듯이 서둘러서 스케치북에 그 모습을 그려 넣고는 하였다. 그림을 그림으로써 자신을 삼킬지도 모르는 응시의 세력으로부터 벗어나야 했던 것이다. 여기서 예술이란 무엇인가 하는 미학적인 질문이 새로운 맥락에서 제기되어야 한다. 다음과 같은 마르샹(André Marchand)의 진술을 참고할 수 있다.

> 숲 속에 있으면 내가 숲을 보는 것이 아니라는 것을 자주 느낀다. … 나무가 나를 바라보며 나에게 말을 건네고 있다고 느끼는 것이다. … 나는 내적으로 그것[숲의 응시]에 잠식되며 파묻혀버릴 것 같은 느낌이 든다. 아마도 나는 거기서 벗어나기 위해서 그림을 그린다고 할 수 있다.[14]

마르샹은 자신을 사로잡는 숲이라는 거대한 존재의 응시에서 벗어나기 위해서 그림을 그려야 했다. 자칫 한 발자국 더 내디디면 위험한 심연의 끝자락에서 선 그에게 그림은 보호 울타리, 방어의 메커니즘이었다. 로댕의 그림에 대해서도 마찬가지이다. 화가의 캔버스와 붓은 응시를 시선으로 변형시키는 스크린의 역할을 수행하게 된다. 주체를 위협할 수도 있는 실재는 상징계적 시각의 장인 스크린에서는 지각이 가능한 하나의 대상으로 상이 맺힌다. 이 점에서 화가의 캔버스는 프로이트적 의미에서의 방어 기억(*screen memory*)이다. 원래의 외상적인 기억이 현실원칙과의 타협을 거치면서 주체가 감당할 수 있는 방어기억으로 변형되듯이 실재의 응시가 상징계의 스크린으로 걸러지면

---

14 Merleau-Ponty, *The Primacy of Perception*, tr. James Edie, Northwestern vp. 1964, p.167에서 재인용.

서 화가의 시야에 대상으로 잡히는 것이다. 결과적으로 캔버스의 이미지는 자연의 실재로부터 거리가 멀어질 수밖에 없다. 미학적 거리도 그러한 거리의 경제에 기초를 두고 있음은 물론이다. 이때 화가의 작업이란 미학적인 거리에서서 실재의 응시를 상징계적 시선으로 길들이려는 노동이 된다. 가령 르네상스시대의 뒤러(Albrecht Dürer)의 루신다(Lucinda), 알베르티(Romano Alberti)의 격자창, 레오나르도 다빈치(Leonardo da Vinci)의 〈인체 연구〉(Vitruvius Man)는 인체를 분해해서 기하학적으로 재구성하려는 노력의 결과였다. 언어가 되기 위해서 자연의 소리가 기표로 분절되어야 하듯이 그림이 되기 위해서 인체는 조화와 균형, 비례의 원칙에 의해서 예컨대 8부분으로 분절이 되어야 했다. 그러면서 실재의 미분화된 살은 점과 선과 색으로 해체되었다가 개별화된 몸으로 다시 재구성이 되어야 했다. 그림에서 우리가 바라보는 이미지는 대상으로서 여인의 몸이 아니라 화가에 의해서 상징화된 기표로서, 실재가 색기표의 질서에 의해서 대치되어있다. 칸트의 형식주의적 미학이 그러한 기표의 우위에 대한 이론적 체계화의 산물임은 물론이다. 적어도 예술의 영역에서 대상의 현존이나 매력의 유무는 아무런 중요한 비중을 차지하지 않는다. 이러한 이유로 인해서 화가의 작품을 묘사하는 미술평론가들의 평에서는 대상의 정체와 관련된 어휘가 등장하지 않는다. 〈모나리자〉(Mona Lisa)나 〈진주 귀걸이를 한 소녀〉(Girl with a Pearl Earring)의 주인공의 정체에 대한 의문은 미술 외적인 관심에 불과할 따름이다. 가령 다음과 같은 평가는 아주 전형적인 예라고 할 수 있다. 마티스(Henry Matisse)의 누드 그림에서 여인은 "자신을 포기하고서 색깔이 되었다". 또 겁탈하는 장면과 같이 외설적인 신화의 소재를 화폭에 많이 담았던 티치아노(Tiziano Vecellio)의 그림에는 여체의 "살과 피의 역동성이 적나라하게 드러나 있다. 하지만 예술가의 엄격하게 절제된 금욕적 스타일이 [감상자가 그 여인의 성에 대한 관심으로 마음이 흐트러지지 않도록] 모든 육감적인 움직임, 색과 의미를 제거해버렸다". 대상이 아니라 대상에 대한 예술가의 투쟁과 정신적 승리가 찬양되고 있는 것이다. 여기서 티치아노가 나체의 모델에 대해서 성욕을 느꼈는지의 여부는 중요치 않다.[15] 감상자가 바라보는 대상은 작업을 하고 있는 티치아노나 모델이 아니라 승화의 결정체로서 예술작품이기 때문이다. 또 감상자도 화가와 마찬가지로 자신의 욕망을 승화시키거나, 아니면 적어도 일정한 거리를 유지하고서 그림을 감상할 것으로 기대가 된다.

그러나 과연 예술적 승화의 시도가 성공을 거둘 수 있을까. 화가의 캔버스가 실재의 응시를 완전히 감추고 지워낼 수 있을 것인가. 실재가 칸트적인 의미에서의 아름다움으로 완전히 형식화될 수 있는 것일까. 로마의 대표적인 조각이라 할 수 있는 프락시텔레스의 비너스상에게 욕망을 해소했던 로마사람의 행위는 어떻게 이해되어야 하는 것일까. 또 티치아노의 〈우르비노의 비너스〉(Venus of Urbino)에 담긴 여체가 관조가 아니라 욕망을 사극하는 포르노로서 보일 수 있지 않을까. 가령 에밀 졸라(Emile Zola)는 알렉산드르 카바넬(Alexandre Cabanel)의 유명한 〈비너스의 탄생〉(La naissance de Venus, 1863)에 대해서 다음과 같이 묘사하였다. "우유바다 속에 빠져있는 비너스 여인은 살과 뼈로 만들어진 것이 아니라 (그런 것은 상스러우니까) 장밋빛과 흰빛의 과

---

15 마찬가지의 이유로 예술가와 누드모델의 관계도 중요치 않다. 영화 〈프리다〉(Frida)에서 화가인 리베라(Diego Rivera)는 더 이상 그림을 그릴 수 없을 만큼 성적으로 자극이 되면 모델과 섹스를 한 다음에 다시 작업에 임해야 했다.

자로 만들어진 감미로운 고급 창녀처럼 보인다."[16] 졸라는 예술로서 작품의 형식이나 완성미가 아니라 내용으로서 여성의 성에 관심의 초점을 맞춤으로써, 〈비너스의 탄생〉은 부르주아적 고급 취향에 저촉되지 않게 만들어진 세련된 포르노라는 자신의 관점을 간접적으로 피력한 셈이다. 어원적으로 포르노(*pornography*)가 창녀(*porne*)[17]의 이야기(*graphein*)이며, 19세기 중반 이후로 이 용어가 일반인에게도 널리 사용되기 시작했음은 주지의 사실이다. 과거에는 비싼 한정판으로 출판되었던 책들이 19세기 중반 이후 저렴한 문고판으로 보급되면서 외설적 작품들도 대량으로 유통이 되고, 그러면서 예술과 외설의 경계에 관한 시비가 끊임없이 이어지기 시작했다는 것을 구태여 상설할 필요는 없을 것이다. 그럼에도 19세기 이전, 적어도 고대희랍이나 로마의 상징적 질서에서는 프락시텔레스의 비너스상이 예술인지 외설인지에 관한 의문이 제기될 수 없었다는 점을 염두에 두어야 한다. 달리 말해서 포르노와 예술에 관한 구분은 어디까지나 상징적 질서 안에서 이루어지는 것이다. 예컨대 한편으로 포르노의 어원으로서 창녀와 다른 한편으로 정숙한 여인이라는 구분 자체가 상징계적 차이를 전제하고 있다. 또 이 상징적 질서에는 남녀의 생물학적 · 사회적 차이를 비롯해서 미와 추의 위계적 차이도 동시에 포함되어 있다. 화가가 작업하는 공간도 위계화된 사회적 공간임은 물론이다. 시각의 장과 사회적인 장이 일치하며, 응시를 차단하는 스크린으로서 화가의 캔버스는 사회적 질서의 반영이라 할 수 있다. 마찬가지의 이유로 가부장적인 사회에서는 응시를 차단하는 스크린의 역할도 자연히 남근적이 된다. 거세위협을 가할 수

16 피터 브룩스, 《육체의 예술》, 이봉지 · 한애경 옮김, 문학과지성사, 2000, 250쪽에서 재인용.
17 "사다", "구입하다"의 뜻도 가지고 있다.

도 있는 여성의 응시가 스크린을 통해서 철저히 걸러지고 배제되는 것이다. 또 고급예술로 일컬어지는 작품에서는 실재가 선과 색으로 분해—거세—되었다가 관조의 대상으로서 여성적 몸으로 재구성 되는 형식화 · 상징화의 과정을 거치게 된다. 이 점에서 노골성과 선정성에서 정도의 차이가 있기는 하지만 여성의 몸을 재현하는 예술적 그림들도 포르노적이라는 혐의에서 자유롭지 않다. 남성 주체에게 거세위협을 가하지 않으면서 성적 자극을 주는 언어적 · 시각적 성의 재현, 말하자면 여성을 남성의 능동적 성을 수용하는 수동적 여성, 즉 "포르네"로 취급하는 성적 재현의 문법에 따라서 생산되는 모든 작품은 원칙적으로 포르노적이다. 여성의 성을 타자화하는 대가로 남성의 성적 쾌감의 잉여, 특히 시각적 충동의 만족이 꾀해지기 때문이다. 그러면서 정작 여성은 시각의 장에서 사라져버린다. 상징계에 여자는 존재하지 않는 것이다. 존재하는 것은 남성의 나르시시즘적이며 관음증적인 쾌감의 욕망이다. 남성의 쾌감은 여체의 자극에 대한 관능적 조건 반사로서 쾌감일 수도, 아니면 여체의 형식미에 대한 지적이며 미학적인 쾌감의 형태를 취할 수도 있다.[18] 형식미가 미학적으로 전경화되는 배경에는 관능적인 쾌감이 놓여있는 것이다.

시각의 장에서 예술과 포르노의 관계는 여성을 바라보는 사회적 시선의 규칙과 뗄 수 없는 관계에 있다. 여성을 어떻게 바라볼 것인가? 어빙 고프만(Irving Goffman)에 따르면 "공손한 무관심"(*civil inattention*)이 사회적 시선의

---

18 앙리 마티스의 누드 그림들은 지적이며 미학적인 쾌감의 대표적 예라 할 수 있다. "여인이 자신을 포기하고서 색깔"이 된 누드 그림은 완벽한 승화, 완벽한 형식화의 예로서, 그의 그림의 감상자들은 성적인 자극이 아니라 칸트적인 의미에서 관조의 쾌감을 향유하게 된다. 성적 주체는 여자의 성을 초월하면서 초월적 주체로 발돋움하는 것이다. 이때 누드의 여자는 예술가에 의해서 초월되기 위해서 존재한다.

법칙이라고 한다. 시각적 욕망이 노출될 정도로 너무나 노골적으로 상대를 바라보면 안 되는 것이다. 보면서도 보지 않는 듯이 상대를 바라봐야 한다. 도입부에서 간단히 언급했듯이 상대가 바람둥이 여자라면 자기가 관심의 표적이라는 사실을 충분히 의식하고 있으면서도 전혀 모르고 있다는 듯이 행동한다. 보고 보이는 관계가 전경화되지 않도록 만들어주는 상호 배려의 관계가 사회적 시선의 게임인 것이다. 여자가 짐짓 기분 좋게 남자의 시선을 무시하고 있다면 남자는 남자대로 자신의 시선이 사회적 허용의 정도를 넘어지지 않도록 조심해야 한다. 정도를 초과하는 순간에 여자의 유쾌한 무관심이 불쾌감으로 바뀌기 때문이다. 사회적 시선의 장에서는 남녀의 성적 관계의 있음이 전면에 주제론적으로 부상해서는 안 된다. 어디까지나 인간과 인간의 상호 관계라는 스크린 뒤에 은폐되어 있어야 한다. 인간이라는 인본주의적인 가면 뒤에 남녀의 성이 은폐되어야 하는 것이다. 이때 노골적인 시선(남근적 응시)은 이러한 게임의 불안정한 균형을 한꺼번에 무너뜨려버린다. 전경과 후경의 관계가 일시에 역전되면서 간주관적인 인간의 있음이 일방적인 성의 있음으로 대치되는 것이다. 그러면서 사회적 규제의 빗장이 풀린 노골적인 남성적 시선에 의해서 여자는 하나의 성적 대상, "포르네"로 격하되어 버린다. 만약 상대가 포르네라면 남성의 일방적이며 관음증적인 시선에 자신의 성을 천연덕스럽게 노출시킬 수도 있다. 관음증과 노출증이 하나의 짝을 이루는 것이다. 여기서 공손한 무관심의 시선과 노골적인 시선의 양자 사이에, 예술과 포르노 사이에 구조적인 차이가 있을까. 차이는 없다. 맑스의 주장처럼 자본주의 사회에서 여성의 결혼은 공인된 매춘인지도 모른다. 칸트의 진단처럼 사랑이란 타인의 손을 빌려서 하는 자위행위인지도 모른다. 또 공손한 무관심의 시선은 성의 있음을 짐짓 무시함으로써 사회적인 이익을 꾀하는 자기기만의 한 형태인지 모른다. 또 상징계에서 여성이 부재한다는 사실이 보편적 인간의 명제 아래에서 은폐되고 합리화되는지도 모른다. 가령 남자(*man*)는 남자의 위치를 잃지 않으면서 인간(*Man*)의 자격으로 여자를 바라볼 수 있다. 소문자 남자가 페니스라면 대문자 남자는 팔루스(*phallus*)로, 인본주의적 시선 자체가 남성적으로 깊이 삼투되어 있다. 하지만 여자에게는 그런 특권적인 왕의 시선—루이 14세는 "짐이 국가이다"라고 말했다—이 허용되지 않는다. 공손한 무관심의 시선 게임에 임하는 순간에 이미 여자는 인간적/남성적 욕망에 포획된다고 말해야 옳다. 인간(팔루스)의 게임의 법칙에 따라서 움직여야 하기 때문이다. 다만 그 사실이 자기기만적으로 은폐되어서 의식되지 않을 따름이다. 그렇다면 포르노 반대론자들의 입장은 어디에 위치하는 것일까? 물론 사회적인 시선(예술과 에로티시즘)의 이름으로 노골적인 시선(포르노)을 강도 높게 비난하는 것이리라. 하지만 지나치게 결벽증적인 여자의 다음과 같은 논리가 오히려 포르노반대론자의 입장을 더욱 분명하게 대변한다고 할 수 있다. "결혼은 참으로 끔찍한 일이에요. 침대에서 진짜로 벌거벗은 남자의 옆에 누워서 잠자야 한다는 생각을 어떻게 우리가 견딜 수 있겠어요?" 몰리에르(Molière)의 《우스꽝스럽게 세련된 여자들》(*Les précieuses ridicules*)의 이 대목(1막 4장)에서 결벽성은 너무나 지나치기 때문에 차라리 희극적이 되어버린다. 또 그것은 성적 강박의 또 다른 얼굴에 지나지 않는다.

그렇다면 우리에게 대안은 없는 것일까? 에로티시즘적 시선과 포르노적 시선을 넘어선 제3의 시선은 없는 것일까. 라캉은 인간의 눈은 근본적으로 사악하다고 주장하였으며,[19] 《눈의 역사 눈의 미학》에서 임철규도 인간에게 "구원의 눈"은 없다고 주장하였다.[20] 그렇다면 우리는, 공손한 무관심이라는 상징계적 스크린 너머에 실재의 응시가 있다면 응시에 사로잡혀야 하는 것일까. 〈뷰티풀 마인드〉(Beautiful Mind)의 존 내시(John Nash)처럼 정신분열증환자는 응시에 사로잡힌 주체들이다. 상징계의 구멍으로 드러난 실재의 응시에 사로잡히면서 자기의 몸이 빈 구멍을 메우고 실재의 한 부분으로 통합되었던 것이다. 때문에 그에게는 결핍이 없다. 얼핏 생각하면 존 내시의 시선은 포르노적 시선과 흡사하게 보이기도 한다. 하지만 중요한 한 가지 구조적 차이가 있다. 정신병자가 상징계의 결여를 메우기 위해서 주체성을 포기해야 한다면 포르노적 주체는 남성적 주체성을 끝까지 고수하면서 성적 타자의 몸으로 결여를 메우려고 한다. 전자에게 상징적인 성적 구별이 무화된다면 후자에게서는 성적 구별의 경제가 극대화되어 있다. 말하자면 남녀의 성적 차이의 최대화를 통해서 존재론적 결핍의 최소화를 꾀하는 것이다. 한 점의 살점에 불과한 페니스가 팔루스로 성변화(聖變化)되기 위해서는 여성의 선망하는 시선(*penis envy*)이 전제되어야 한다. 또 수동적 성의 역할을 자처함으로써 남성의 능동적 위엄이라는 환상을 강화해줘야 한다. 존재론적 결여와 성의 차이가 상호의존적인 짝패를 이루고 있는 것이다. 이 점에서 여성의 성은 남성의 존재론적 결핍의 자기 반영적 거울이라 할 수 있다. 여성의 성은 여성 고유의 성이면서 동시에 남성의 성으로서, 남성은 거기에서 자기의 얼굴을 대면하는 것이다.[21]

---

19 Jacques Lacan, *The Four Fundamental Concepts of Psychoanalysis*, tr. Alan Sheridan, New York: Penguin Books, 1977, p.115.

20 임철규, 《눈의 역사 눈의 미학》, 19쪽. 하이데거는 시각(눈)에 대한 대안으로 듣기(귀)의 미덕을 강조하였다. 이에 대한 논의로 김종갑, 《타자로서의 몸, 몸의 공동체》, 215~302쪽을 참조하기 바람.

포르노적 시선에 대한 유일한 대안의 가능성은 바로 이러한 자기반영성, 메타포르노로부터 온다. 욕망의 눈은 여성 타자의 성에 비친 남성의 자화상을 읽어야 하는 것이다. 나이지리아 출신의 사진작가인 파니케이요드(Rotimi Fani-Kayode)의 몇몇 사진에서는 메타포르노적 질문이 전경화되어 있다. 가령 1987년의 〈스냅사진〉(Snapshot)에서는 나체의 남자가 페니스-사진기로 사진을 찍고 있다.[22] 눈이 카메라이며, 카메라는 메두사처럼 욕망의 대상을 한 순간으로 응고시키는 것이다. 또 다른 그의 사진에서는 페니스가 촛불을 켜고 있다. 세상을 밝혀서 보여주는 빛의 근원은 태양이 아니라 남성의 페니스, 아니 팔루스인 셈이다. 그러나 무엇보다도 메타포르노적 예술의 가장 탁월한 가능성은 르네 마그리트(René Magritte)의 그림들, 특히 앙드레 브레통(André Breton)의 《초현실주의란 무엇인가?》(*Qu'est-ce que le Surrealisme?*)의 표지로서도 유명한 〈강간〉(Le Viol)이라는 작품에서 찾을 수 있다. 이 작품은 남근적 시선의 전형적인 성격을 뻔뻔스러울 정도로 대담하면서도 자기 고발적인 방식으로, 가장 파렴치한 폭로가 동시에 가장 진정한 의미에서 고해성사가 되는 방식으로 보여주고 있다. 여기서 여성의 얼굴은 하나의 거대한 생식기와 가슴으로서 제시되어 있다. 두 눈이 있어야 할 자리에 두 가슴이 있으며, 입이 있어야 할 자리에 성기가 놓여있다. 세계를 향해 열린 창으로서 눈과 입이 남성

21 물론 남자는 자신의 거세를 대면하고 싶어하지 않는다. 이때 취하는 전형적인 방식이 투사이거나 공격적 방어이다. 《포르노그라피》(*Pornography: Marxism, Feminism, and the Future of Sexuality*)에서 알렌 소블(Alan Soble)은 남성성이 위기에 처할 때 여성에게 모멸감을 주는 포르노가 더욱 기승을 부린다고 주장하였다.

22 조금 다른 맥락이기는 하지만 1993년의 〈현대 카메라 슈퍼줌 800〉 광고에서도 카메라=페니스의 이미지가 이용되었다. 파니케이요드의 사진에서는 카메라=페니스는 자기반성적인 반면 이 카메라 광고는 자기탐닉적이다. 이에 대해서는 김종갑 257~260쪽을 참조하기 바람.

르네 마그리트(René Magritte)의 〈강간〉(Le Viol)

의 욕망을 담아주는 그릇으로 변형되어 있는 것이다. 이것이 여성의 얼굴이며 몸이고 성이란 말인가. 아니다. 남성적 욕망의 망막에 여성이 성적인 대상으로 변형된 이미지로 비치는 것이다. 따라서 "남성에게 이상적인 여성이란 무엇인가?"라는 고전적 질문에 대한 마그리트 나름의 대답이 〈강간〉이라 할 수 있다. "나에게서 도망칠 다리가 없고, 나를 껴안을 팔이 없으며, 나에게 대꾸할 입이 없는 처녀", 즉 나의 욕망을 무조건적으로 수용하는 "구체화된 성기"[23]가 해답이다. 남자의 존재론적 결여라는 마이너스를 보상해주는 플러스—성적 착취—로서 여자를 보는 것이다. 따라서 여자의 성은 남성적 욕망의 닮은꼴이 되거나 아니면 남성적 욕망이 여자의 성의 닮은꼴이 될 수밖에 없다. 맨드릴 원숭이는 얼굴이 생식기를 모방하며 진화한다고 한다. 〈강간〉의 교훈은 남자가 맨드릴 원숭이라는 사실에 있다. 얼굴이 성기를 모방하면서 세계 전체가 성적인 에너지로 삼투되는 것이다. 마그리트는 이러한 남성적 메커니즘의 정체를 폭로·고발하는 동시에 반성과 비판의 계기로 활용함으로써, 포르노의 이름으로 포르노적 욕망의 정체를 심문할 수 있었다. 여성 누드라는 예술 장르가 포르노의 혐의로부터 벗어날 수 있는 유일한 가능성은 이러한 남성적 시선의 자기반영성, 혹은 시선에서 배제되는 맹점(盲點)이나 거세공포를 전경화시키는 작업이다. 카메라의 발명과 더불어 예술이 사실적 재현의 부담으로부터 자유로워진 현대에서는 더욱 더 그러하다. 포르노의 반대는 고급예술이나 안티포르노가 아니라 메타포르노이다. 근원에 있어서 포르노는 여성의 성

23 William Faulkner, *Mosquitoes*, 26. Susan Gubar, "Representing Pornography: Feminism, Criticism, and Depiction of Female Violation" in *Critical Inquiry* 13-4(Summer 1987), 722에서 재인용.

의 노출이 아니라 남성의 성적 욕망이 대주제이기 때문이다. 이 포르노토피아(*pornotopia*)에서 여성의 몸은 다만 소재이자 수단이며 변명에 불과할 따름이다. 남성은 존재론적 결핍이라는 "부재하는 나라"(*Utopia*)를 성의 범람을 통해서 "행복한 나라"(*Eutopia*, 즉 *Pornotopia*)로 바꿔놓고 싶어하는 것이다.[24] 이때 진정한 예술이 취할 수 있는 유일한 자세는 자기반성과 자기부정의 자세, 행복한 탐닉(*Eu*)이나 대리보충, 존재론적 결핍의 타자화가 아니라 내면화이다. 행복(*Eu*)은 없다(*U*), 혹은 행복한 시선은 없다. 여기에 예술이 우리에게 가르쳐주는 교훈이 있다. 예술가가 세계를 바라보고 경험하는 방식에 따라서 우리는 세계를 다시 바라보며 다시 경험해야 하는 것이다. "남자는 맨드릴 원숭이인가"하고 자문하면서.

---

24 스티븐 마커스(Steven Marcus)가 《다른 빅토리아 사람들》(*The Other Victorians: A Study of Sexuality and Pornography in Mid-Nineteenth-Century England*)에서 pornotopia라는 용어를 사용하였다.

∷ 글의 출처

1. 전근대적 몸과 근대적 몸: 〈큐피드와 프시케〉 와 〈미녀와 야수〉를 중심으로—"고전적 몸과 근대적 몸" 〈비교문학〉 44 (2008)

2. 전근대적 공간과 근대적 공간, 몸, 예술—"공간과 예술, 몸" 〈새한영어영문학〉 50/1 (2008)

3. 외국인의 몸: 전근대와 근대

4. 아름다움의 공동체: 근대의 전근대적 몸—"공동체의 구성원리로서 아름다운 몸과 추한 몸: 메리 셸리의 《프랑켄슈타인》" 〈영어영문학〉 51/1 (2005)

5. 육체의 해체와 재조합: 사이보그에서 인조인간으로

6. 파편화된 몸과 검열사회

7. 몸과 사진: 근대적 사진과 탈근대적 사진—"사진의 수사성과 물질성" 〈영미문학페미니즘〉 31/1 (2005)

8. 실용적 몸에서 미학적 몸으로: 만들어지는 몸과 만드는 몸

9. 이념에서 사소한 몸의 차이로—"사소한 차이의 정치" 〈철학과 현실〉 (2007)

10. 쌩얼의 유행과 실재를 향한 열광

11. 실재에의 향수와 육체: 학원폭력영화를 중심으로—"실재에의 향수: 학원폭력영화와 계급, 육체, 욕설" 〈문학과 영상학회〉 7/1 (2006)

12. 예술과 외설: 포르노를 어떻게 볼 것인가?—"예술과 외설: 여성의 누드" 〈영어영문학〉 52/1 (2006)